Anja Klische

Leseschwächen gezielt
beheben

Anja Klische

Leseschwächen gezielt beheben

Individuelle Diagnose und Therapie mit dem Programm
celeco

Tectum Verlag

Anja Klische

Leseschwächen gezielt beheben.
Individuelle Diagnose und Therapie mit dem Programm celeco
Zugl.: München, Univ. Diss. 2006:
Nicht alle Lesestörungen sind gleich. Individuelle Diagnostik und
individuelle Therapie mithilfe eines PC-gestützten Programms
(celeco – richtig lesen lernen)
ISBN: 978-3-8288-9317-7
© Umschlagabbildung
© Tectum Verlag Marburg, 2007

Besuchen Sie uns im Internet
www.tectum-verlag.de

Bibliografische Informationen der Deutschen Nationalbibliothek
Die Deutsche Nationalbibliothek verzeichnet diese Publikation in der
Deutschen Nationalbibliografie; detaillierte bibliografische Angaben sind
im Internet über http://dnb.ddb.de abrufbar.

Danksagung

In erster Linie gilt mein herzlicher Dank meinem Doktorvater, Herrn Priv.-Doz. Dr. med. Dr. phil. Reinhard Werth, der mir vom Beginn der Idee bis zum Abschluss vorliegender Arbeit nicht nur stets mit viel Engagement zur Seite stand, sondern mich vor allem durch seine hohe fachliche Kompetenz verbunden mit kontinuierlicher konstruktiver Kritik zum ausdauernden wissenschaftlichen Arbeiten ansporte.

Ebenfalls danken möchte ich Herrn Prof. Dr. med. Ernst Pöppel, der mich freundlich in seinem Institut aufgenommen hat und eine Vermittlung an das Institut für Soziale Pädiatrie und Jugendmedizin ermöglichte.

Herrn Prof. Dr. rer. nat. Hansjürgen Distel gebührt mein herzlicher Dank bezüglich der Unterstützung in allen Fragen des wissenschaftlichen Arbeitens und seines steten Interesses am Fortgang meiner Studie sowie der Einbeziehung in die Familie des Instituts für Medizinische Psychologie.

Herzlich danken möchte ich an dieser Stelle besonders auch allen Kindern, die an der Studie teilgenommen haben.

Des Weiteren danke ich Frau A. Weißhardt und Frau B. Kunzmann von der Grund- und Hauptschule Ostheim in Stuttgart für die herzliche und verlässliche Zusammenarbeit.

Ebenso gilt mein herzlicher Dank Frau Karin Luber von der Pädagogisch Therapeutischen Einrichtung Friedberg, die mir stets mit großer Aufgeschlossenheit gegenüber der Studie und ausdauerndem fachlichen Rat zur Seite stand.

Frau Barbara Schüssler vom Kinderzentrum München danke ich für ihre unbürokratische Hilfe bei der Vergabe von Patiententerminen.

Sandra danke ich von ganzem Herzen für die mühsame und zeitintensive Korrektur.

An letzter und zugleich erster Stelle möchte ich Wolfgang, meinen Eltern, Kati und Fabian für ihre beständige Unterstützung und Zuversicht und für die stetige moralische Anteilnahme an meinem Projekt danken.

Inhalt

1 Einleitung

1.1 Begriffserklärung Lesestörung

Eine der ersten Beschreibungen entwicklungsbedingter Lesestörungen erfolgte bereits Ende des 19. Jahrhunderts unter dem Begriff *Congenital word blindness* (Morgan, 1896). Beschrieben wird die Unfähigkeit eines 14-jährigen Jungen, das Lesen und Rechtschreiben zu erlernen trotz sonstiger überdurchschnittlicher kognitiver Fähigkeiten. Der Terminus *Legasthenie* als Bezeichnung für *Leseschwäche* wurde 1916 durch den Neurologen Paul Ranschburg eingeführt (Ranschburg, 1916, abgedruckt in Thomé, 2004).

In der heutigen Literatur findet man eine Vielzahl unterschiedlicher Begrifflichkeiten zur Beschreibung und Erklärung umschriebener Lesestörungen. Man liest von *Legasthenie, Dyslexie, Lese-Rechtschreibstörung, Lese-Rechtschreibschwäche, Lese-Rechtschreibschwierigkeiten* und anderen mehr. Diese Begriffe werden von verschiedenen Autoren uneinheitlich verwendet, was zu Verwirrung führt.

Häufig werden die Auffälligkeiten des Lesens mit Rechtschreibauffälligkeiten gekoppelt und in einem Begriff bezeichnet. Diese Zusammenfassung der Symptome zu einer Störung liegt größtenteils darin begründet, dass erfahrungsgemäß ein Entwicklungsrückstand im Lesen häufig einhergeht mit einem Entwicklungsrückstand in der Rechtschreibung und umgekehrt. Da diese beiden Störungen jedoch nicht zwangsläufig miteinander verbunden sein müssen bzw. von Fall zu Fall unterschiedlich stark ausgeprägt sind – mal ist mehr das Lesen, mal mehr das Rechtschreiben betroffen – sollte man Lesestörungen und Rechtschreibstörungen stets getrennt voneinander betrachten und auch als Begriffe trennen.

In der angloamerikanischen Literatur wird von *dyslexia* gesprochen, was, genau wie der im Deutschen verwendete Begriff *Legasthenie,* soviel bedeutet wie Leseunfähigkeit. Nicht selten stößt man auch auf den Begriff *developmental dyslexia, Entwicklungsdyslexie.* Diese Beschreibung grenzt die Lesestörung (wie auch in der international gültigen Klassifikation) darin ein, dass sie weder angeboren, noch durch erworbene Hirnschäden oder andere neurologische Erkrankungen entstanden sein darf und unabhängig sein muss von intellektuellen, kulturellen und emotionalen Verursachungsfaktoren. Stattdessen sei ein deutlicher Entwicklungsrückstand des Betroffenen im Lesen ohne Vorliegen einer Minderbegabung, ohne eingeschränkte Sinneswahrnehmung (Sehen, Hören) und trotz adäquater Beschulung und familiärer Unterstützung festzustellen. In der angloamerikanischen Literatur verbindet man zwar häufiger als in der deutschen den Begriff *dyslexia* ausschließlich mit Störungen des Lesens, aber einige Autoren (Stein & Walsh, 1997) summieren gekoppelte Störungen des Lesens und Rechtschreibens auch unter diesen Terminus. Eine genaue Betrachtung der eingeschränkten Fähigkeiten im Lesen und im Rechtschreiben wird hierdurch also ebenfalls erschwert.

1.1.1 International gültige Definition

Mit dem Ziel, einen einheitlichen Begriff zu finden und die Symptome des gestörten Schriftspracherwerbs zu einem international anerkannten Syndrom zusammenzufassen, hat das Internationale Klassifikationssystem der Krankheiten (ICD-10, Dilling et al., 1991) der Weltgesundheitsorganisation (WHO) Lesestörungen (leider begrifflich gekoppelt mit Rechtschreibstörungen) unter dem Begriff *Lese-Rechtschreibstörung* (F81.0) eingeordnet. Diese Lese-Rechtschreibstörung zählt im ICD-10 zu den umschriebenen Entwicklungsstörungen, was bedeutet, dass die Betroffenen laut Definition trotz ausreichender Beschulung und normalen kognitiven Fähigkeiten keine ausreichende Lese- und/oder Rechtschreibfähigkeit erreichen. Die Störung wird folgendermaßen beschrieben:

„Das Hauptmerkmal ist eine umschriebene und bedeutsame Beeinträchtigung in der Entwicklung der Lesefertigkeiten, die nicht allein durch das Entwicklungsalter, Visusprobleme oder unangemessene Beschulung erklärbar ist. Das Leseverständnis, die Fähigkeit, gelesene Worte wiederzuerkennen, vorzulesen und Leistungen, für welche Lesefähigkeit nötig ist, können sämtlich betroffen sein. Bei umschriebenen Lesestörungen sind Rechtschreibstörungen häufig und persistieren oft bis in die Adoleszenz, auch wenn einige Fortschritte im Lesen gemacht werden. Umschriebenen Entwicklungsstörungen des Lesens gehen Entwicklungsstörungen des Sprechens oder der Sprache voraus. Während der Schulzeit sind begleitende Störungen im emotionalen und Verhaltensbereich häufig." (Dilling et al., 1991)

Symptome einer Lese-Rechtschreibstörung sind laut ICD-10:

Beim Lesen:

- Erlernen des Alphabets, Benennung der Buchstaben ohne Komplikationen
- Auslassen, Ersetzen, Verdrehung oder Hinzufügen von Wörtern oder Wortteilen
- Niedrige Lesegeschwindigkeit
- Fehler beim Auffinden des Satz- oder Zeilenbeginns, Verlust der aktuellen Leseposition
- Fehler beim Gliedern des Satzes
- Vertauschen von Wörtern im Satz
- Vertauschen von Buchstaben von Wörtern
- Unfähigkeit, Gelesenes zu wiederholen
- Unfähigkeit, aus dem Gelesenen Zusammenhänge zu erkennen und Schlussfolgerungen zu ziehen

Beim Rechtschreiben:

- Schwierigkeiten beim Schreiben von Buchstaben und Wörtern
- Grammatik- und Interpunktionsfehler
- Ersetzen von Wörtern durch ein semantisch ähnliches Wort
- Auftreten von assoziierten Schriftproblemen

Im ICD-10 werden fünf diagnostische Kriterien, die für eine Diagnose einer Lese-Rechschreibstörung vorliegen müssen, unterschieden:

1. Es muss eine klinisch eindeutige Beeinträchtigung des Lesens und/oder Rechtschreibens vorliegen.

2. Die Beeinträchtigung muss in dem Sinne spezifisch sein, als dass sie nicht allein durch eine Intelligenzminderung erklärbar ist.

3. Die Beeinträchtigung muss entwicklungsbezogen sein.

4. Es dürfen keine äußeren Faktoren vorhanden sein, die einen ausreichenden Grund für die schulischen Schwierigkeiten darstellen (z. B. unangemessener Unterricht, unangemessene Lernmöglichkeiten).

5. Es dürfen keine unkorrigierten optischen oder akustischen Sinnesmängel vorhanden sein.

Das ICD-10 fordert eine Abweichung der Lese- bzw. Rechtschreibleistung von der nach Alter und Intelligenz zu erwartenden Leistung um mehr als zwei Standardabweichungen.

1.1.2 Definition in der Bundesrepublik Deutschland, speziell in Bayern

Die Nomenklatur von Lese- und Rechtschreibstörungen in der Bundesrepublik Deutschland ist leider ebenfalls sehr uneinheitlich. Gemäß den Verordnungen der Kultusministerien der einzelnen Bundesländer existieren 16 verschiedene Beschlüsse über Bezeichnungen von Störungen des Erlernens der Schriftsprache und der Leistungsbeurteilung betroffener Schüler. Die für Schüler und Lehrer eindeutigste Einteilung der Störungen des Schriftsprachenerwerbs wurde in der Kultusministerkonferenz des Freistaates Bayern vom 16.11.1999 verabschiedet. Man spricht hier demnach von *Legasthenie* (gleichbedeutend mit *Lese-Rechtschreibstörung*) und von *Lese-Rechtschreibschwäche*, je nachdem, wie stark die Lese- und Rechtschreibfähigkeiten eines Kindes im Vergleich zu seinen sonstigen kognitiven Leistungen eingeschränkt sind. Die Diagnose einer *Legasthenie* (bzw. einer *Lese-Rechtschreibstörung*) erfolgt in der klinisch-psychologischen Praxis mithilfe psychometrischer Testverfahren (Intelligenz-Test, Lesetest und/oder Rechtschreibtest). Von Legasthenie wird dann gesprochen, wenn trotz mindestens durchschnittlichem Intelligenzquotienten ($\geq$ 85) eine unterdurchschnittliche Leseleistung und/oder Rechtschreibleistung (Prozentrang < 16) erzielt wird. Als entscheidendes Kriterium für das Vorliegen einer *Legasthenie* gilt ähnlich wie in den Kriterien des ICD-10 ein doppeltes Diskrepanzkriterium, d. h. eine Diskrepanz zwischen der gemessenen Lese- und/oder Rechtschreibleistung und des durch den Intelligenzquotienten und das Alter zu erwartenden Ergebnisses (Intelligenz- bzw. Altersdiskrepanzkriterium). Wird die Differenz (von in der Regel zwölf T-Wert-Punkten) zwischen Intelligenzquotient (IQ) und Lese- bzw. Rechtschreibleistung nicht erreicht, wird lediglich eine *Lese-Rechtschreibschwäche* diagnostiziert. Das heißt, Kinder mit hohen Werten im Intelligenztest und mittleren Werten in Lese- bzw. Rechtschreibtests sowie Kinder mit niedrigen Werten im Intelligenztest und niedrigen Werten in Lese- bzw. Rechtschreibtests ‚erreichen' die Diagnose *Legasthenie* nicht.

Nur die Diagnose *Legasthenie* (und nicht die einer *Lese-Rechtschreibschwäche*) führt in Bayern zu einem so genannten Legasthenie-Erlass (Grundlage: Beschluss der Kultusministerkonferenz des Bayerischen Staatsministeriums für Unterricht und Kultus vom 16.11.1999), in dem Lese- und Rechtschreibleistungen nicht in die Benotung eines Schülers mit eingehen dürfen. Aufsätze im Deutsch- oder Englischunterricht beispielsweise dürfen vom Lehrer also nur noch inhaltlich bzw. nach ihrem Sprachausdruck benotet werden. Schüler mit der Diagnose einer *Lese-Rechtschreibschwäche* unterliegen hingegen nur einer „Kann-Regelung", d. h. es liegt im Ermessen des Lehrers, die Lese- oder der Rechtschreibleistung in die Benotung einer Gesamtleistung mit einzubeziehen. Obwohl Regelungen, wie sie im Freistaat Bayern getroffen wurden, für zumindest einen Teil der Schüler (jene mit der Diagnose Legasthenie) notenmäßig von Vorteil zu sein scheinen, stellt sich die Frage, ob das Maß der Intelligenz bzw. des Alters ein geeignetes Maß für die Diagnose und v. a. für die Therapie von Störungen des Schriftspracherwerbs darstellt. Auf dieses Problem soll im folgenden Kapitel näher eingegangen werden.

1.2 Sind die vorliegenden Diagnosekriterien sinnvoll?

Von einer Vielzahl von Autoren wird ein in Zahlen ausgedrücktes Kriterium, besonders das Kriterium der Intelligenz für die Diagnose einer Legasthenie (bzw. Lese-Rechtschreibstörung) als irreführend, nicht zweckmäßig oder wenig Aufschluss gebend erachtet (Valtin, 2004, Klicpera et al., 2003, Landerl, 2003, Werth, 2003, Nagarajan et al., 1999, Stanovich, 1991). Vielmehr betrachten die Autoren die Leseleistung von Kindern und Erwachsenen als ein normalverteiltes Kontinuum (Shaywitz & Shaywitz, 2005, Klicpera et al., 2003).

Da Studien (Weber et al., 2001, Klicpera & Gasteiger-Klicpera, 1993, Valtin, 1981) zudem belegen konnten, dass sich die Schwierigkeiten beim Lesen, Schreiben und in anderen Funktionsbereichen von Kindern mit Lesestörungen und normaler Intelligenz nicht von denen der Kinder unterscheiden, welche ebenfalls Lesestörungen, jedoch dazu eine unterdurchschnittliche Intelligenz aufweisen, scheint die Abhängigkeit der Diagnose Legasthenie vom Kriterium der Intelligenz als nicht sinnvoll. Des Weiteren konnte die Annahme, dass Kinder mit Legasthenie spezifische Lesefehler aufweisen, nicht bestätigt werden. Kinder mit Lesestörungen machen die gleichen Fehler wie jüngere Kinder mit weniger Leseerfahrung, die für ihr Alter aber eine normale Leseleistung zeigen (Grissemann, 1996, Treiman, & Hirsh-Pasek, 1985). Würden Kinder mit Leseproblemen ganz bestimmte Fehler aufweisen, welche von normallesenden Kindern und jüngeren Kindern mit geringerer Leseerfahrung nicht produziert würden, könnte man von einer spezifischen Lesestörung bzw. spezifischen Legasthenie sprechen. Da dies jedoch nicht der Fall ist, stellen Lesefehler, wie sie bei Kindern mit Lesestörungen beobachtet wurden, somit lediglich Symptome eines Lernprozesses dar (Grissemann, 1986).

Wenn man das Konstrukt der *Intelligenz* als Referenzkriterium für die Diagnose eines anderen Konstruktes *Legasthenie* benutzt, muss man sicherstellen, dass die einzelnen Leistungen, die am Leseprozess beteiligt sind (und bei einem Kind mit einer Lesestörung eingeschränkt sein können) nicht auch Leistungen, die zur Lösung von Aufgaben aus einem Intelligenztest benötigt werden, darstellen. Würde dies zutreffen, könnte ein Kind aufgrund ein und derselben eingeschränkten Einzelleistung sowohl unterdurchschnittliche Ergebnisse in einem Lesetest als auch unterdurchschnittliche Ergebnisse in einem Intelligenztest erzielen, was dazu führen könnte, dass dieses Kind nicht die Diagnose *Legasthenie* bekommt, denn es wurde bei ihm sowohl eine unterdurchschnittliche Leseleistung als auch eine unterdurchschnittliche Intelligenz diagnostiziert.

Die geläufigsten und meistbenutzten Intelligenztests für Kinder messen komplexe Fähigkeiten, zu dessen Lösung einige Leistungen, welche auch für das Lesen relevant sind, notwendig sind. Ein Beispiel: Beim Zahlensymboltest aus dem Hamburg-Wechsler-Intelligenztest für Kinder (HAWIK-III, Tewes et al., 2000) soll der Proband in einer begrenzten Zeit bestimmte Zahlen in einer Reihe stehenden Symbolen zuordnen. Der Subtest zählt zum Handlungsteil der Testbatterie und soll die Konzentration, die Arbeitsgeschwindigkeit und das visuelle Kurzzeitgedächtnis eines Probanden prüfen. Diese Aufgabe erfordert jedoch darüber hinaus einzelne kognitive Leistungen wie z. B. genaue visuelle Exploration verbunden mit einer ausreichend langen Fixation der Symbole und Zahlen. Ein Kind, welches aufgrund zu kurzer Fixation eines Wortes (siehe Kapitel 1.6) so viele Lesefehler macht, dass es in einem Lesetest unterdurchschnittliche Leistungen erzielt, könnte beim Zahlensymboltest ebenfalls aufgrund zu kurzer Fixation der Zahlen und Symbole eine Anzahl von Fehlern produzieren, was zu einem unterdurchschnittlichen Gesamtergebnis des Intelligenztests führen könnte.

Die Ergebnisse eines Lesetests (bzw. Rechtschreibtests) sollen sich laut den Diagnosekriterien erwartungswidrig zum Intelligenzniveau einer Person verhalten. Wie kann sich jedoch ein Wert, der sich aus der Lösung von Aufgaben errechnet, die bestimmte einzelne Leistungen erfordern, erwartungswidrig zu einem anderen Wert verhalten, welcher sich aus der Lösung von Aufgaben zusammensetzt, die neben anderen genau diese Leistungen ebenfalls erfordern? Nun könnte man argumentieren, dass eine nicht unerhebliche Zahl von Kindern eben sehr gute Ergebnisse im Intelligenztest bei gleichzeitig sehr schlechten Ergebnissen im Lesetest erzielt und man könnte sich fragen, wie das möglich ist, wenn doch beide Tests auf teilweise gleiche Leistungen angewiesen sind. Die Antwort darauf ist ebenso kompliziert wie trivial: Es gibt sehr viele einzelne Leistungen, die zum Lesen benötigt werden. Es muss folglich unterschiedliche Lesestörungen geben, da jede verminderte Einzelleistung für sich schon zu einer Störung des Lesens führen kann. Es gibt also Leistungen im Leseprozess, welche auch beim Lösen der Aufgaben eines Intelligenztests notwendig sind und es gibt solche, die dafür nicht von Bedeutung sind. Die Auffassung, es gäbe *die* Lesestörung bzw. alle Betroffenen zeigten identische Bedingungen, die zu einer Störung des Lesens geführt haben, ist nicht sinnvoll.

Ein weiteres Beispiel verdeutlicht, dass das Kriterium Intelligenz für die Diagnose einer Legasthenie nicht geeignet ist:

Die Korrelation von Intelligenz und Leseleistung liegt Studien zufolge bei $r = 0,50$ (Korrelation von Intelligenz und Rechtschreibleistung: $r = 0,39$, Bos et al. 2003). Für diese mittelhohe Korrelation gibt es verschiedene Erklärungsmöglichkeiten:

1. Die Korrelation ist zufallsbedingt.

2. Die Korrelation ist nicht zufallsbedingt. Intelligenztests und Lesetests messen neben einer großen Zahl von nicht deckungsgleichen Einzelleistungen eine gewisse Zahl von gemeinsam benötigten Einzelleistungen. Die Leseleistung verhält sich aus diesem Grund nicht erwartungswidrig zum Ergebnis dieser Aufgabe im Intelligenztest, da eine zur Lösung der Aufgabe benötigte eingeschränkte Einzelleistung genauso zu einem schlechten Ergebnis im Intelligenztest wie im Lesetest führt. Dies wäre dann vielmehr erwartungsgemäß.

3. Die Korrelation ist nicht zufallsbedingt. Aber sie ist auch nicht so hoch, dass man eindeutig sagen könnte, eine hohe Intelligenz gehe immer einher mit einer guten Lesefähigkeit und umgekehrt gehe eine niedrige Intelligenz immer einher mit einer schwachen Leseleistung. Da in der Untersuchung von Bos et al. nachgewiesen werden konnte, dass es eine große Zahl von Kindern gibt, bei denen dies eben nicht zutrifft, können wir aus diesem Grund ebenfalls nicht von einer erwartungswidrigen Diskrepanz sprechen.

Neben der Forderung nach einer durchschnittlichen Intelligenz und legastheniespezifischen Fehlerauffälligkeiten gibt es noch eine Reihe anderer Kriterien, die immer wieder zu einer Diagnosestellung herangezogen werden. Häufig wird gefordert, dass neurologische Störungen für eine Diagnosestellung ausgeschlossen werden müssen. Wenn wir davon ausgehen, dass bestimmte zum Lesen notwendige Einzelleistungen und Fähigkeiten (siehe Kapitel 1.5) durch ganz bestimmte Hirnareale und Nervenverbindungen gesteuert bzw. im Laufe eines Entwicklungsprozesses aus irgendeinem Grund eben nicht ausreichend gesteuert werden, wir es also in diesem Fall mit einer neurobiologischen Störung oder Veränderung zu tun haben, erkennen wir, dass auch dieses Kriterium vage und wenig geeignet für eine Diagnosestellung ist. Übrig bleiben nach Ausschluss der Gruppe der neurobiologisch verursachten Lesestörungen lediglich Lesestörungen aufgrund mangelnder Beschulung oder Erziehung. Diese Gruppe müsste schließlich laut Definition ebenfalls ausgeschlossen werden.

Was ist eine geeignete Diagnose?

Eine Diagnose sollte in erster Linie dazu geeignet sein, eine ursachenbezogene Therapie einzuleiten. Alle Kinder mit Lesestörungen, unabhängig von ihrer Intelligenz, sollten auf dem Boden einer gezielten Diagnose eine individuelle Förderung erhalten. Um einem Kind mit eingeschränkten Lesefertigkeiten individuell helfen zu können, genügt es nicht, ihm die Diagnose Legasthenie (bzw. Lese-Rechschreibschwäche, wenn die Kriterien nicht für eine Legasthenie reichen) zu bescheinigen und allgemeine Unterstützungsmaßnahmen einzuleiten. Stattdessen muss Stück für Stück ermittelt werden, was die individuellen Ursachen der Lesestörung des jeweiligen Kindes sind, um anschließend eine darauf individuell abgestimmte Therapie durchzuführen (Werth, 2003).

Der Fokus der vorliegenden Arbeit richtet sich also nicht auf die generell eingeschränkte Lesefertigkeit, sondern legt im Besonderen ein Augenmerk auf die Vielfalt ihrer Erscheinungsformen und ihrer individuellen Therapie. Aus diesem Grund wird im Folgenden lediglich der Begriff *Lesestörung* und eventuell der Zusatz *aufgrund dieser oder jener hinreichenden Bedingungen* (siehe Kapitel 1.6) verwendet.

1.3 Häufigkeit von Lesestörungen

Aufgrund der bereits erwähnten Begriffskopplung werden dem Psychologen und anderen Fachkräften häufig Kinder vorgestellt, welche vor allem unter starken Beeinträchtigungen des Lesens leiden, deren Rechtschreibleistungen jedoch unauffällig sind. Umgekehrt gibt es zahlreiche Kinder und Erwachsene, welche große Probleme mit der Rechtschreibung haben, wohingegen das Lesen dieser Personen weitgehend uneingeschränkt sein kann. Lesen und Schreiben sind zwar eng verknüpft – das korrekte Schreiben beinhaltet ja zwangsläufig das Lesen – trotzdem muss man beide Vorgänge in unterschiedliche Teilprozesse aufgliedern, deren Beeinträchtigung mehr oder weniger starke Beeinträchtigungen des Lesens bzw. des Schreibens nach sich ziehen kann.

Ein weiteres Problem stellen vor allem im internationalen Vergleich unterschiedliche Testverfahren dar, die eine direkte Vergleichbarkeit von Häufigkeiten unmöglich machen. Aus diesem Grund variieren Prävalenz- und Inzidenzraten von Lese- und Rechtschreibstörungen stark.

Das starre Kriterium von zwei Standardabweichungen zwischen Intelligenztest- und Lese- bzw. Rechtschreibleistung im ICD-10 führt im deutschen Sprachraum zu einer sehr geringen Prävalenzrate bei Kindern von 2-4 %, die spezifische Lese- und Rechtschreibentwicklungsstörungen aufweisen (Esser, 1991). Andere ausländische Studien sprechen von Häufigkeiten zwischen 5 und 12 % (Katusic et al., 2001, Shaywitz et. al, 1990). Interessant ist auch, dass Lesestörungen und Rechtschreibstörungen nicht an Ländergrenzen Halt machen, sondern in allen Sprachen der Welt, z. B. auch im Chinesischen (Ho et al., 2002), gleichermaßen häufig auftreten. Es gibt jedoch Studien (Mayringer & Wimmer, 1999, Landerl, 1996), die zeigen konnten, dass englischsprachige Schüler mit Lesestörungen im Vergleich zu deutschsprachigen in der Bewältigung bestimmter Aufgaben deutlich schlechter abschnitten. Dies betraf Aufgaben zur so genannten phonologischen Bewusstheit, welche nach Meinung verschiedener Autoren eine Vorläuferfertigkeit für das Lesen darstellt (siehe Kapitel 1.4). Die englische Schriftsprache enthält im Vergleich zur deutschen eine tiefere Orthographie, d. h. einem Graphem können verschiedene Phoneme zugeordnet werden. Die deutsche Schriftsprache hingegen enthält mehr eindeutige Graphem-Phonem-Zuordnungen. Die Autoren vermuten aus diesem Grund, dass die Häufigkeit von Lesestörungen im englischen und im deutschen Sprachraum nicht ganz übereinstimmt, sondern in Sprachen mit tiefer Orthographie etwas höher ist.

Im staatenübergreifenden Vergleich von schulischen Leistungen 15-jähriger Jugendlicher (Programme for International Student Assessment (PISA), Prenzel et al., 2003) hat man versucht, die Leseleistung nicht nur über standardisierte Lesetests zu ermitteln, sondern man hat das Kriterium des Leseverständnisses, d. h. das Extrahieren von Informationen aus einem Text, miteinbezogen. Das Ergebnis zeigte, dass 22 % der deutschen Jugendlichen nur geringste Lesefähigkeiten aufwiesen, sie erreichten von fünf Kompetenzstufen, wenn überhaupt, gerade mal Stufe 1, d. h. sie waren lediglich in der Lage, einfache Informationen aus einem Text zu ermitteln bzw. einfache Verbindungen zwischen Informationen und Alltagswissen herzustellen.

In den USA wurden von dem Programm des „National Assessment of Educational Progress" (NAEP) ähnliche Studien zum Leseverständnis durchgeführt. Eine Studie von Snow et al. (1998) zeigte, dass dem NAEP zufolge 40 % der Viertklässler nicht das Leseniveau erreichten, mit dem sie in der Lage wären, einfache Informationen aus dem Text zu entnehmen und offensichtliche Verbindungen zwischen dem Gelesenen und eigenen Erfahrungen herzustellen.

Geschlechtsunterschiede:

In zahlreichen Studien wurde ein Überwiegen von Jungen mit Lese- und Rechtschreibschwierigkeiten und teilweise auch eine schwerwiegendere Betroffenheit der männlichen im Vergleich zu weiblichen Betroffenen beschrieben (Olson, 2002, Katusic et al., 2001). Andere Studien konnten dies jedoch nicht bestätigen (Shaywitz et al., 1990). Die Frage nach Geschlechtsunterschieden muss also in weiteren Untersuchungen noch geklärt werden, genauso wie die Frage nach den Ursachen unterschiedlicher Häufigkeiten bei Jungen und Mädchen, falls diese Unterschiede eindeutig bestätigt werden.

Abschließend kann gesagt werden, dass Lesestörungen (und Rechtschreibstörungen) einen beachtlichen Teil von Lernstörungen nicht nur unter Grundschülern ausmachen. Es ist wichtig, Lesestörungen früh zu erkennen und individuell zu behandeln. Dass Kinder mit Lese- und Rechtschreibstörungen deutlich schlechtere Bildungschancen haben als Kinder ohne diese Lernschwierigkeiten, konnten verschiedene Studien zeigen (Jungermann, 2002, Esser & Schmidt, 1993). Malt man sich daraus gedanklich neben den emotionalen Folgen bei den Betroffenen auch die volkswirtschaftlichen Folgen für uns alle aus, wird die dringende Notwendigkeit deutlich, diesen Kindern und Jugendlichen zu helfen, ihre Lesestörung zu überwinden. Dies kann nur mit individueller Diagnostik der Ursachen der jeweiligen Lesestörung und einer darauf abgestimmten individuellen Therapie erfolgen.

1.4 Ursachen für Lesestörungen

1.4.1 Bisheriger Forschungsstand – Ursachenkonzeptionen

An dieser Stelle wird ein Überblick über die derzeit geläufigsten Konzeptionen für Ursachen von Lesestörungen (bzw. aufgrund der Begriffskopplung für Lese- und Rechtschreibstörungen) gegeben. Dabei sollen die Inhalte und die Art der Untersuchungen sowie die daraus resultierenden Untersuchungsergebnisse dargestellt werden. Im Anschluss daran erfolgt eine kritische Würdigung der Konzeptionen. Dabei wird auch auf den Begriff ‚Ursache' näher eingegangen.

Schulte-Körne & Remschmidt (2003) schlagen ein so genanntes „Mehrebenen-Ursachenmodell" der Lese-Rechtschreibstörung vor, welches die nachfolgend dargestellten Ursachenkonzeptionen überblickshaft vereint. (Abbildung A 1-1).

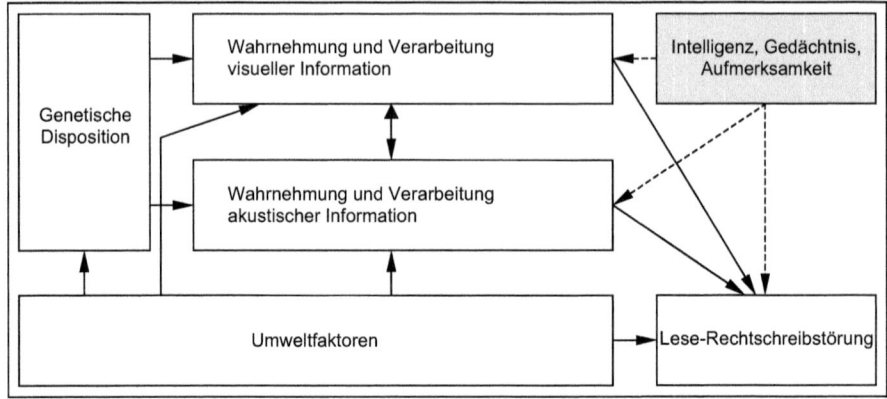

A 1-1 Mehrebenen-Ursachenmodell der Lese-Rechtschreibstörung nach Schulte-Körne & Remschmidt (2003)

1.4.1.1 Genetische Verursachung

Es wird immer wieder beobachtet, dass Lesestörungen (und Rechtschreibstörungen) innerhalb von Familien nicht isoliert bei einem einzelnen Familienmitglied auftreten, sondern dass bei genauer Befragung nach ähnlichen Lernproblemen häufig weitere Mitglieder der Familie betroffen sind. Zahlreiche Wissenschaftler haben versucht, diese familiären Häufungen in kontrollierten Studien an Familien und besonders an eineiigen und zweieiigen Zwillingen zu untersuchen.

In Familienstudien schätzt man das prozentuale Risiko dafür, als Verwandter einer Person mit Lese- und/oder Rechtschreibstörung, ebenfalls betroffen zu sein. In einer Studie von Scarborough (1990) wiesen 23 bis 65 % der Kinder, deren Mutter oder Vater Lesestörungen zeigten, die gleichen Schwierigkeiten auf. Gilger et al. (1991) verglichen drei Studien an Großfamilien, die sich mit der Risikoabschätzung, eine Lesestörung zu entwickeln, beschäftigten. Besonders stand dabei die Frage im Mittelpunkt, ob männliche oder weibliche Nachkommen mehr betroffen sind und von welchem Elternteil eine mögliche „Vererbung" der Schwierigkeiten beim Lesen und Rechtschreiben ausgehen könnte. Sie kamen dabei jedoch zu keinem eindeutigen Ergebnis. Mal waren männliche Nachkommen, mal weibliche häufiger betroffen, mal zeigten eher die Mütter, mal eher die Väter ähnliche Schwierigkeiten wie ihr Kind. Jedoch konnten Pennington & Gilger (1996) zumindest bestätigen, dass Eltern eines Kindes mit Leseschwierigkeiten überzufällig häufig ähnliche Probleme zeigten (etwa 27 bis 49 % aller Elternteile). Grimm (2005) kommt nach Sichtung verschiedener Studien zusammenfassend zu dem Ergebnis, dass die Wahrscheinlichkeit, dass ein Elternteil eines dyslektischen Kindes ebenfalls betroffen ist, bei etwa 30-45 % liegt.

Die Idee, welche hinter Zwillingsstudien steht, ist folgende: Eineiige Zwillinge (EZ) besitzen zu 100 %, zweieiige Zwillinge (ZZ) nur zu 50 % identisches Erbgut. Sollte man bei EZ im Vergleich zu ZZ eine höhere Übereinstimmung von Lese- bzw. Rechtschreibschwierigkeiten finden, würde man dies auf einen Zusammenhang zwischen genetischen Besonderheiten und Schwierigkeiten im Erlernen des Lesens und Rechtschreibens zurückführen.

Bakwin (1973) fand eine Konkordanz der Lese- und Rechtschreibschwierigkeiten bei männlichen EZ von 84 % bzw. bei männlichen ZZ von 42 % und eine Konkordanz bei weiblichen EZ von 83 % bzw. bei weiblichen ZZ von 8 %. Stevenson et al. (1987) unterschied in einer methodisch sehr sorgfältigen Untersuchung die Konkordanz von Lesefähigkeit und Rechtschreibfähigkeit von 13-jährigen EZ. Im Ergebnis konnte er keine Konkordanz der Lesefähigkeit, jedoch eine deutliche Konkordanz der Rechtschreibfähigkeit feststellen. Auch DeFries et al. (1991, 1991a) kamen nach Zwillingsuntersuchungen zu dem Ergebnis, dass die Konkordanz der Rechtschreibfähigkeit größer ist als die des Lesens, hinsichtlich des Geschlechts konnten sie jedoch keine signifikanten Unterschiede finden. Im Gegensatz dazu fand Olson (2002) bei Untersuchungen großer Stichproben von EZ und ZZ heraus, dass Jungen deutlich häufiger und schwerer betroffen waren als Mädchen.

Aufgrund dieser Ergebnisse gingen die Autoren davon aus, dass es einen Zusammenhang zwischen Lese-Rechtschreibschwierigkeiten und Vererbung geben müsse. Um dieser Frage auf den Grund zu gehen, wurden molekulargenetische Analysen durchgeführt. Es wurde nach bestimmten Genen bzw. Genorten gesucht, welche bei Personen mit Lese- bzw. Rechtschreibschwierigkeiten im Vergleich zu Personen ohne diese Probleme möglicherweise übereinstimmend verändert sind. Insgesamt wurden bisher auf diese Weise Veränderungen in bestimmten Regionen der Chromosomen 1, 2, 3, 6, 15 und 18 gefunden, welche die Autoren als bedeutsam für die Lese- und Rechtschreibfähigkeit erachten (Raskind et al., 2005, Francks et al., 2004, Fisher & DeFries, 2002, Olson, 2002, Nöthen et al., 1999, Grigorenko et al., 1997). Die Autoren vermuten, dass diese Chromosomenregionen nicht direkt die Lese- und Rechtschreibfähigkeit beeinflussen, sondern neuropsychologische und neurophysiologische Funktionen steuern, deren Störung den Schriftspracherwerb beeinflussen. Eine aktuelle Studie (Schumacher et al., 2005), welche insgesamt 82 Familien mit mindestens einem Kind mit Lese- und Rechtschreibschwierigkeiten untersuchte, konnte Zusammenhänge zwischen Schwierigkeiten bei der Lösung bestimmter Aufgaben (z. B. Wortlesen, schnelles Benennen, phonologische Bewusstheit etc.) und Veränderungen auf Chromosom 18 jedoch nicht bestätigen. Leider konnten bisher ebenfalls keine bei allen Personen mit Lese- bzw. Rechtschreibstörungen übereinstimmenden Genorte gefunden werden. Wenn man diese Tatsache vor dem Hintergrund betrachtet, dass das Lesen und Schreiben viele verschiedene Einzelfähigkeiten beinhaltet, welche isoliert oder gekoppelt beeinträchtigt sein können, stellt dies jedoch keinen Widerspruch dar. Ein genauer Zusammenhang zwi-

schen Veränderungen an bestimmten Genloci und ganz bestimmten eingeschränkten Einzelfähigkeiten des Lesens (bzw. Rechtschreibens) konnte bisher allerdings ebenfalls noch nicht einheitlich geklärt werden.

1.4.1.2 Phonologische Defizithypothese

Es wird postuliert, dass bei Personen mit Lese- und/oder mit Rechtschreibschwierigkeiten die Buchstaben-Laut-Zuordnung unvollständig ausgebildet
ist, sie also spezifische Beeinträchtigungen im Speichern, in der Repräsentation und im Abruf von Graphem-Phonem-Korrespondenzen aufweisen bzw.
Schwierigkeiten in Aufgaben der so genannten phonologischen Bewusstheit
zeigen.

Nach Küspert (2004) versteht man unter phonologischer Bewusstheit folgendes: „Phonologische Bewusstheit meint den Einblick in die Lautstruktur der
gesprochenen Sprache und bezeichnet die Fähigkeit, formale sprachliche
Einheiten wie Wörter, Silben, Reime und Phoneme (Laute) in der gesprochenen Sprache zu identifizieren." Yopp (1988) fasst verschiedene Verfahren zusammen, mit denen die phonologische Bewusstheit überprüft werden kann
(Tabelle 1.1).

Teilbereiche der phonologischen Bewusstheit	Verfahren zur Überprüfung
1. Laut zu Laut-Zuordnung	Ist ein /s/ in Sonne?
2. Wort zu Wort-Zuordnung	Beginnen Maus und Mond gleich?
3. Reime erkennen	Reimen sich Haus und Maus?
4. Isolierung von Lauten	Welches ist der erste Laut im Wort „Blume"?
5. Phonemsegmentieren	Aus welchen Lauten besteht „Sonne"?
6. Phonemzählen	Wie viele Laute hörst du im Wort „Puppe"?
7. Laute verbinden	Welches Wort ist das: H/u/n/d?

Tabelle 1.1: Verfahren zur Überprüfung der phonologischen Bewusstheit nach Yopp (1988)

Skowronek und Marx (1989) unterscheiden die phonologische Bewusstheit
im engeren Sinne und die phonologische Bewusstheit im weiteren Sinne.
Phonologische Bewusstheit im engeren Sinne meint eine Differenzierung von
Einzellauten in Wörtern, phonologische Bewusstheit im weiteren Sinne bedeutet die Fähigkeit, größere Einheiten der gesprochenen Sprache zu isolie-
ren (z. B. Reime erkennen, Wörter in Silben zu trennen). Die Autoren gehen
davon aus, dass sich die phonologische Bewusstheit im weiteren Sinne bei
den meisten Kindern automatisch schon im Vorschulalter herausbildet, die
phonologische Bewusstheit im engeren Sinne hingegen in den meisten Fällen
erst in der Grundschule mit dem Erlernen des alphabetischen Systems erworben wird. Das bedeutet, dass die phonologische Bewusstheit sowohl eine
Voraussetzung für den Schriftspracherwerb darstellt, als auch als wichtiger

Begleitprozess dieses Erwerbs betrachtet werden kann. Jansen et al. (2002) entwickelten im Rahmen ihrer Forschung zur phonologischen Bewusstheit ein Screeningverfahren (Bielefelder Screening), mit dessen Hilfe sie schlechte Leseleistungen und Rechtschreibleistungen im zweiten Schuljahr zu 76,9 % vorhersagen konnten. An der Universität Erlangen-Nürnberg (zitiert nach Forster & Martschinke, 2005) wurde ein Erhebungsverfahren zur phonologischen Bewusstheit entwickelt, welches sich inhaltlich an das Bielefelder Screening anlehnt. Die Autoren greifen dabei die Idee zur phonologischen Bewusstheit im engeren Sinne (ES) und der im weiteren Sinne (WS) von Skowronek & Marx auf. Tabelle 1.2 gibt einen Überblick über einzelne Aufgaben dieses Erhebungsverfahrens zur phonologischen Bewusstheit.

Aufgaben zur Erhebung der phonologischen Bewusstheit		
1. Silben segmentieren	Tiernamen klatschen: E-le-fant	WS
2. Silben zusammensetzen	Tierbilder zusammensetzen und neu entstandenes Tier benennen: Zie-ge + Ka-mel → Zie-mel + Ka-ge	WS
3. Phonemanalyse	Gehörte Laute eines Wortes in Steinen hinlegen	ES
4. Lautsynthese mit Umkehraufgabe	Wörter vorwärts und rückwärts sagen: MI - IM	ES
5. Eigenen Namen schreiben	Den eigenen Namen und andere Wörter schreiben	
6. Anlaut erkennen	Welche Wörter beginnen mit dem gleichen Anlaut? Bart - Birne - Kamm - Boot	ES
7. Endlaut erkennen	Welche Wörter enden auf dem gleichen Endlaut? Herz - Pilz - Blitz - Wiese	ES
8. Endreim erkennen	Welche Wörter reimen sich? Hose - Rose - Roller - Dose	WS
9. Buchstabenkenntnis	Alle Buchstaben nennen, die Kind kennt	

Tabelle 1.2: Aufgaben aus dem Erhebungsverfahren zur phonologischen Bewusstheit nach Forster & Martschinke (2005)
Anmerkungen: ES = phonologische Bewusstheit im engeren Sinne, WS = phonologische Bewusstheit im weiteren Sinne

Zahlreiche Autoren (Landerl, 2003, Ramus et al., 2003, Mayringer & Wimmer, 1999, Shaywitz et al., 1999, Klicpera et al., 1993, Eden et al., 1995, Felton et al., 1990, 1989) konnten feststellen, dass Personen mit Lesestörungen im Vergleich zu Normallesenden in Aufgaben, die schnelles Benennen, verbale Flüssigkeit, Pseudowortlesen oder sequentielles Abrufen verbalen Materials erforderten bzw. in Aufgaben der phonologischen Bewusstheit deutlich schlechtere Ergebnisse erzielten. Die Ergebnisse sind jedoch nicht immer einheitlich. Landerl (1996) konnte schlechtere Ergebnisse in Aufgaben wie Zahlennachsprechen, schnelles Artikulieren und verbale Flüssigkeit bei englischsprachigen, nicht jedoch bei deutschsprachigen Kindern mit Lese- und Rechtschreibschwierigkeiten finden. Lediglich in so genannten Spoonerism-Aufgaben (Austausch von konsonantalen Anlauten zweier Wörter, Bsp: Mann-Hut → Hann-Mut) schnitten sowohl deutsche, als auch englische Kinder mit Lese- Rechtschreibschwierigkeiten signifikant schlechter als gleichaltrige Kontrollkinder ab.

Eine groß angelegte Multizenter-Studie verschiedener deutscher Universitäten untersuchte Kinder mit Lese- und Rechtschreibstörungen und ihre Geschwister. Die Kinder mussten verschiedene Aufgaben lösen:

1. Aufgaben der phonologischen Bewusstheit,

2. Aufgaben des schnellen Benennens von Ziffern, Farben, Objekten und Buchstaben,

3. Merken von Ziffern,

4. Aufgaben zum orthographischen Wissen.

In der Würzburger Stichprobe (Plume et al., 2005) waren die Kinder mit Lese- und Rechtschreibstörungen in allen Aufgaben (bis auf das schnelle Benennen von Ziffern) der Kontrollgruppe ohne Lese- und Rechtschreibstörungen signifikant unterlegen.

Verschiedene Längsschnittstudien (Schneider et al., 1999, Landerl & Wimmer, 1994, Lundberg et al., 1988) konnten zeigen, dass Fertigkeiten der phonologischen Bewusstheit im Kindergartenalter die Schriftsprachkompetenz im Grundschulalter vorhersagen. Außerdem zeigten die Autoren, dass ein Training der phonologischen Bewusstheit im Vorschulalter positive Langzeiteffekte hinsichtlich des Erlernens von Lesen und Rechtschreiben zeigt (Roth & Schneider, 2002, Schneider et al., 1999) (siehe Kapitel 1.7 Therapie von Lesestörungen).

Als Ursache dafür, dass einige Kinder bestimmte Aspekte der phonologischen Bewusstheit nur mangelhaft ausprägen, sehen einige Autoren eine Dysfunktion von linkshemisphärischen Hirnarealen, welche sich um die Sylvische Furche gruppieren. Diesen Hirnarealen wird eine bedeutsame Funktion in der Bildung der Graphem-Phonem-Korrespondenzen, das heißt dem Herstellen von Verbindungen zwischen phonologischen und orthografischen Repräsentationen, zugeschrieben.

Vertreter dieser Annahme stützen diese durch Untersuchungen mit bildgebenden Verfahren (Shaywitz et al., 2002, 1998) und durch anatomische Arbeiten an Verstorbenen (Galaburda et al., 1985, Geschwind & Galaburda, 1985). Die Autoren fanden bei Personen mit Lesestörungen im Vergleich zu Normallesenden eine linkshemisphärische perisylvische Dysfunktion im Sinne einer signifikant geringeren Ausprägung bzw. Aktivierung dieser angrenzenden Hirnregionen während des Lesens von Wörtern und Pseudowörtern. Diese Entdeckungen interpretieren sie als Basis für das phonologische Defizit, was letztendlich zu Problemen beim Erlernen des Lesens führe. Allerdings könnte eine abweichende Aktivierung von Hirnregionen bei Dyslektikern im Vergleich zu Normallesenden, z. B. im Sinne einer vermehrten Aktivierung rechtshemisphärischer Areale nicht nur Ursache, sondern auch Folge eines phonologischen Defizits sein. Eine Aktivierung anteriorer rechtshemisphärischer Areale beim Lesen, die bei Normallesenden nicht nachgewiesen werden konnte, könnte Dyslektikern ermöglichen, andere Wahrnehmungsprozesse zu nutzen, um ihre eingeschränkten phonologischen Fertigkeiten zu kompensieren (Shaywitz et al, 2002). Die Vermutung, dass abweichende Aktivierungen bestimmter Hirnregionen nicht nur Ursache, sondern auch Folge von Leseschwierigkeiten sein könnten, werden auch durch Positron-Emissions-Tomographie (PET)- Untersuchungen an Lesern und Analphabeten (welche niemals eine Schule besucht haben) gestützt (Castro-Caldas et al., 1998). Die Autoren konnten zeigen, dass das Lesenlernen selbst bedeutende Auswirkungen auf die Bildung zentralnervöser Verbindungen hat. Personen, welche weder lesen, noch schreiben konnten, waren im Vergleich zu Lesenden nicht in der Lage, sprachrelevante Regionen des Gehirns zu aktivieren, wenn sie beispielsweise Pseudowörter wiederholen sollten.

Turkeltaub et al. (2003) untermauern mithilfe einer Langzeitstudie zumindest die Annahme, dass es Zusammenhänge irgendeiner Art zwischen Lesestörungen und abgeschwächter linkshemisphärischer und vermehrter rechtshemisphärischer Hirnaktivität geben müsse. Sie konnten nachweisen, dass sich das Gehirn mit zunehmendem Lesefortschritt im Sinne einer zunehmenden Aktivierung von mittleren temporalen und inferior-frontalen Arealen der linken Hemisphäre und einer Abnahme der Aktivität im rechten inferior-temporalen Kortex entwickelt.

1.4.1.3 Zeitliche Verarbeitungsdefizithypothese

Vor allem die Forschungsgruppe um Paula Tallal führte immer wieder Untersuchungen an Kindern und Erwachsenen mit Lesestörungen durch, die sie in ihrer Überzeugung bestärkten, dass phonologische Defizite nicht Ursache der Schwierigkeiten sind, das Lesen zu erlernen, sondern Folge eines grundlegenderen (zumeist auditiven) Defizits. Tallal (1993, 1980) fand vor allem Defizite in der Wahrnehmung kurzer oder schnell nacheinander präsentierter sensorischer Reize (speziell auditiver, aber auch visueller, taktiler oder crossmodaler Reize). In einer Studie (Tallal, 2000) an sechs Monate alten Säuglingen, in deren Familie bereits mindestens eine verwandte Person mit Lesestörungen bekannt war, zeigten die Säuglinge im Vergleich zu solchen aus Familien, deren Anamnese bezüglich Lesestörungen leer war, eine schlechtere nonverbale akustische Verarbeitung und im Alter von 24 Monaten ein schlechteres Sprachverständnis.

Auch in Untersuchungen anderer Autoren zeigten Personen mit Leseschwierigkeiten schlechte Leistungen in einer Reihe auditiver Aufgaben einschließlich Aufgaben zur Frequenzdiskriminierung (Ahissar et al., 2000) oder zur Bildung zeitlicher Reihenfolgen von Tonmaterial (Nagarajan et al., 1999, Tallal, 1980). Eine schlechtere Unterscheidung von einfachen Tonmustern konnte auch in Untersuchungen mithilfe von bildgebenden Verfahren (Elektroenze-phalogramm) bestätigt werden (Kujala et al., 2000). Diese auditiven Schwie-rigkeiten werden als direkte Ursache für die Schwierigkeit des Lesenlernens bzw. für zwischengeschaltete phonologische Störungen betrachtet. Probleme in der zeitlichen Verarbeitung schnell aufeinander folgender auditiver Reize (z. B. ähnlich klingender Stopp-Konsonanten-Silben, ba/da) sollen beispiels-weise zu Schwierigkeiten bei der Verarbeitung gesprochener Sprache führen und als Folge davon zu einer beeinträchtigten Repräsentation von Sprachlau-ten.

Vertreter der Theorie (Kujala et al., 2001) untermauern ihre Überzeugungen mit Ergebnissen einer Studie, in der bei Kindern mit Lesestörungen, welche ein siebenwöchiges audiovisuelles Training mit abstraktem nichtsprachli-chem Material erhielten, eine plastische Veränderung des Gehirns im Sinne einer erhöhten elektrophysiologischen *mismatch negativity* im auditorischen Kortex gemessen und zugleich ein Anstieg der Lesegeschwindigkeit sowie ein Abfall der Lesefehlerzahl festgestellt werden konnte.

In zahlreichen Untersuchungen (McArthur & Hogben, 2001, Heath et al., 1999) konnten diese auditiven Störungen bei Kindern mit Lesestörungen je-doch nicht repliziert werden, was dafür spricht, dass nur eine bestimmte Subgruppe von Kindern, nämlich solche, die neben Lesestörungen auch Sprechstörungen aufweisen, Defizite in der auditiven Verarbeitung zeigen.

1.4.1.4   Magnozelluläre Defizithypothese

Die Magnozelluläre Defizithypothese versucht, visuelle, auditive, taktile und motorische Störungen in einen Zusammenhang mit Dyslexie zu bringen (Ramus et al., 2003). Den Ursprung dazu bilden Vertreter eines visuellen Wahrnehmungsdefizits.

Stein & Walsh (1997), Livingstone et al. (1991) und Lovegrove et al. (1980) vertreten die Auffassung, dass Dyslektiker unter einer visuellen Beeinträchti-gung leiden, welche Schwierigkeiten in der Verarbeitung von Buchstaben und Wörtern in einem Text zur Folge haben.

In Untersuchungen (Eden et al., 1995, Stein & Fowler, 1993) wiesen Dyslekti-ker eine verminderte Fähigkeit des binokularen Fixierens und ein schnelleres binokulares Abdriften der Augen auf.

Auf neurobiologischer Ebene wird die Ursache des visuellen Defizits folgen-dermaßen vermutet: Das visuelle System teilt sich im Bereich des lateralen Kniehöckers des Thalamus in zwei deutlich voneinander abgrenzbare Bah-nen: eine magnozelluläre Bahn, bestehend aus größeren Neuronen, die in zwei ventralen Schichten verlaufen, und eine parvozelluläre Bahn, kleinere Neuronen, in vier dorsalen Schichten verlaufend. Das parvozelluläre System erlaubt das Farbensehen und das Sehen kleiner räumlicher Details, das magnozelluläre System steuert das Bewegungssehen. Es wird angenommen, dass die magnozelluläre Bahn bei einigen Dyslektikern teilweise unterbrochen ist, was zu Schwierigkeiten der visuellen Verarbeitung und über den posterioren parietalen Kortex zu abnormaler binokularer Kontrolle, gestörter visuell-räumlicher Aufmerksamkeit und beeinträchtigtem Peripherie-Sehen führt (Stein & Walsh, 1997).

Anatomische Studien an verstorbenen Personen mit Leseschwierigkeiten (Livingstone et al., 1991) zeigen Abnormalitäten dieser magnozellulären Schichten. In psychophysischen und neurobiologischen Untersuchungen zeigte sich eine abnehmende Empfindlichkeit magnozellulärer Bereiche (Lovegrove et al., 1980). Es gibt jedoch eine Reihe von Untersuchungen (Johannes et al., 1996, Victor et al., 1993), in denen ein magnozelluläres visuelles Defizit bei Personen mit Lesestörungen nicht repliziert werden konnte.

Jacobs und Hutzler (2005) untersuchten die Anzahl, Dauer und Summe der Fixationen bei der Bewältigung verschiedener visueller Aufgaben bei Personen mit Lesestörungen und Normallesenden. Die Probanden bekamen verschiedene Aufgaben:

1. so genannte *string-processing*-Aufgaben (Analysieren von Konsonantenketten; die Anforderung dieser Aufgabe soll der des Lesens entsprechen)

2. so genannte *coherent-motion-task*-Aufgaben (Beobachtung von Punktwolken; diese Aufgabe soll die Funktionalität des magnozellulären Systems widerspiegeln).

Es konnten in beiden Aufgaben bezüglich der Augenbewegungsmuster keine signifikanten Unterschiede zwischen den Versuchsgruppen gefunden werden. Zudem ließ sich kein Zusammenhang zwischen der Funktionalität des magnozellulären Systems und den Augenbewegungen während der string-processing-Aufgabe nachweisen. Erst bei der Umsetzung von gesehenen Buchstaben in gesprochene Laute (Pseudowortlesen) zeigten sich signifikante Unterschiede der Augenbewegungen zwischen den beiden Gruppen. Dyslektische Kinder zeigten hierbei mehr und häufigere Fixationen als normallesende Kinder. Die Autoren schlussfolgern daraus, dass nur ein ganz geringer Teil von Dyslektikern ein magnozelluläres Defizit aufweist, dieses also nicht in kausalem, sondern höchstens in korrelationalem Zusammenhang zu Lesestörungen steht. Abweichende Augenbewegungen stellen demnach lediglich ein Symptom der Lesestörung dar und sind nicht ursächlich für diese Störung.

Zur Klärung von Einflüssen visueller Defizite auf das Lesen im Sinne einer Störung des magnozellulären Systems untersuchte Landerl (2003) 483 Kinder, die in einem Leseverständnistest schlecht abgeschnitten hatten. Die Kinder mussten sowohl verbal-linguistische Verarbeitungs-Aufgaben (1. Phonemauslassung, 2. Phonologisches Kurzzeitgedächtnis, 3. schnelles Benennen von Bildern und Ziffern) als auch visuelle Aufgaben (1. ein bestimmtes Zeichen unter sieben anderen wiedererkennen, 2. bestimmte Zielzeichen unter anderen Zeichen entdecken und durchstreichen) lösen. 77 % der Kinder hatten Defizite in verbal-linguistischen Verarbeitungsaufgaben, 55 % in Aufgaben der visuellen Verarbeitung und 44 % in beiden Bereichen. Kinder, die nur Defizite in visuellen (nonverbalen) Aufgaben aufwiesen, zeigten keine Auffälligkeiten in der basalen Lesefähigkeit. Nur Kinder, die zusätzlich oder ausschließlich Defizite im verbal-linguistischen Bereich aufwiesen, zeigten eine deutlich auffällige Leseunfähigkeit. Nonverbale (visuelle) Defizite treten also bei einer Zahl von Lesegestörten auf, scheinen jedoch keinen Einfluss auf die Leseleistung zu haben.

Andere Autoren (Amitay et al., 2002, Skottun, 2000) kamen zu dem Ergebnis, dass visuelle Defizite, sofern sie überhaupt gefunden werden, nicht auf Reize, die eine Aktivierung des magnozellulären Systems nach sich ziehen, beschränkt zu sein scheinen, sondern eine große Zahl anderer visueller Aufgaben betreffen.

1.4.2 Kritische Betrachtung der Ursachentheorien

Es ist wahrscheinlich, dass die Wahrnehmungsleistungen von Kindern mit Lesestörungen nicht in jedem Fall im Normbereich liegen. Dies darf jedoch nicht zu der Verallgemeinerung führen, alle Kinder mit Lesestörungen wiesen die gleichen Defizite in diesen Bereichen auf. Es konnten zwar zahlreiche Kinder gefunden werden, bei denen bestimmte Leistungen der visuellen und auditiven Wahrnehmung bzw. phonologische Leistungen eingeschränkt waren, jedoch konnte in vielen Fällen kein unmittelbar ursächlicher Zusammenhang zwischen *dieser* eingeschränkten Wahrnehmungsleistung und *jener* Lesestörung gefunden werden (Tallal, 2000, 1980, Stein & Walsh, 1997). Häufig wird aus der Tatsache, dass zwei oder mehrere Ereignisse gleichzeitig auftreten, auf einen ursächlichen Zusammenhang zwischen diesen Ereignissen geschlossen. Hierbei handelt es sich jedoch um einen logischen Fehlschluss (Werth, 2003). Um dies zu verdeutlichen, wird der Begriff ‚Ursache' im Folgenden näher betrachtet.

1.4.2.1 Ursachenbegriff

Die im Zusammenhang mit der Entstehung von Lesestörungen häufig verwendeten Begriffe ‚Ursache' und ‚ursächlicher Zusammenhang' sind aus wissenschaftstheoretischer Sicht nicht eindeutig definiert und können daher zu Missverständnissen führen (Stegmüller, 1983).

Nach Werth (1988, S. 71) wird als Ursache für ein Ereignis E ein anderes Ereignis angesehen, dessen Auftreten eine

   (a) notwendige (aber nicht hinreichende) oder

   (b) hinreichende (aber nicht notwendige) oder

   (c) notwendige und hinreichende Bedingung

dafür darstellt, dass das Ereignis E zustande kam.

Die Praxis zeigt, dass es ganz unterschiedliche Erscheinungsformen von Lesestörungen (und Rechtschreibstörungen) gibt. Man kann demzufolge das Konstrukt Lese-Rechtschreibstörung nicht als ein Ereignis E betrachten, welches *die* Ursache U (bzw. *die* Ursachen U1, U2, ...) hat. Wir sprechen aus diesem Grund nicht von Ursachen, sondern vielmehr von notwendigen und hinreichenden Bedingungen, die zu einer Lesestörung führen (siehe Kapitel 1.5).

Aus einer logischen Schlussfolgerung heraus kann folglich nicht einfach von *der* Lesestörung an sich und auch nicht von *der* genetischen Disposition oder von *der* gestörten akustischen Wahrnehmung an sich gesprochen werden.

Man muss sich anstatt dessen fragen, welche Fähigkeiten bei dem jeweiligen Kind eingeschränkt sind, die zu *seiner* individuellen Lesestörung führen. Man kann sich weiterhin fragen, welche Bedingungen es sind, die wiederum zu diesen bei dem jeweiligen Kind eingeschränkten Fähigkeiten geführt haben können usw.. Es ist zwangsläufig notwendig, das „Pferd von hinten aufzuzäumen", will man nicht riskieren, alle Kinder und alle Lesestörungen zu verallgemeinern, daraus resultierend alle Kinder mit Leseproblemen auf die gleiche Weise zu behandeln, um schließlich bei einem Teil keine Verbesserung zu erreichen.

Es ist nicht verwunderlich, dass einige Autoren bestimmte „Zusammenhänge" zwischen bestimmten Auffälligkeiten und Lesestörungen finden können, andere wiederum nicht, wenn die Schlussfolgerung, dass zwei gleichzeitig auftretende Ereignisse stets in ursächlichem Zusammenhang zueinander stehen, in zahlreichen Ursachenkonzeptionen immer wieder gezogen wird.

Neben dieser allgemeinen kritischen Betrachtungsweise soll im Folgenden zu den Ursachenkonzeptionen im Einzelnen Stellung bezogen werden, sofern es individuelle Ergänzungen gibt.

1.4.2.2   Genetische Verursachung

Die Wahrscheinlichkeit eines Blutsverwandten, ebenfalls von Dyslexie betroffen zu sein, liegt mit ca. 30-45 % unter der Zahl eines autosomal-dominanten und über der eines autosomal-rezessiven Vererbungsrisikos. Aus diesem Grund und weil Lese- und Rechtschreibstörungen zudem nicht geschlechtsgebunden sind, kann eine monogene Vererbung ausgeschlossen werden. Zahlreiche Forschungsgruppen konnten verschiedene Chromosomen finden, auf denen ganz bestimmte Genorte ganz bestimmter Gene bei einigen Dyslektikern übereinstimmend von denen Normallesender abweichen. Da das Lesen und Schreiben aus vielen verschiedenen Einzelfähigkeiten besteht, ist es augenscheinlich, dass diese Veränderungen bestimmter Genorte nicht bei allen Dyslektikern zu finden sind, da nicht alle Dyslektiker ein und dieselbe Lesestörung aufweisen. Leider führen die Erkenntnisse aus der genetischen Forschung häufig zu der verallgemeinerten Aussage, genetische Faktoren seien die Ursache für Lese- und Rechtschreibstörungen. Nicht nur die Tatsache, dass Veränderungen bestimmter Genorte bisher nur bei einem Teil der

Dyslektiker gefunden worden sind, schränkt die Allgemeingültigkeit dieser Aussage ein. Zwischen einer postulierten genetischen Abweichung und dem Auftreten einer Lesestörung liegt zudem eine ganze Kette von Ursachen und Folgen. Es ist also durchaus wahrscheinlich, dass eine ganz bestimmte Veränderung an einem bestimmten Genort eines bestimmten Chromosoms über eine solche Ursache-Folge-Kette zu einer ganz bestimmten eingeschränkten, zum Lesen notwendigen Fähigkeit führt. Die pauschale Formulierung, genetische Veränderungen stellten die Ursache für Lesestörungen dar, ist deshalb nicht zulässig und für eine Therapie von Lesestörungen zudem nicht zielführend.

Es ist begreiflich, dass in vielen Fällen Konzeptionen über Ursachenzusammenhänge, besonders im Bereich Vererbung keinen therapeutischen Eingriffsspielraum ermöglichen. Dennoch sehen diese Konzeptionen berechtigterweise ihre Aufgabe in der endgültigen Klärung des Einflusses der Vererbung auf bestimmte Störungen. Sollten bei Kindern mit exakt übereinstimmenden eingeschränkten Fähigkeiten (siehe Kapitel 1.6) exakt gleiche Veränderungen bestimmter Gene gefunden werden, und bei anderen Kindern, welche diese eingeschränkten Teilfertigkeiten nicht aufweisen, diese Veränderungen nicht feststellbar sein, kann man diese bestimmte genetische Veränderung als mögliche hinreichende Bedingung in einem Bedingungsnetz (Werth, 2003, siehe Kapitel 1.6) betrachten, welche in der Entstehung *dieser* Lesestörung mündet. Als Ursache dürfen wir diese genetische Veränderung nicht so ohne weiteres bezeichnen, wenn wir einzelne Ursache-Folge-Prozesse, welche zwischen dieser genetischen Veränderung und jener Lesestörung liegen, nicht eindeutig geklärt haben. Zahlreiche Vertreter der genetischen Verursachungs-Konzeption sprechen aber selbst davon, dass genetische Veränderungen nicht das Lesen und Rechtschreiben direkt, sondern über bestimmte neurophysiologische und neuropsychologische Prozesse beeinflussen.

Es ist also plausibel, dass bestimmte Veränderungen an Genen ganz bestimmte am Lesen beteiligte Einzelfunktionen beeinflussen. Es ist notwendig, den Leseprozess, so weit möglich, in seine Einzelprozesse aufzuspalten, Einschränkungen ganz bestimmter Einzelleistungen bei Kindern mit Lesestörungen festzustellen und danach nach übereinstimmenden Genveränderungen bei Kindern mit exakt gleichen eingeschränkten Einzelleistungen zu suchen. Die Identifizierung dieser Faktoren auf molekularer Ebene ist bisher jedoch noch nicht gelungen (Schulte-Körne, 2002).

1.4.2.3 Phonologische Defizithypothese

Die Praxis hat gezeigt, dass Kinder mit Lese- und Rechtschreibstörungen Schwierigkeiten beim Lösen von Aufgaben der phonologischen Bewusstheit haben. Diese Auffälligkeit ist bereits im Kindergartenalter feststellbar und erlaubt eine Vorhersage über die spätere Lese- und Rechtschreibfähigkeit in der Grundschule. Ein Training der phonologischen Bewusstheit im Kindergarten kann die späteren Lese- und Rechtschreibfähigkeiten positiv beeinflussen. Es deuten eine Vielzahl von Ergebnissen darauf hin, dass es Zusammenhänge zwischen der Fähigkeit, Aufgaben der phonologischen Bewusstheit zu lösen und dem Schriftspracherwerb gibt. Die Schlussfolgerung, eine gestörte phonologische Bewusstheit führe zu einer eingeschränkten Lese- (und Rechtschreibfähigkeit), ist nicht zutreffend, da die phonologische Bewusstheit nicht eine Einzelfähigkeit, sondern einen ganzen Komplex von Fähigkeiten umschreibt. Wird ein ganzer Komplex von Einzelfähigkeiten trainiert, muss man immer davon ausgehen, dass isolierte Fähigkeiten, die für ein eingeschränktes Lesen direkt verantwortlich sind, als Teilfähigkeit zur Lösung dieser Aufgaben mittrainiert werden.

Ein Training von Graphem-Phonem-Korrespondenzen, wie es in vielen Aufgaben der phonologischen Bewusstheit durchgeführt wird, kann dazu führen, dass zu einem oder mehreren Graphemen zugehörige Phoneme bzw. Phonemgruppen schneller abgerufen werden können. Eine unzureichende Speicherung von Phonem-Graphem-Zuordnungen könnte also zu einer verlängerten Abrufzeit aus dem Gedächtnis führen. Ein zu frühes Sprechen trotz einer verlängerten Phonemabrufzeit könnte Lesefehler nach sich ziehen. Wir finden hier ein Netz von möglichen Bedingungen vor, welche letztendlich in einer Lesestörung resultieren können. Eine direkte Ursachen-Folge-Beziehung zwischen bestimmten Einzelaufgaben der phonologischen Bewusstheit und einer Lesestörung konnte bisher jedoch nicht im Einzelnen nachgewiesen werden.

Einige Autoren, welche sich ebenfalls als Vertreter der phonologischen Theorie betrachten, wiesen, wie bereits geschildert, bei Kindern mit Lesestörungen z. B. Defizite in Aufgaben des schnellen Benennens von Buchstaben und Wörtern nach. Diese Leistung steht in enger Verbindung mit unmittelbar am Leseprozess beteiligten Einzelleistungen. Ziel einer ursachenbezogenen Diagnostik sollte es sein, an dieser Stelle anzusetzen und die Einzelleistungen des Lesens und ihre Einschränkung im Einzelnen zu messen.

1.4.2.4 Zeitliche Verarbeitungsdefizithypothese

Einige Autoren konnten bei Personen mit Lese- bzw. Rechtschreibschwierigkeiten Defizite in der auditiven Wahrnehmung feststellen (Ahissar et al., 2000, Nagarajan et al., 1999, Tallal, 1993, 1980), andere hingegen konnten diese Ergebnisse nicht replizieren (McArthur & Hogben, 2001; Heath et al., 1999). Es wurde die Schlussfolgerung gezogen, dass dieser Wahrnehmungsbereich bei einigen Betroffenen gestört, bei anderen jedoch intakt ist. Bei Betroffenen mit Defiziten in der auditiven Wahrnehmung hat man diese als direkte Ursache für den gestörten Schriftspracherwerb betrachtet. Wie bereits erwähnt, ist auch dieses Vorgehen für die Therapie der Lese- und Rechtschreibstörungen nicht zielführend. Ein direkter Zusammenhang von beispielsweise der Fähigkeit zur Frequenzdiskriminierung bzw. dem Bilden von Tonreihenfolgen und Lesestörungen ist fraglich, da einerseits Personen gefunden wurden, welche trotz problemlosen Bewältigens solcher Aufgaben Lesestörungen entwickelten und andererseits Personen beobachtet werden konnten, welche trotz mangelhafter Bewältigung dieser Aufgaben keine Lesestörungen entwickelten (McArthur & Hogben, 2001, Heath et al., 1999). Zudem scheint eine Messung von direkten Zusammenhängen zwischen Lesefähigkeit und bestimmten anderen Fähigkeiten anhand von nichtsprachlichem Material nicht sinnvoll.

1.4.2.5 Magnozelluläre Defizithypothese

Auch die Ergebnisse von Studien zum Nachweis eines magnozellulären visuellen Defizits sind teilweise sehr widersprüchlich. Anatomische und neurobiologische Studien, welche bei Lesegestörten Veränderungen der Gehirnteile fanden, die für die visuelle und auditive Wahrnehmung verantwortlich gemacht werden, liefern keine Aussage über direkte ursächliche Zusammenhänge. Natürlich ist es auch hier wahrscheinlich, dass über bestimmte Ursache-Folge-Ketten eine bestimmte zum Lesen notwendige Fähigkeit unzureichend ausgebildet wurde.

Zusammenfassend kann man sagen, dass die in der bisherigen Forschung häufig als Ursachen bezeichneten Auffälligkeiten zum Teil mögliche Bedingungen im Entstehungsnetz, zum Teil aber nur Begleiterscheinungen von Lesestörungen darstellen.

Um den Leseprozess mit seinen notwendigen Teilfähigkeiten zu verstehen und die relevanten Bedingungen für die mangelhafte Entwicklung der Lesefähigkeit zu erkennen, wird im Folgenden zunächst ein Überblick darüber gegeben, wie der Leseprozess im Einzelnen abläuft und was genau unter hinreichenden und notwendigen Bedingungen verstanden wird. Anschließend werden verminderte Einzelleistungen, die unter bestimmten Voraussetzungen zu hinreichenden Bedingungen für Lesestörungen werden können, erläutert.

1.5 Wie das Lesen funktioniert

Wenn wir lesen, ist es aufgrund bestimmter biologischer Voraussetzungen nicht möglich, mit den Augen gleichmäßig von Buchstabe zu Buchstabe über den Text zu gleiten. Im Zentrum der Netzhaut befindet sich nur ein relativ kleiner Punkt scharfen Sehens: die Fovea. Sie hat einen Durchmesser von ca. 1,5 Millimeter. Rund um dieses Zentrum nimmt die Sehschärfe nach außen hin rasch ab (Frisen & Glanshom, 1975). In einem Abstand zwischen Auge und Text von 40 Zentimeter fällt ein Bereich von 1,5 Zentimeter in den Bereich der Fovea. Da eine Großzahl der Wörter in Texten, die Tag für Tag gelesen werden, jedoch mehr Raum als eineinhalb Zentimeter in Anspruch nimmt, müssen zwangsläufig Augenbewegungen durchgeführt werden.

Man kann sich das Lesen in etwa so vorstellen: Zunächst wird das Ziel der Augenbewegung festgelegt (ein Wort oder Wortsegment). Die Aufmerksamkeit wird auf dieses Ziel ausgerichtet (Fischer, 1999). Die Augen heften sich auf das Zielwort oder auf ein Teil des Wortes, falls dieses sehr lang ist (Inhoff et al., 1989). Dabei ruhen die Augen (Fixation); das heißt, sie bewegen sich im Wesentlichen nicht. Der Fixationspunkt liegt – in Abhängigkeit davon, ob das zu lesende Wort nur einmal fixiert wird oder in mehreren Schritten mit einem oder mehreren Blicksprüngen zwischen diesen Fixationen – etwa in der Mitte bzw. links von der Mitte des Wortes (Underwood et al., 1990). Dabei werden, abhängig von der Fähigkeit des Simultanerkennens einer Person, von der Geläufigkeit des Textmaterials und davon, in welcher Schriftgröße, Schriftart und in welchem Kontrast das Wort dargeboten wird, mehrere Buchstaben etwa gleichzeitig erkannt (Inhoff et al., 1989). Der optische Sinneseindruck wird über die Sehbahn zu Teilen im Gehirn weitergeleitet, welche die visuellen Formen wahrnehmen, in einem nächsten Schritt als Buchstaben und Buchstabenfolgen identifizieren (primärer und sekundärer visueller Kortex) und diese Formen in entsprechende phonetische Formen umwandeln (über die zentrale Schaltstelle Gyrus angularis und die Wernicke-Region). Von dort aus werden die Informationen über den Fasciculus arcuatus und die Broca-Region an den motorischen Kortex weiterleitet, welcher unter anderem über den Thalamus den Befehl des Aussprechens dieser Lautfolge an den Sprechapparat weitergibt (Rohkamm, 2000). Gleichzeitig wird die Bedeutung des Wortes oder Wortsegments aus dem Gedächtnis abgerufen. Abbildung A 1-2 verdeutlicht grafisch, welche Hirnareale am Lesevorgang beteiligt sind.

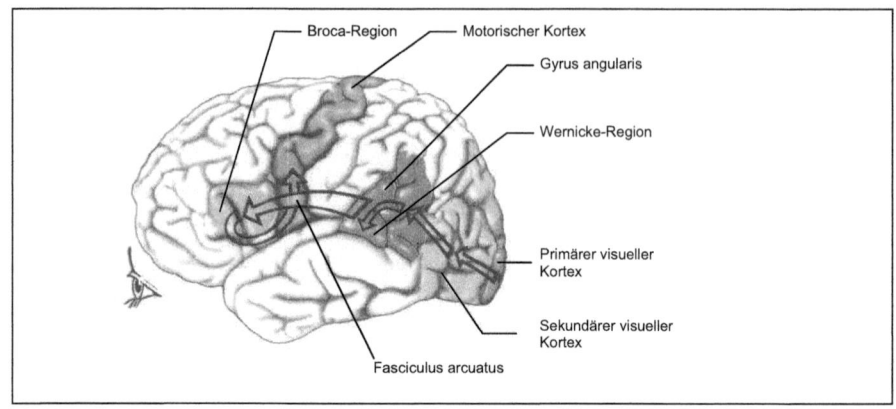

A 1-2 Beim Lesen beteiligte Hirnregionen (aus Rohkamm, 2000, S. 125)

Ist dieser Vorgang abgeschlossen, erfolgt ein Blicksprung (eine so genannte Sakkade) nach rechts zum nächsten Wortsegment oder Wort, welcher eine Dauer von etwa 30 Millisekunden in Anspruch nimmt (Fischer, 1999). Während der Sakkade sind die Sehleistungen im Wesentlichen gehemmt, d. h. die Augen sind für einen kurzen Moment funktionell „blind". Dieses Phänomen wird *saccadic suppression* genannt (Rayner, 1998). Ist nach diesem Blicksprung der Punkt schärfsten Sehens der Netzhaut auf dem nächsten Wortsegment gelandet, wird dieses wieder fixiert, werden mehrere Buchstaben etwa gleichzeitig erkannt, ein Blicksprung nach rechts durchgeführt usw..

Sind bei einem Leser eine oder mehrere dieser komplexen Fähigkeiten und Abläufe gestört, können Probleme beim Lesen eines Textes auftreten (Werth, 2003).

1.6 Hinreichende und notwendige Bedingungen für ein gestörtes Lesen

Es wurde bereits dargestellt, dass man sich bei der Frage, wie Lesestörungen entstehen, auf die Suche nach ganz bestimmten Bedingungen begeben muss, die bei einem Kind zu seiner individuellen Lesestörung geführt haben. Dabei unterscheidet man zwischen hinreichenden und notwendigen Bedingungen, die zu einer Entstehung einer Lesestörung beitragen.

1.6.1 Begriffserklärung „Hinreichende Bedingungen"

Als hinreichende Bedingungen bezeichnet man Bedingungen, die für sich ausreichen, um ein ganz bestimmtes Ereignis (z. B. Lesefehler) nach sich zu ziehen. Ein Beispiel für eine mögliche Abfolge hinreichender Bedingungen: Sauerstoffmangel des Kindes während der Geburt ist eine hinreichende Bedingung dafür, dass bestimmte Regionen des Okzipitallappens des Gehirns nicht ausreichend durchblutet werden. Diese mangelnde Durchblutung ist hinreichend dafür, dass die Sehleistung eines Kindes vermindert ist. Eine solche verminderte Sehleistung stellt wiederum eine hinreichende Bedingung dafür dar, dass das Kind gesehene Buchstaben oder Wortsegmente länger als ein normalsichtiges Kind fixieren muss, um sie richtig zu erkennen. Hält das Kind die benötigte längere Fixationszeit nicht ein, stellt das zu kurze Fixieren schließlich eine hinreichende Bedingung dafür dar, dass Lesefehler gemacht werden.

Wir haben es hier mit einer ganzen Kette von hinreichenden Bedingungen zu tun (deren einzelne Glieder nur bedingt weit zurückverfolgt werden können), welche schlussendlich zu einer eingeschränkten Lesefähigkeit führen. Die Behauptung, das Kind habe eine gestörte visuelle Wahrnehmung, weil es vielleicht in einem Test bestimmte Formen nicht richtig erkennen konnte, scheint viel zu ungenau, da diesem Kind mit dieser Art von Ursachendiagnostik nicht adäquat geholfen werden kann.

1.6.2 Begriffserklärung „Notwendige Bedingungen"

Daneben gibt es auch notwendige Bedingungen, Bedingungen, ohne die das Lesen nicht möglich ist. Einige notwendige Bedingungen dafür, lesen zu können, sind, dass die Person über eine ausreichende Sehfähigkeit verfügt, die graphischen Formen aller Buchstaben kennt und diese unterscheiden kann, zu diesen Schriftzeichen Laute zuordnen kann und dass sie weiß, wie man mehrere Laute aneinander fügt, also mehrere Phoneme zu Phonemketten zusammenschleift. Eine notwendige Bedingung reicht jedoch noch nicht aus, um eine ganz bestimmte Folge nach sich zu ziehen. Diese notwendige Bedingung stellt also keine hinreichende Bedingung dafür dar, dass eine Person das Lesen beherrscht.

Im umgekehrten Fall stellt eine hinreichende Bedingung noch keine notwendige Bedingung dar. Mangeldurchblutung von Teilen des Okzipitallappens stellt zwar eine hinreichende Bedingung dafür dar, dass sich bestimmte Sehleistungen vermindern, jedoch muss eine solche nicht notwendigerweise zu einer verminderten Sehleistung führen, da besonders im jungen Gehirn häufig Nachbarregionen einer mangeldurchbluteten und damit geschädigten Gegend bestimmte Aufgaben übernehmen können.

Es entstehen also Ketten von notwendigen und hinreichenden Bedingungen, die letztendlich zu einem Ereignis „Lesefehler" führen. Solche Ketten von Bedingungen ergeben sich meist derart, dass eine Bedingung notwendig oder hinreichend oder notwendig *und* hinreichend dafür ist, dass eine andere Bedingung notwendig oder hinreichend bzw. notwendig und hinreichend dafür ist, dass eine andere Bedingung ... (Werth, 1988, S. 75). Zwischen diesen einzelnen Kettengliedern können Querverbindungen bestehen. Auf diese Weise entsteht ein Bedingungsnetz (Werth, 1988, S. 71).

Ein solches Bedingungsnetz, übertragen auf das Ereignis „Lesefehler" zeigt Abbildung A 1-3.

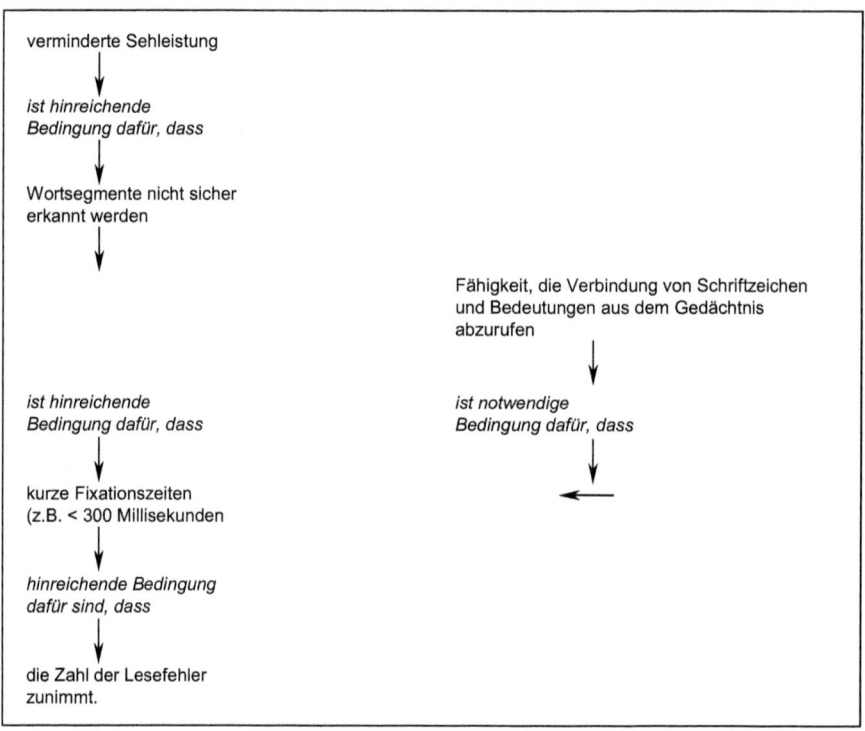

A 1-3: Beispiel für das Entstehen von Lesefehlern dargestellt in einem Bedingungsnetz (Werth, 2003, S.127-128)

Wird also gemeinhin von ‚Ursachen' für Lesestörungen wie z. B. *Wahrnehmungsdefizite* gesprochen, so ist dies im Hinblick auf den Begriff des ursächlichen Zusammenhangs eine zu grobe und ungenaue Darstellung der Ätiologie von Lesestörungen. Zwischen einem Wahrnehmungsdefizit und einer Lesestörung muss kein ursächlicher Zusammenhang bestehen. Dies bedeutet jedoch nicht, dass kein Wahrnehmungsdefizit vorhanden ist. Es bedeutet auch nicht, dass ein Wahrnehmungsdefizit unweigerlich zu einer Lesestörung führt. Und dass kein Wahrnehmungsdefizit gefunden wurde, bedeutet auch nicht, dass keines vorhanden ist, nur weil es oberflächlich betrachtet nicht erkennbar ist. Schließlich können Wahrnehmungsdefizite auch Begleiterscheinungen einer Lesestörung sein.

Die Aussage „Wahrnehmungsdefizite sind Ursache einer Lesestörung" ermöglicht keinerlei Eingriffsspielraum. Um dem betroffenen Kind zu helfen, müssen wir ein Bedingungsnetz und zwar von unten nach oben aufstellen, um notwendige und hinreichende Bedingungen für eine Lesestörung auszumachen und an dieser Stelle therapeutisch einzuwirken (Werth, 1988).

Es muss hier also immer spezifisch nachgeforscht werden, welche eingeschränkten Fähigkeiten im Einzelnen vorliegen. Statt von Ursachen sollte also, wenn diese noch keinen konkreten Platz in einem Bedingungsnetz erhalten haben, nur von *möglichen (hinreichenden) Bedingungen* gesprochen werden.

Um zu verstehen, welche Bedingungen hinreichend für das Entstehen einer Lesestörung sind, sollte man zunächst die Einzelschritte des Lesevorgangs kennen (Kapitel 1.5). Im Folgenden sollen die einzelnen Wahrnehmungsbereiche, die am Lesevorgang beteiligt sind und in welcher Weise diese Wahrnehmungsbereiche gestört sein können, konkret erläutert werden.

1.6.3 Grundlegende Wahrnehmungsleistungen

In zahlreichen wissenschaftlichen Untersuchungen wurde die Bedeutung von eingeschränkten Wahrnehmungsleistungen für Lesestörungen in den Mittelpunkt gestellt (Kapitel 1.4). Wie bereits dargestellt, wurden von einigen Autoren bei dyslektischen Kindern Auffälligkeiten in verschiedenen Wahrnehmungsbereichen und Teilfähigkeiten, z. B. Einschränkungen in Aufgaben der phonologischen Bewusstheit, des schnellen Benennens von Buchstaben, des Wortabrufs, der verbalen Flüssigkeit und Einschränkungen der Fixationskontrolle gefunden. Wie ebenfalls bereits erläutert wurde, liegen zwischen diesen möglicherweise eingeschränkten Wahrnehmungskomplexen und den zum Lesen notwendigen Einzelleistungen eine große Zahl von Ursache-Folge-Verbindungen, die nur bis zu einem gewissen Grad zurückverfolgt werden können.

Um zu überprüfen, welche eingeschränkten Teilfähigkeiten eine hinreichende Bedingung für die individuelle Lesestörung eines Kindes (oder Erwachsenen) darstellen, muss man zunächst die für das Lesen unmittelbar notwendigen Leistungen im Einzelnen betrachten.

Ganz am Anfang der Untersuchung einer Lesestörung sollten von fachärztlicher Seite zunächst Sehstörungen als Ursache einer eingeschränkten Lesefähigkeit ausgeschlossen werden. Dazu zählen eine Verminderung der Sehschärfe, Erkrankungen der Netzhaut, des Sehnervs und der Bahnen des Gehirns, welche die Informationen von den Augen weiterleiten sowie eine Schädigung der Hirnstrukturen, welche die ankommenden visuellen Informationen zu einem Seheindruck verarbeiten. Des Weiteren sollte das Gesichtsfeld auf kleine erblindete Bereiche auf der Netzhaut hin genau untersucht werden.

Anschließend müssen Leistungen untersucht werden, deren Prüfung nicht üblicherweise Aufgabe des Augenarztes ist. Alle diese Wahrnehmungsleistungen werden im Folgenden erläutert.

1.6.3.1 Fähigkeit zum Buchstabenunterscheiden

Für das Lesen grundlegend ist, dass die grafischen Formen von Buchstaben sicher erkannt und voneinander unterschieden werden können. Häufig kommt es vor, dass Kinder in der deutschen Schriftsprache seltener vorkommende Buchstaben (wie z.B. y, x, z, v, q) nicht sicher erkennen oder bestimmte Buchstaben nur schwer voneinander unterscheiden können bzw. verwechseln. Zu den häufig verwechselten Buchstaben gehören erfahrungsgemäß b, d, p, q, g, a, e, m, n und w. Bevor man den individuellen Leistungsstand eines Kindes im Textlesen feststellen kann, sollte also überprüft werden, welche Buchstaben das Kind sicher kennt bzw. erkennt (Werth, 2003).

1.6.3.2 Sensorisches Intervall

Um verschiedene Buchstaben sicher zu unterscheiden, ist es notwendig, dass diese Buchstaben eine bestimmte Zeit lang dargeboten werden, damit sie überhaupt gesehen werden können. Die zum Sehen eines Buchstabens benötigte Zeit, das *sensorische Intervall* (Werth, 2003), stellt hierbei genau die Zeit dar, die der Buchstabe auf der Stelle der Netzhaut mit der höchsten Sehschärfe abgebildet werden muss, um gerade gesehen zu werden. Diese Länge der Darbietungszeit, die für das Sehen eines Buchstabens notwendig ist, ist nicht bei allen Personen gleich und sollte deshalb individuell gemessen werden. Stellt sich hierbei heraus, dass die benötigte Darbietungszeit über der liegt, die man dem Kind bei der kurzzeitigen Darbietung zweier aufeinander folgender Buchstaben zuvor gewährt hat, so ist es nun nicht mehr verwunderlich, wenn das Kind dabei Fehler gemacht hat.

1.6.3.3 Phonemabrufzeit

Wie bereits erläutert, wurden bei einigen Kindern mit Lesestörungen Probleme bei Aufgaben, die schnelles Benennen erfordern, festgestellt. Häufig kommt es vor, dass Kinder einen auf dem Bildschirm gesehenen Buchstaben richtig reproduzieren können, wenn sie diesen aufschreiben dürfen. Sollen sie den dazugehörigen Laut jedoch laut nennen, so dauert es bei einigen Kindern bis zu mehreren Sekunden, bis sie diesen korrekt wiedergeben können. Diese Zeit vom Beginn der Darbietung eines Buchstabens bis zum Beginn der Aussprache des dazugehörenden Lautes wird als *Phonemabrufzeit* (Werth, 2003) bezeichnet. Die Phonemabrufzeit stellt keine Wahrnehmungsleistung im engeren Sinne dar, da es sich hier nicht um eine Aufnahmeleistung, sondern vielmehr eine Fähigkeit zur Umsetzung des Wahrgenommenen in einen auszusprechenden Laut handelt. Um die Phonemabrufzeit von der verlängerten Abrufzeit für ganze Wortsegmente (siehe Kapitel 1.6.4, hinreichende Bedingungen) abzugrenzen, wird sie deshalb an dieser Stelle mit aufgeführt.

1.6.3.4 Erkennenszeit

Zwischen der Zeitdauer, die ein Buchstabe dargeboten werden muss, damit er überhaupt gesehen wird (sensorisches Intervall) und der Zeit, die eine Person benötigt, um den zu diesem Buchstaben gehörenden Laut auszusprechen (Phonemabrufzeit) spielt sich ein Prozess ab, der als Erkennensprozess bezeichnet wird. Die dafür benötigte Zeit wird *Erkennenszeit* genannt (Werth, 2003). Das heißt, nachdem die rein visuelle Analyse des Buchstabens abgeschlossen ist, tritt ein Prozess in Gang, in welchem die gesehene grafische Form analysiert wird. Das grafische Zeichen wird also nicht nur gesehen, sondern dieses Zeichen wird als dieser oder jener Buchstabe des Alphabets erkannt. Erst wenn dieser Prozess abgeschlossen ist, setzt sich der Folgeprozess in Gang, welcher zu dem erkannten Buchstaben den entsprechenden Laut aus dem Gedächtnis abruft.

1.6.3.5 Fixation

Die zum Lesen notwendigen einzelnen Fähigkeiten werden, wie in Kapitel 3.5 (Diagnosephase) beschrieben, mithilfe der Darbietung von Buchstaben, Wörtern und Wortsegmenten auf einem Bildschirm gemessen. Dabei ist es bedeutsam, dass ein Kind auch tatsächlich seinen Blick auf den eben dargebotenen Buchstaben oder das Wort bzw. -segment richtet, da die Stelle schärfsten Sehens im Zentrum der Netzhaut des Auges nur sehr umgrenzt ist. Blickt das Kind dagegen während der Untersuchung auf dem Bildschirm umher, muss es erst einen Blicksprung zu dem Zielbuchstaben oder -wort in der Mitte des Bildschirmes durchführen. In dieser kurzen Zeit kann der betreffende Buchstabe oder das betreffende Wort bereits ausgeblendet sein. Wie man sicherstellen kann, dass der Proband tatsächlich den Ort auf dem Bildschirm fixiert, an dem der zu erkennende Buchstabe bzw. das zu lesende Zielwort erscheint, wird in Kapitel 3.5 erläutert.

Ist nur einer der bisher dargestellten Wahrnehmungsbereiche eingeschränkt, kann dies verständlicherweise zu einer Verminderung der Lesefähigkeit führen, wenn die Person nicht intuitiv ihre eingeschränkte Wahrnehmungsfähigkeit in diesem Bereich ausgleicht, z. B. indem sie einen Buchstaben bzw. eine Buchstabenfolge länger fixiert, weil ihr sensorisches Intervall verlängert ist. Da ein Leser die genauen Zeiten seiner einzelnen Leistungen jedoch selbst nicht kennt, geschweige denn messen kann, fällt ihm bzw. anderen Personen, z. B. dem Lehrer oder den Eltern eines Kindes lediglich auf, dass dieses schlecht oder falsch liest. Das intuitive Ausgleichen dieser Einschränkung, nämlich sich z. B. für das Fixieren oder Abrufen einer Buchstaben- bzw. Lautfolge mehr Zeit zu nehmen, wird häufig schon dadurch im Keim erstickt, dass viele Kinder bereits in der Grundschule zu raschem Lesen gedrängt werden und dies auch von sich aus tun, da sie sich natürlicherweise an den Leistungen der Klassenkameraden oder Familienmitglieder orientieren und mithalten möchten.

Welches sind nun aber die Bedingungen im Einzelnen, welche hinreichend für die Ausbildung einer Lesestörung eines jeweiligen Kindes sind?

1.6.4 Häufigste hinreichende Bedingungen für ein gestörtes Lesen

Mithilfe des Programms celeco – *Richtig lesen lernen* konnte Werth (2003) bisher insgesamt 14 verschiedene hinreichende Bedingungen für Lesestörungen identifizieren. Darunter gibt es häufig beobachtete und sehr selten beobachtete Bedingungen, die zu einer Lesestörung führen können. An dieser Stelle sollen die Bedingungen systematisch erläutert werden, die auch bei Kindern der vorliegenden Untersuchung hinreichend für die Entstehung ihrer Lesestörung waren. Diese stammen aus allen Stadien des oben beschriebenen Leseprozesses.

1.6.4.1 Fähigkeit des Simultanerkennens

Wenn wir lesen, nehmen wir nicht Buchstabe für Buchstabe nacheinander wahr, sondern wir richten unsere Aufmerksamkeit auf eine Gruppe von Buchstaben gleichzeitig, teilweise auf ganze oder sogar mehrere Wörter (Rayner, 1981). Wie sicher und rasch ein Proband lesen kann, hängt wesentlich von der Anzahl der Buchstaben ab, die er, ohne einen Blicksprung durchzuführen, in einer bestimmten Zeit simultan erkennen kann.

In der Grundschule lernen Kinder, nachdem alle Buchstaben gelehrt wurden, in den meisten Fällen das silbenweise Lesen (Klicpera et al., 2003). Was für Kinder mit einer gut ausgeprägten Fähigkeit zum simultanen Erkennen von z. B. sechs oder mehr Buchstaben eine Erleichterung beim Lesen und einen zunehmenden Geschwindigkeitszuwachs darstellt, wird für Kinder mit einer Einschränkung dieser Fähigkeit zur Tortur. In der deutschen Sprache (wie auch in vielen anderen Sprachen) sind Silbenlängen sehr unterschiedlich. Sie reichen von einbuchstabigen Silben (wie „E" in E-le-fant) bis hin zu achtbuchstabigen Silben (z. B. Schlacht). Viele Kinder versuchen, eine größere Zahl von Buchstaben innerhalb einer Fixationsphase zu erkennen, als ihre Fähigkeit zum simultanen Erkennen von Buchstaben umfasst. Die Folge ist, dass bestimmte Teile dieses Wortes oder dieser Silbe nicht erkannt werden. Hierbei kann es, je nachdem, an welche Stelle des Wortes der Proband seine Aufmerksamkeit richtet, zu einer Vernachlässigung des Wortanfangs, des Wortendes oder der Wortmitte führen. Der Proband liest dann entweder ein unvollständiges Wort oder erfindet andere Wortteile dazu, welche nach seinem Dafürhalten zu dem bisher verstandenen Textinhalt passen.

Man kann nicht per se von einer eingeschränkten Fähigkeit des Simultanerkennens sprechen. Lediglich beim Versuch, sechs Buchstaben gleichzeitig zu erkennen, stellt die Fähigkeit des Simultanerkennens von vier Buchstaben eine Einschränkung dar. Eine solche Einschränkung wird zudem erst dann zur hinreichenden Bedingung für ein gestörtes Lesen, wenn die betroffene Person versucht, mehr Buchstaben auf einmal zu erkennen.

Die Fähigkeit, längere Wörter problemlos zu lesen, hängt jedoch nicht nur von der Fähigkeit, mehrere Buchstaben simultan zu erkennen, ab, sondern auch von der Größe des Aufmerksamkeitsfeldes eines Probanden, der Zeitdauer, die ein Proband eine Buchstabenfolge fixieren muss, um diese richtig zu erkennen und der Blicksprunggröße.

Daneben können v. a. bei hirngeschädigten Patienten blinde Bereiche im Gesichtsfeld, eine einseitig verminderte visuelle Aufmerksamkeit oder eine Maskierung von Buchstaben für eine eingeschränkte Fähigkeit des Simultanerkennens verantwortlich gemacht werden (Werth, 2003). Auf diese selteneren Phänomene soll in dieser Arbeit jedoch nicht eingegangen werden.

1.6.4.2 Aufmerksamkeitsfeld

Neben der Fähigkeit zum simultanen Erkennen mehrerer Buchstaben ist die Größe des Aufmerksamkeitsfeldes beim Erkennen von Buchstaben und Wörtern von Bedeutung. Wie bereits erwähnt, fixieren unsere Augen beim Lesen zunächst die Mitte eines Wortes bzw. Teile eines Wortes etwas links von der Mitte. Von diesem Punkt aus dehnt sich die Aufmerksamkeit eines guten Lesers etwa auf bis zu vier Buchstaben links und bis zu acht Buchstaben rechts vom Fixationspunkt aus (Rayner, 1981).

Die Größe des Aufmerksamkeitsfeldes und die Fähigkeit zum simultanen Erkennen mehrerer Buchstaben stehen in engem Zusammenhang. Während die Fähigkeit zum simultanen Erkennen jedoch die Anzahl von gleichzeitig erkannten Buchstaben bezeichnet, meint die Größe des Aufmerksamkeitsfeldes den Abstand auf einer gedachten horizontalen Linie links und rechts vom Fixationspunkt, in dem Buchstaben gerade noch erkannt werden können. Ist das Aufmerksamkeitsfeld eines Probanden eingeschränkt, so stellt dies eine hinreichende Bedingung dafür dar, dass der Proband beim Lesen von längeren Wörtern mehrere Blicksprünge innerhalb eines solchen Wortes durchführen muss, um alle Teile des Wortes korrekt zu erkennen. Das eingeschränkte Aufmerksamkeitsfeld stellt zudem eine hinreichende Bedingung dafür dar, dass der Proband außerdem nicht abschätzen kann, wie lang das im Moment zu lesende Wort ist bzw. wann nachfolgende Wörter anfangen. Dies kann dazu führen, dass ein Proband mit verkleinertem Aufmerksamkeitsfeld, der innerhalb eines Wortes beziehungsweise zwischen zwei Wörtern zu große Blicksprünge durchführt, bestimmte Teile eines Wortes nicht erkennen kann. Dies kann schließlich, ähnlich wie beim eingeschränkten Simultanerkennen, zur Folge haben, dass bestimmte Teile besonders am Anfang oder am Ende eines Wortes nicht erkannt und daraus folgend mehr oder weniger erfolgreich erraten werden. Auch kurze Wörter können ganz „überlesen" und ausgelassen werden, was verständlicherweise das Textverständnis des Probanden erheblich einschränken kann.

Ein eingeschränktes Aufmerksamkeitsfeld wird dann zur hinreichenden Bedingung für ein gestörtes Lesen, wenn die betroffene Person versucht, Wortsegmente, die über dieses Aufmerksamkeitsfeld hinausreichen, innerhalb einer Fixation zu erkennen.

Um den Unterschied zwischen der Fähigkeit des Simultanerkennens und der Größe des Aufmerksamkeitsfeldes noch besser zu verdeutlichen, wird in Kapitel 3.5 ein Beispiel dafür erläutert, wie man beide Funktionen einzeln messen kann.

1.6.4.3 Fixationszeit

Ein einzelner Buchstabe oder eine Folge von Buchstaben muss eine bestimmte Zeit lang fixiert werden, damit er bzw. sie überhaupt erkannt werden können. Schiepers (1980) erhob in einem Experiment Fixationszeiten zwischen 100 und mehreren Hundert Millisekunden. Die durchschnittliche Fixationszeit ihrer Probanden betrug etwa 200 Millisekunden (ms). Baer (1979) konnte zeigen, dass die Länge der Fixationszeit mit zunehmender Leseerfahrung sinkt. Die durchschnittliche Fixationszeit betrug bei Kindern seiner Studie ca. 410 Millisekunden im ersten, 310 Millisekunden im zweiten und 290 Millisekunden im dritten Schuljahr.

In der vorliegenden Untersuchung an lesegestörten Kindern wurde deutlich, dass viele von ihnen eine deutlich längere Fixationszeit benötigen, um ein Wort richtig zu erkennen.

Kann ein Kind eine Buchstabenfolge einer Länge von beispielsweise vier Buchstaben bei einer Darbietungszeit von 250 Millisekunden nicht oder nur unvollständig, bei Verlängerung der Fixationszeit auf 400 Millisekunden jedoch alle Pseudowörter einer Länge von vier Buchstaben korrekt wiedergeben, so stellt die benötigte verlängerte Fixationszeit des Kindes eine hinreichende Bedingung für seine Lesestörung dar, sobald es sich diese Zeit beim Textlesen nicht mehr nimmt.

Die Länge der Fixationszeit darf nicht isoliert betrachtet werden, sondern muss immer im Zusammenhang mit der Größe der Blicksprünge und der Fähigkeit des Simultanerkennens bzw. der Größe des Aufmerksamkeitsfeldes gesehen werden. Sind Blicksprünge beispielsweise aufgrund einer eingeschränkten Fähigkeit des Simultanerkennens nur sehr klein, können Fixationen ebenfalls kurz sein, da stets nur kurze Wortsegmente fixiert werden. Häufig treten zu kurze Fixationen jedoch gleichzeitig mit zu großen Blicksprüngen auf. Aufgrund eines Abstimmungsproblems zwischen diesen Parametern können so Lesefehler entstehen.

1.6.4.4 Abrufzeit von Phonemverbindungen

Die Abrufzeit von Phonemverbindungen meint die Zeit vom Beginn der Darbietung der Buchstabenfolge bis zum Beginn der Aussprache der dazugehörenden Lautfolge (Werth, 2003).

Schiepers (1980) konnte zeigen, dass die mittlere korrekte Abrufzeit (bei Schiepers bezeichnet als *response latency*, S. 72) bei für 100 Millisekunden foveal dargebotenen Wörtern bei ca. 650 Millisekunden liegt. Werden die Wörter peripherer, also im parafovealen Bereich dargeboten, steigt die Latenz für korrekte Antworten auf 875 Millisekunden an. Bei inkorrekter Antwort steigt diese sogar auf 1300 Millisekunden. Dabei scheint die Länge des dargebotenen Wortes interessanterweise nur Einfluss auf die Latenzzeit zu haben, wenn das Wort parafoveal, nicht aber, wenn es foveal dargeboten wird.

Wie in Kapitel 1.4 erwähnt, konnte in zahlreichen Studien gezeigt werden, dass eine große Zahl von Dyslektikern im Vergleich zu Normallesenden Defizite in Aufgaben aufweisen, welche schnelles Benennen von Buchstaben und Wörtern oder verbale Flüssigkeit zum Inhalt haben (Eden et al., 1995; Felton et al., 1990, 1989, 1987). Eine große Zahl von Kindern machen Lesefehler, weil sie, nachdem sie die Buchstabenfolge erkannt haben, sofort lossprechen, obwohl sie die zu diesen Buchstaben gehörende Lautfolge noch nicht vollständig aus dem Gedächtnis abgerufen haben. Herauskommen kann sowohl eine unvollständige Lautfolge als auch eine, die der dargebotenen Buchstabenfolge in keinster Weise entspricht, also dass z. B. gar nicht gezeigte Buchstaben darin vorkommen, oder Vertauschungen von gezeigten Buchstaben stattfinden. Obwohl möglicherweise das Wort in korrekter Reihenfolge buchstabiert werden kann, wird die Lautfolge unkorrekt produziert.

Eine für flüssiges Lesen notwendige Abrufzeit sollte deutlich unter einer Sekunde liegen (Werth, 2003), gemessene Abrufzeiten von durchgehend über 800-1000 Millisekunden können als verlängert betrachtet werden. Eine solche benötigte verlängerte Abrufzeit stellt dann eine hinreichende Bedingung für das Entstehen von Lesefehlern dar, wenn sich der Betroffene diese Zeit beim Textlesen nicht nimmt.

1.6.4.5 Blicksprünge nach rechts

Nachdem ein Wort oder Wortsegment fixiert, erkannt und die dazugehörende Lautfolge abgerufen wurde, erfolgt ein Blicksprung (eine so genannte Sakkade) nach rechts zum nächsten Wort oder Wortsegment. Die Dauer einer solchen Sakkade beträgt ca. 30 Millisekunden (Fischer, 1999).

Es wurde in der vorliegenden Untersuchung beobachtet, dass nicht nur Kinder, die eine messbar eingeschränkte Fähigkeit des Simultanerkennens aufweisen, sondern auch solche, die eine auf den ersten Blick je nach Alter und Leseroutine angemessene Fähigkeit des Simultanerkennens (vier, fünf, sechs oder mehr Buchstaben) besitzen, dennoch bei kleinen Wörtern Lesefehler machen bzw. Anfang und Ende von längeren Wörtern „überlesen", d. h. einfach weglassen. Zu große Blicksprünge nach rechts z. B. als Folge eines verkleinerten Aufmerksamkeitsfeldes können (im Zusammenhang mit zu kurzen Fixationen) eine hinreichende Bedingung hierfür darstellen. Der Betroffene führt einen unangemessen großen Blicksprung über Wort- oder Wortsegmentbereiche hinweg durch.

Rayner (1981) konnte belegen, dass das Aufmerksamkeitsfeld eines guten Lesers auf bis zu 14 Buchstaben rechts vom Fixationspunkt ausgedehnt werden kann. Es können in diesem Abstand zwar keine Buchstaben mehr, aber immerhin noch grobe visuelle Informationen, z. B. über die Wortlänge bzw. den Beginn des Folgewortes entnommen werden.

Einige Kinder (und Erwachsene) können ihre Fähigkeit des Simultanerkennens mit großer Anstrengung also möglicherweise auf eine angemessene Anzahl von Buchstaben ausdehnen und somit vielleicht vier, fünf, sechs oder mehr Buchstaben gleichzeitig erkennen. Da die parafoveale Aufmerksamkeitsausdehnung an sich oder aufgrund zu starker Aufmerksamkeitslenkung auf die Buchstaben, welche gerade fixiert werden, eingeschränkt sein kann, werden jedoch keine Informationen mehr darüber aufgenommen, wie lang das im Moment zu lesende Wort noch ist, bzw. in welchem Abstand ein neues Folgewort beginnt. Die Größe des Blicksprunges kann also nicht angemessen darauf abgestimmt werden. Die Folge ist ein Überspringen besonders von Wortenden und kleineren Wörtern.

Werden Lesefehler produziert, sollte im Zusammenhang mit der Blicksprunggröße nicht nur die Größe des Aufmerksamkeitsfeldes bzw. die Fähigkeit des Simultanerkennens, sondern auch die Länge der Fixationszeit betrachtet werden. Zu große Blicksprünge stellen dann eine hinreichende Bedingung für das Entstehen von Lesefehlern dar, wenn ihre Länge die Fähigkeit des Simultanerkennens von Buchstaben bzw. die Größe des Aufmerksamkeitsfeldes überschreitet bzw. wenn die Dauer der Fixationen unangemessen kurz ist.

Neben zu großen Blicksprüngen als Folge eines verkleinerten Aufmerksamkeitsfeldes kann auch eine Impulskontrollstörung des Probanden für rasche

Augenbewegungen bzw. Blicksprünge nach rechts und links verantwortlich gemacht werden (Werth, 2003).

1.6.4.6 Regressionen

Einige Autoren (Trauzettel-Klosinksi, 2004) konnten zeigen, dass Kinder mit Lesestörungen beim Lesen im Vergleich zu Normallesenden deutlich häufiger Blicksprünge nach links (so genannte Regressionen) zu bereits „gelesenen" Wörtern oder Wortteilen durchführen. Andere Autoren (Pavlidis, 1981, 1985) boten auf einem Bildschirm Lichtpunkte dar und stellten fest, dass Kinder mit Lesestörungen im Vergleich zu Normallesenden deutlich mehr Augenbewegungen v. a. nach links durchführten. Abgesehen davon, dass eine Untersuchung mit nichtsprachlichem Material keine Aussage über Augenbewegungen während des Leseprozesses erlaubt, konnten diese Ergebnisse in gleich angelegten Studien von Brown et al. (1983), Olson et al. (1983) und Stanley et al. (1983) nicht repliziert werden. Vielmehr glichen die Augenbewegungen denen von ca. ein bis zwei Jahre jüngeren normallesenden Kindern. Auch Biscaldi et al. (1994) konnten ein übermäßiges Ausführen von Regressionen bei dyslektischen im Vergleich zu normallesenden Kindern nicht bestätigen. Jedoch führten in ihrer Studie dyslektische Kinder, die durchschnittliche Werte in Intelligenz-, Gedächtnis- und Aufmerksamkeitstests erzielt hatten, im Vergleich zu normallesenden deutlich häufiger und deutlich kürzere Sakkaden durch und fixierten auch die Zielreize viel kürzer. Leider verwendeten auch diese Autoren in ihrer Untersuchung nichtsprachliches Material, was die Aussagekraft der Ergebnisse für das Lesen einschränkt.

Baer (1979) konnte zeigen, dass alle Kinder Regressionen durchführen, dass jedoch die Zahl mit zunehmender Leseerfahrung abnimmt. Bei einem Text aus 50 Wörtern produzierten Erstklässler durchschnittlich 48, Zweitklässler 26 und Drittklässler 23 Regressionen.

Abgesehen von der Diskussion, ob Dyslektiker mehr Regressionen ausführen als Normallesende, besteht zwischen Autoren, welche vermehrte Regressionen bei Kindern mit Lesestörungen beobachten konnten, Uneinigkeit darin, inwieweit Regressionen eine eigenständige Ursache für Lesestörungen darstellen oder ob sie lediglich die Folge des gestörten Leseprozesses, d. h. Folge des Nichtverstehens eines Textes sind.

Trauzettel-Klosinksi (2004) untersuchte die Augenbewegungen, speziell Regressionen bei normallesenden und dyslektischen Kindern mithilfe von sprachgebundenem und nicht sprachgebundenem Material. Im Vergleich zu nicht sprachgebundenem Material (Tierbilder benennen) führten Kinder mit Lesestörungen bei sprachgebundenem Material (Texte lesen) zahlreiche Augenbewegungen nach links und rechts aus und benötigten deutlich mehr Zeit als normallesende Kinder, um einen Text laut zu lesen. Aufgaben mit nichtsprachlichem Material wurden von beiden Versuchsgruppen gleich schnell und korrekt gelöst. Trauzettel-Klosinksi schlussfolgerte, dass bei Kindern mit Lesestörungen das Umsetzen von Buchstabenfolgen in Laute gestört ist und die vermehrten Augenbewegungen nach links Ausdruck dieser Schwierigkeit sind. Das bedeutet, dass Kinder mit Schwierigkeiten im Abruf von Phonemverbindungen verständlicherweise mit den Augen wieder zu einem bereits fixierten Wort zurückspringen, während sie mehrere Anläufe zum Aussprechen dieses Wortes nehmen.

Insgesamt kann gesagt werden, dass bei Kindern mit Lesestörungen im Vergleich zu normallesenden Kindern beim Lesen von Texten nicht signifikant häufiger Regressionen nachgewiesen werden konnten. Kurze, schnelle Augenbewegungen nach links und rechts von Kindern mit Lesestörungen glichen – falls überhaupt nachgewiesen – vielmehr denen von jüngeren normallesenden Kindern, was auf eine allgemeine Entwicklungsverzögerung bestimmter für das Lesen wichtiger Gehirnfunktionen spricht.

Regressionen können daher aus dem bisherigen Verständnis heraus nicht als eigenständige hinreichende Bedingung für Lesestörungen betrachtet werden, sondern stellen vielmehr die Folge eines gestörten Leseprozesses aufgrund anderer hinreichender Bedingungen dar. Fixiert ein Kind zu kurz, hat es in dieser Fixationszeit nur eine geringe Anzahl von Buchstaben erkannt, führt es einen unangemessen großen Blicksprung zum nächsten Wort oder -segment durch oder spricht es ein Wort aus, bevor es die vollständige Lautfolge dessen abgerufen hat, produziert dieses Kind häufig ein falsches, nicht zu dem bisherigen Sinn des Textes passendes Wort. Das Kind bemerkt in den meisten Fällen, dass beim bereits ‚Gelesenen' etwas nicht stimmt und kehrt noch einmal zurück zum bereits gelesenen Wort oder -segment.

Auch (erwachsene) Personen, die hörbar flüssig und fehlerfrei lesen, können dabei Regressionen durchgeführt haben. Da die zeitliche Spanne zwischen Erkennen eines oder mehrerer Wortsegmente und Aussprechen dieser bei etwa 500 bis 800 Millisekunden liegt (Morton, 1964), können im Fall einer Verwirrung (nach unvollständigem Erkennen) Regressionen vorgenommen werden. Noch bevor das oder die Wörter ausgesprochen werden, hat das Gehirn die Korrektur in die auszusprechende Lautfolge integriert (Schiepers, 1980).

1.6.4.7 Weitere Auffälligkeiten beim Lesen

Richtige Buchstabenfolge, falsche Lautfolge

Nicht selten konnte in der vorliegenden Untersuchung beobachtet werden, dass ein Kind die richtige Buchstabenfolge einzeln benennen konnte, obwohl es das Wort als Ganzes falsch benannt hatte. Kommt dies häufiger vor – kann also das Kind das Wort richtig buchstabieren, jedoch nicht die korrekte Lautfolge produzieren –, kann dies als Zeichen dafür gewertet werden, dass es sich nicht genügend Zeit nimmt, um so lange zu überlegen, bis es sich sicher ist, wie die zum gesehenen Wort korrekte Lautfolge heißt. Eine solche Beobachtung ist also ebenfalls ein Zeichen für eine benötigte verlängerte Abrufzeit.

Erbuchstabieren von Wörtern

Bei einigen Kindern der vorliegenden Untersuchung wurde beobachtet, dass sie zwar in der Lage waren, zu erkannten Buchstaben entsprechende Laute zuzuordnen, diese jedoch nicht zu einer Lautfolge zusammenschleifen konnten. Diese Kinder erbuchstabierten zumeist längere Wörter. Ein solches Kind kann möglicherweise durchaus beispielsweise fünf bis sechs Buchstaben eines Wortes aus insgesamt zehn Buchstaben in einer Darbietungszeit von 250 Millisekunden erkennen, jedoch hat es bisher noch nicht sicher gelernt, mehrere Laute als Lautfolge aneinander zu reihen bzw. sich bestimmte Lautfolgen als Ganzes zu merken oder aus dem Gedächtnis abzurufen. Damit hat es eine wichtige Grundvoraussetzung für das Lesen noch gar nicht hinreichend erworben (Speicherung, Repräsentation und Abruf von Phonemketten aus einer Kette von Graphemen).

Leises Vorsprechen der Wörter in Segmenten

Auch die Beobachtung, dass Kinder sich bei längeren Wörtern mehrfach kleine Segmente dieses Wortes flüsternd erlesen und diese ebenso flüsternd sukzessive aneinander reihen, um schließlich das gesamte Wort laut zu sagen, konnte in der vorliegenden Untersuchung gemacht werden. Das Wort *Stromlandschaft* aus dem Zürcher Lesetest (Linder & Grissemann, 2000) wird in einem solchen Fall z. B. folgendermaßen gelesen: flüsternd „Str – Stromald – Strom – land – Stromland – schaf – schaft – Stromland – Stromlandschaft", laut: „Stromlandschaft". Auf diese Weise muss der Leser eine hohe Kapazität seiner Konzentration für Gedächtnisaufgaben zur Verfügung stellen, da er sich, während er versucht, das Folgesegment zu erkennen, gleichzeitig bereits gelesene Segmente merken muss. Nicht nur, dass ein solches Lesen bei in unserem Beispiel neun Anläufen unendlich viel Zeit beansprucht, der Kraftaufwand ist zudem so hoch, dass der Leser in kürzester Zeit ermüdet. Ein solches zunächst flüsterndes Segmentlesen stellt keine hinreichende Bedingung für ein gestörtes Lesen an sich dar, sondern ist ebenfalls z. B. als Folge eines verkleinerten Aufmerksamkeitsfeldes oder einer eingeschränkten Fähigkeit zum Simultanerkennen zu betrachten.

1.6.4.8   Beeinträchtigtes Kurzzeitgedächtnis und Arbeitsgedächtnis

Zu guter Letzt soll noch darauf hingewiesen werden, dass das Kurzzeitgedächtnis für Buchstaben und geschriebene Wörter beim Lesen ebenfalls eine wichtige Rolle spielt und in den Überlegungen, welche Bedingungen bei einem Probanden hinreichend für seine Lesestörung sind, berücksichtigt werden muss.

Wenn ein Proband kurzzeitig dargebotene Buchstaben und Wörter anschließend reproduzieren soll – auf welche Art auch immer (mündlich als vollständiges Wort, buchstabierend oder schriftlich) – so ist also stets zu bedenken, dass auch ein gestörtes oder mangelhaft ausgeprägtes Kurzzeitgedächtnis für geschriebene Sprache für eine fehlerhafte Reproduktion verantwortlich sein kann. Dass heißt, wenn ein Buchstabe oder Wort gar nicht gespeichert worden ist, kann er bzw. es folglich auch nicht abgerufen werden. Studien von Felton et al. (1990) und Eden et al. (1995) konnten jedoch belegen, dass Kinder mit Lesestörungen in verbalen und visuellen Gedächtnistests genauso gut abschnitten wie normallesende Kinder.

Allerdings ist davon auszugehen, dass das phonetische Rekodieren im Arbeitsgedächtnis beim Lesen eine große Rolle spielt. Während eine Kette von Graphemen in ein klangbares Wort übertragen wird, müssen die einzelnen Grapheme im Arbeitsspeicher gehalten werden (Wagner & Torgesen, 1987). Nach Baddeley (1990) muss geschriebene Information im Gegensatz zu gehörter zuerst über einen artikulatorischen *Rehearsal-Prozess* phonologisch rekodiert werden. Der subvokale artikulatorische Wiederholungsprozess (*Rehearsal*) könnte bei Personen mit Leseproblemen gestört sein, weswegen eine Kette von Graphemen nur unzureichend gemerkt und in eine Phonemkette übertragen werden könnte. Deutlich wird dies bei Personen mit einer längeren benötigten Zeit, um zu einem gesehenen Wort die Lautfolge zu bilden bzw. abzurufen. Der Zusammenhang zwischen einem verzögerten Abruf und einem eingeschränkten Arbeitsgedächtnis ist jedoch bisher noch nicht hinreichend geklärt.

Insgesamt muss gesagt werden, dass meist ein Zusammenspiel der oben beschriebenen Bedingungen schlussendlich zu einer Lesestörung führt. In der Regel entstehen Lesefehler durch einen gestörten Abstimmungsprozess zwischen der Zeit, die für das Simultanerkennen von Buchstaben benötigt wird, den tatsächlich durchgeführten Fixationsphasen und Blicksprüngen und der Zeit, die zum Abruf der zu einem gesehenen Wort gehörenden Lautfolge benötigt wird (Werth, 2003). Die oben beschriebenen Bedingungen für ein gestörtes Lesen dürfen daher nicht isoliert betrachtet werden, auch wenn diese im Einzelnen gemessen werden müssen. Sie müssen als Teile in einem Bedingungsnetz aus notwendigen und hinreichenden Bedingungen verstanden werden, welche sich gegenseitig bedingen bzw. in wechselseitiger Abhängigkeit zueinander letztendlich zu einer Lesestörung führen.

1.7 Therapie von Lesestörungen

In den bisherigen Kapiteln wurde erläutert, wie Lesestörungen entstehen und möglicherweise relativ frühzeitig erkannt werden können. Bei der Vielzahl von Therapieansätzen zum Thema Leseförderung stellt sich die Frage, wie man Lesestörungen rasch und effektiv behandeln kann. Einige Autoren von Trainingsprogrammen haben sich zum Ziel gestellt, eine Entstehung von Lesestörungen möglichst von vornherein zu verhindern. Solche Programme zur Prävention von Lesestörungen stützen sich v. a. auf das Training phonologischer Fähigkeiten im Vorschulalter. Andere haben ihren Fokus auf die Therapie bereits manifester Lesestörungen ausgerichtet. Das Spektrum therapeutischer Interventionen ist dabei weit gefächert; man findet Trainings zur Verbesserung phonologischer und audiovisueller Fertigkeiten sowie Ansätze zur Förderung des lautgetreuen und silbenweisen Lesens. Beide Ansätze und ihre jeweiligen Verfahren werden im Folgenden vorgestellt und diskutiert.

1.7.1 Prävention von Lesestörungen

Die Rolle der phonologischen Bewusstheit wurde bereits in Kapitel 1.4 erläutert. In welchem eindeutigen Zusammenhang Ergebnisse in bestimmten Aufgaben zur phonologischen Bewusstheit mit bestimmten Formen von Lesestörungen stehen, konnte jedoch noch nicht ausreichend geklärt werden. Festzustehen scheint jedoch, dass Leistungen der phonologischen Bewusstheit im Kindergartenalter eine gute Vorhersage über die späteren Leistungen im Schriftspracherwerb eines Kindes erlauben und die Fähigkeiten der phonologischen Bewusstheit in diesem Alter am besten trainiert werden können.

Lundberg et al. (1988) führten an 235 Kindergartenkindern (Trainingsgruppe) über acht Monate hinweg für täglich 15 bis 20 Minuten ein Training durch, welches Hörübungen, Reimspiele, Silbentrennungsspiele, Übungen zur Lauterkennung und andere Spiele beinhaltete. Eine Kontrollgruppe mit 155 Kindern erhielt ein Training sozialer und ästhetischer Fertigkeiten. Es wurden an beiden Gruppen Vor- und Nachtests zur Überprüfung bereits vorhandener Fertigkeiten (z. B. Lautdifferenzierung, Buchstabenkenntnis, Wortschatz, Reimbildung etc.) durchgeführt. Kinder der Trainingsgruppe zeigten nach Abschluss des Trainings deutlich bessere Ergebnisse in allen phonologischen Aufgaben. Keine Unterschiede zwischen den Gruppen konnte nach Beendigung des Trainings erwartungsgemäß in der Lesefähigkeit, der Buchstabenkenntnis und dem Sprachverstehen nachgewiesen werden. Interessanterweise schnitten Kinder der Experimentalgruppe Mitte der zweiten Klasse im Vergleich zur Kontrollgruppe im Lesen und Schreiben dennoch signifikant besser ab. Auch im dritten Schuljahr war ein deutlicher Vorsprung der Experimentalgruppe noch nachweisbar. Diese Ergebnisse zeigen, dass phonologische Fähigkeiten unabhängig von der Lesefähigkeit bereits im Vorschulalter trainierbar sind.

Schneider et al. (1997, 1999) übertrugen das Trainingsprogramm von Lundberg et al. auf deutsche Kindergartenkinder. Sie untersuchten in insgesamt drei Studien jeweils rund 350 Kinder, wovon jeweils etwa 200 Kinder einer Trainingsgruppe und 150 Kinder einer Kontrollgruppe zugewiesen wurden.

In der ersten Studie erhielten 205 unausgelesene Kindergartenkinder über einen Zeitraum von acht Monaten täglich für 10 bis 15 Minuten ein Training in Fähigkeiten der phonologischen Bewusstheit („Hören, lauschen, lernen",

Küspert & Schneider, 1999). Dazu gehörten folgende Übungseinheiten: Lauschspiele, Reimspiele, Sätze und Wörter, Silbensynthese und -analyse, Anlautidentifikation, Phonemsynthese und -analyse. Bei allen Kindern wurden Vor- und Nachtests zur Feststellung der phonologischen Fähigkeiten, der Vorkenntnisse im sprachlichen Bereich und der Intelligenz durchgeführt. Ähnlich wie bei Lundberg et al. konnten nach Abschluss des Trainings bei der Trainingsgruppe im Vergleich zur unbehandelten Kontrollgruppe signifikant bessere Ergebnisse in Aufgaben zur phonologischen Bewusstheit festgestellt werden. Wie bei Lundberg et al. hatte das Training unmittelbar nach Abschluss hingegen keinen Einfluss auf Intelligenz, Lesefähigkeit, Buchstabenkenntnis, Gedächtniskapazität und Informationsverarbeitungsgeschwindigkeit. Es wurde festgestellt, dass nur Kinder, die das Training vollständig absolviert hatten, auch davon profitierten. In einigen Kindergärten brachen die Erzieherinnen das Training vorschnell ab; dort konnte keine Verbesserung der phonologischen Fähigkeiten der Kinder nachgewiesen werden. Nur bei den optimal geförderten Kindern konnten auch langfristige Auswirkungen des Trainingsprogramms im Sinne eines signifikant besseren Schriftspracherwerbs in der Grundschule festgestellt werden.

Aus diesem Grund führten Schneider et al. (1997, 1999) eine weitere Studie durch, in der die Mängel der ersten behoben werden sollten. Die Erzieherinnen wurden sehr gründlich instruiert und vorbereitet, das Training wurde auf 10 Minuten pro Tag und insgesamt sechs Monate verkürzt, der Schwerpunkt des Trainings wurde auf Phonemanalyse und Phonemsynthese verschoben. Im Ergebnis dieser Studie zeigte sich eine sowohl kurzfristige, als auch langfristige Verbesserung phonologischer Fähigkeiten in der trainierten Gruppe. Diese Kinder wiesen im Vergleich zur Kontrollgruppe deutlich bessere Leistungen des Lesens und Rechtschreibens gegen Ende des zweiten Schuljahres auf. Auch Kinder mit anfänglich sehr schlechten Leistungen in Bereichen der phonologischen Bewusstheit profitierten sehr von dem Training.

In einer dritten Studie wurden von vornherein Risikokinder ausgewählt, d. h. solche, die im Kindergartenalter besonders schlechte Ergebnisse in phonologischen Aufgaben erzielt hatten. Diese sollten hinsichtlich ihrer phonologischen Fähigkeiten trainiert werden.

Kinder der Trainingsgruppen wurden diesmal in drei Untergruppen aufgeteilt. Die erste Gruppe (G1) erhielt das bereits beschriebene Training zur phonologischen Bewusstheit. Die zweite Gruppe (G2) absolvierte ein Buchstaben-Laut-Training, in dem die Graphem-Phonem-Korrespondenzen von zwölf Buchstaben des Alphabets vermittelt wurden. Die dritte Gruppe (G3) durchlief ein kombiniertes Training aus diesen beiden Trainingskomplexen. Der Gesamtheit der Risikokinder wurde eine unausgelesene Kontrollgruppe gegenüber gestellt. Vor dem Training schnitten die Risikokinder in phonologischen Fähigkeiten erwartungsgemäß deutlich schlechter ab, als die Kinder der Kontrollgruppe.

Die größten Trainingseffekte bezüglich rein phonologischer Fähigkeiten erzielte die Gruppe, die das Training zur phonologischen Bewusstheit erhalten hatte (G1), gefolgt von der Gruppe mit kombiniertem Training (G3). Im Hinblick auf das spätere Lesen und Rechtschreiben erzielte jedoch die Gruppe mit kombiniertem Training (G3) die größten Erfolge. Etwa 80 % der Risikokinder dieser Gruppe holten langfristig so gut auf, dass sie bezüglich ihrer schriftsprachlichen Leistungen annähernd das Niveau der Kontrollgruppe erreichten (Küspert, 2005). Lediglich 20 % der Risikokinder dieser Gruppe hatten im 3. Schuljahr trotz des Trainings noch Probleme.

1.7.2 Wie lange ist Prävention möglich?

Die Studien der Arbeitsgruppen um Lundberg und Schneider konnten zeigen, dass die Förderung phonologischer Fähigkeiten im Kindergartenalter den späteren Schriftspracherwerb positiv beeinflusst und Lese- sowie Rechtschreibstörungen bei einer beachtlichen Zahl von Kindern verhindern oder das Ausmaß eindämmen kann.

Da nicht alle Kinder vor der Schule einen Kindergarten besuchen und mutmaßlich nicht alle Kindergärten über diesbezüglich geschulte Erzieherinnen verfügen, stellt sich die Frage, wo und zu welchem Zeitpunkt alle Kinder flächendeckend erreicht werden können, um phonologische Fähigkeiten der Kinder festzustellen und zu trainieren. Den frühest möglichen Zeitpunkt dafür stellt die Zeit kurz nach der Einschulung dar. Insbesondere für die phonologische Bewusstheit im engeren Sinne ist das Erlernen des alphabetischen Systems notwendig. Man kann davon ausgehen, dass nur ein Teil aller Kinder bereits vor der Schule eine Anzahl von Buchstaben kennt.

Um zu prüfen, ob phonologische Fähigkeiten als Vorläuferfertigkeiten für den Schriftspracherwerb auch noch in der Grundschule ausreichend erworben werden können und somit Lesestörungen und Rechtschreibstörungen von vornherein zu verhindern, führten Wimmer & Hartl (1991) mit zehn lese-rechtschreibschwachen Schülern der zweiten Klasse ein zehnwöchiges phonologisch-multisensorisches Training von 20-50 Minuten durch. Auch hier wurden Fähigkeiten wie Reimen, Anlaut bestimmen, Wörter lautieren etc. geübt. Nach Abschluss des Trainings konnte keine bedeutsame Leistungssteigerung im Lesen und Rechtschreiben festgestellt werden. Die Autoren vermuten, dass das Training zu spät eingesetzt habe und ein solches Training wahrscheinlich nur Kindern nütze, welche am Beginn des Schriftspracherwerbs stehen.

Mannhaupt (1992) führte mit 53 Kindern aus der zweiten Hälfte des ersten Schuljahres, welche bezüglich Lesen und Rechtschreiben mit dem Bielefelder Screening als Risikokinder ermittelt worden waren, ein neunwöchiges Training durch. Dieses Training enthielt Elemente zur Förderung der phonologischen Bewusstheit im engeren Sinne und Elemente zur Förderung der Selbstbeobachtung. Die Kinder sollten üben, Wörter genau zu hören, diese gedehnt und möglichst Laut für Laut nachzusprechen, die gehörten Laute einzeln mithilfe von Marken zu legen, auf die gelegten Marken zu tippen und dabei jeden Teil laut auszusprechen und am Schluss das gelegte Wort langsam als Ganzes zu sagen und es mit dem Ausgangswort zu vergleichen. Dieser so genannte „Fahrplan" sollte langsam verinnerlicht und automatisiert werden. Nach Beendigung des Trainings konnten zwar Effekte im Sinne einer verbesserten Lautstruktur und Lautsynthese festgestellt werden, dieses positive Ergebnis pflanzte sich jedoch nicht in einer verbesserten Leistung des Lesen oder Rechtschreibens fort. Auch hier könnte das Training möglicherweise bereits zu spät eingesetzt haben.

Um noch früher, nämlich bereits zu Beginn der ersten Klasse mit dem Training phonologischer Fähigkeiten anzusetzen, führte eine Nürnberger Arbeitsgruppe (Einsiedler, Helbig & Treinies, zitiert nach Forster & Martschinke, 2005, S. 14) eine Studie an 15 Klassen von Schulanfängern durch. Fünf Klassen erhielten einen Fibellehrgang und ein Training der phonologischen Bewusstheit (Forster & Martschinke, 2005), fünf Klassen erhielten lediglich einen Fibellehrgang und die übrigen fünf Klassen erhielten das Training „Lesen durch Schreiben" von Reichen (zitiert nach Forster & Martschinke, 2005, S. 15). Das Training der phonologischen Bewusstheit enthielt folgende Übungsbereiche: Lausch- und Reimaufgaben, Silbensegmentierung und -synthese, Phonemanalyse und -synthese (Anlaut-/Endlaut/-Inlautübungen), Schreibtraining, schnelles Lesen und Wortgliederung. Das Training fand etwa ein halbes Jahr lang zwei Schulstunden pro Woche statt. Pro Gruppe wurden außerdem zwei besonders schwache Schüler eine Stunde pro Woche extra gefördert. Mithilfe eines Erhebungsverfahrens zur phonologischen Bewusstheit wurden die Leistungen aller Kinder vor und nach Abschluss der Therapie sowie im ersten Schulhalbjahr gemessen. Ende der ersten und Mitte sowie Ende der zweiten Klasse wurden zusätzlich Lese- und Rechtschreibtests durchgeführt. Vorläufige Ergebnisse konnten zeigen, dass Kinder der Klassen, die zusätzlich zum Fibellehrgang das Training der phonologischen Bewusstheit erhalten hatten, am meisten im Sinne einer verbesserten phonologischen Bewusstheit bereits im ersten Schulhalbjahr profitierten. Weiterhin wies diese Gruppe Ende der ersten und Mitte der zweiten Klasse die besten Leistungen in den Bereichen Lesefähigkeit und Leseverstehen auf. Besonders Kinder mit niedrigem Ausgangswert scheinen in dieser Gruppe am meisten profitiert zu haben. Im Bereich Rechtschreiben fielen die Unterschiede in allen drei Gruppen hingegen relativ niedrig aus. Kritisch angemerkt sein dürfte, dass die Autoren zwar die Punktwerte der Gruppen in den einzelnen Leistungen übersichtlich angeben, es sich jedoch leider keine Information über die statistische Signifikanz der jeweiligen Unterschiede finden lässt. Sollten diese Trainingserfolge statistisch abgesichert werden, kann man davon ausgehen, dass ein solches Training der phonologischen Bewusstheit, welches bereits am ersten Schultag ansetzt, zumindest die Lesefertigkeit und das Leseverständnis fördert. Keine Aussage wird in den vorläufigen Ergebnissen darüber gemacht, inwieweit besonders schwache Kinder bezüglich Recht-schreiben vom Training profitieren.

Die oben dargestellten Ergebnisse zu Trainingsverfahren für das Vorschulal-ter, welche eine positive Auswirkung auf den Schriftspracherwerb bei Kin-dern haben, zeigen, dass ein Erkennen von Defiziten und Fördern von Vor-läuferfertigkeiten für das Lesen und Schreiben bereits im Kindergarten anset-zen sollte.

Leider sieht die Realität bis dato so aus, dass ein Teil der Erstklässler gar kei-nen Kindergarten besucht hat. Des Weiteren wird in der derzeitigen Vor-schulpädagogik und auch von manchen Eltern eine Förderung als Vorberei-tung auf die Schule häufig abgelehnt (Forster & Martschinke, 2005). Gründe könnten sein, dass Eltern und Erzieher befürchten, den Kindern ihre sorgen-freie Kindheit dadurch zu verkürzen bzw. schon im Kleinkindalter den Wett-bewerbscharakter einzuführen, den die danach folgende Grundschule zwangsläufig mit sich bringt. Häufig ist es jedoch wahrscheinlich auch nur Unwissenheit darüber, wie Eltern ihr Kind bereits vor der Schule schon ent-sprechend fördern können, damit so genannte Vorläuferfertigkeiten für den Schriftspracherwerb (wie z. B. phonologische Fähigkeiten) bereits im Klein-kindalter trainiert werden können.

Aus diesen Gründen werden zahlreiche Kinder eingeschult, die im Vorschul-alter unauffällig waren oder sogar als besonders pfiffig galten und nun plötz-lich in der Grundschule hartnäckige Schwierigkeiten beim Erlernen des Le-sens zeigen. Die Studien von Wimmer & Hartl sowie von Mannhaupt et al. zeigen, dass ein Training phonologischer Fähigkeiten in der zweiten Hälfte des ersten Schuljahres bereits schon nicht mehr erfolgreich in der Verhütung von Lese- und Rechtschreibproblemen zu sein scheint.

Dem Prinzip „Vorbeugen ist besser als heilen" (Forster & Martschinke, 2005, S. 13) muss sich nun folglich das Prinzip „Therapieren, wo Vorbeugen nicht mehr möglich ist" anschließen. Wenn ein Training phonologischer Fertigkei-ten, welches in der zweiten Hälfte des ersten Schuljahres oder später ansetzt, keinen Erfolg in der Verhütung von Lesestörungen mehr zeigt, welche Alter-nativen zur Behandlung von Lesestörungen gibt es dann noch?

1.7.3 Was kann man tun, wenn sich eine Lesestörung bereits entwickelt hat?

Zahlreiche der derzeit in der Literatur zu findenden bzw. angebotenen Lese-förderungs-Programme sind sowohl Leselernprogramme für Erstleser, als auch als Hilfsmittel für leseschwache Kinder. Ein Teil solcher Programme und Methoden stützt sich bei der Vermittlung und dem Training von Lesefä-higkeiten auf lautgetreues Lesematerial, d. h. auf Wörter mit 1:1-Zuordnung zwischen Buchstaben und Lauten.

Eine weitere Gruppe von Trainingsverfahren stellen Lernsoftware zur Förde-rung der visuellen und auditiven Wahrnehmung, der audiovisuellen Integration und der phonologischen Bewusstheit dar. Einige dieser Programme sollen an dieser Stelle kurz vorgestellt und anschließend diskutiert werden.

1.7.3.1 Förderung der audiovisuellen Integration

Aufgrund ihrer Annahme, dass Lesestörungen durch Defizite phonologischer Prozesse als Folge grundlegender auditiver und visueller Wahrnehmungsdefizite bzw. Defizite in deren Zusammenspiel entstehen, entwickelten die Finnen Kai Karma und Teija Kujala ein computergestütztes Programm (AUDILEX 2.0, Karma, 2003) welches schriftsprachliche Basiskompetenzen trainieren und so die Lesefähigkeit verbessern soll. AUDILEX gliedert sich in zwei Trainingsspiele. Bei *Game 1* werden dem Probanden auf dem Monitor zwei verschiedene visuelle Muster dargeboten. Gleichzeitig werden über den Kopfhörer Tonfolgen präsentiert. Der Proband soll per Mausklick entscheiden, welches visuelle Muster zur akustischen Darbietung passt. Bei *Game 2* wird lediglich noch ein visuelles Muster dargeboten, welches mit der präsentierten Tonfolge übereinstimmt. Der Proband soll eine Taste drücken, wenn der letzte Ton einer solchen Serie erklingt.

Kujala et al. (2001) untersuchten die Wirksamkeit dieses Trainings bei 48 siebenjährigen Erstklässlern mit unterdurchschnittlichen Lese- und Rechtschreibleistungen. Die Trainingsgruppe (n = 24) erhielt über einen Zeitraum von sieben Wochen 14 Trainingseinheiten zu je zehn Minuten. Die Lesezeit und die Fehlerzahl wurden mit einer nichttrainierten Gruppe (n = 24) verglichen. Zusätzlich wurde die kortikale Diskriminationsleistung auditorischer Stimuli mittels Messung der *missmatch negativity* (MMN) erhoben. Vor dem Training unterschieden sich beide Gruppen nicht. Nach dem Training zeigten Probanden der Trainingsgruppe signifikant geringere Fehlerzahlen und signifikant kürzere Lesezeiten als Probanden der Vergleichsgruppe. Zusätzlich stieg in der trainierten Gruppe die Amplitude der MMN deutlich an, woraus die Autoren schlussfolgern, dass AUDILEX zu einer Neuverschaltung von Nervenzellen beiträgt, welche die Defizite in der Verschaltung visueller und auditiver Stimuli mildert.

Die Wirksamkeit des AUDILEX- Programms wurde auch von anderen Autoren getestet.

Popp (2005) untersuchte 30 Kinder aus zweiten und dritten Klassen, die nach Aussage ihrer Lehrer Probleme beim Lesen hatten. Aus jeder Klasse wurden die zwei bis vier schlechtesten Leser über einen Zeitraum von sechs bis acht Wochen täglich für 15 Minuten mit AUDILEX trainiert, die übrigen Kinder erhielten kein Training. Vor und nach dem Training wurde ein Lesetest durchgeführt. 13 % der trainierten Kinder verbesserten ihre Leseleistung in signifikant höherem Maß im Vergleich zum Mittelwert der untrainierten Klassenkameraden. 67 % konnten ihre Leseleistung in der Weise steigern, dass diese dem Mittelwert der übrigen Klasse entsprach. 20 % blieben trotz des Trainings deutlich hinter den Leseleistungen der Klasse zurück bzw. zeigten schlechtere Leistungen als vor dem Training.

Reichert und Migulla (2005) untersuchten eine unausgelesene Stichprobe aus 85 Schülern eines sonderpädagogischen Förderzentrums für Lernbehinderte. 47 Kinder verfügten bereits über ausreichende Kompetenzen im Lesen und Schreiben, 38 Kinder zeigten nur Basiskompetenzen der Schriftsprache. 24 der 47 Kinder, die bereits lesen konnten und alle 38 Kinder, die noch nicht über ausreichende Lesefähigkeiten verfügten, erhielten ein achtwöchiges Training mit AUDILEX mit maximal 40 Übungseinheiten zu je zehn Minuten; die übrigen 23 Kinder erhielten kein Training. Bei Kindern, die schon lesen konnten, wurde die Leistung vor und nach dem Training mit dem Salzburger Lese-Screening (Mayringer & Wimmer, 2003) erhoben. Kinder mit noch nicht ausreichend vorhandenen Lesefertigkeiten wurden mit der Differenzierungsprobe (Breuer & Weuffen, 2000) getestet, welche die optische, phonematische, kinästhetische, melodische und rhythmische Differenzierungsfähigkeit überprüfen soll.

Bei Kindern, die schon lesen konnten, zeigte sich in der trainierten, aber auch in der untrainierten Gruppe ein signifikanter Leistungszuwachs. Eine signifikante Überlegenheit der trainierten im Vergleich zu der untrainierten Gruppe konnte hingegen nicht festgestellt werden. Bei Kindern, die noch keine Lesefertigkeiten aufwiesen, zeigte sich nach dem Training ein signifikanter Zuwachs der Differenzierungsfähigkeit. Es konnte zudem gezeigt werden, dass anfangs schwächere Schüler mehr vom Training profitieren konnten, als Schüler mit bereits zu Anfang schon guten Lese- und Differenzierungsleistungen. Insgesamt kann gesagt werden, dass ein Effekt des AUDILEX- Programms im Sinne einer signifikanten Steigerung der Leseleistung nicht nachgewiesen werden konnte. Lediglich Kinder mit geringen oder fehlenden Lesekompetenzen scheinen ihre Differenzierungsfähigkeit durch das Training zu verbessern.

Zu ähnlichen Ergebnissen kamen auch Bitz et al. (2005). Sie trainierten 60 unausgelesene Schüler der zweiten Klasse über einen Zeitraum von fünf Wochen, drei Tage pro Woche zu je zehn Minuten mit dem AUDILEX-Programm. Erhoben wurden die Leseleistungen dieser Schüler und die einer Kontrollgruppe von 38 Kindern mit dem Salzburger Lese- und Rechtschreibtest (SLRT; Landerl, Wimmer & Moser, 1997). Weder hinsichtlich der Lesefehlerzahl, noch hinsichtlich der Lesedauer konnte in der Trainingsgruppe eine Leistungssteigerung festgestellt werden. Es zeigt sich auch kein Unterschied der Leistung zwischen Trainings- und Kontrollgruppe. In einem Folgeschritt wurden nur solche Kinder aus beiden Gruppen verglichen, die zum ersten Messzeitpunkt in den Subtests des Leseteils des SLRT einen Prozentrang von unter 50 erreichten. Die Ergebnisse zeigen, dass auch für Schüler mit Lesefähigkeiten im unteren Leistungsbereich eine Wirksamkeit von AUDILEX nicht bestätigt werden konnte.

Die Ergebnisse von bisherigen Studien zum AUDILEX-Programm zeigen, dass besonders Kinder mit geringer oder fehlender Lesefähigkeit von diesem Programm profitieren. Bei bisherigen Studien mit Kindern aus zweiten und dritten Klassen zeigte das Training mäßigen bis keinen Erfolg im Sinne einer Steigerung der Lesefähigkeit. Studien zum Training von Kindern aus höheren Schulklassen mit dem Programm existieren bisher noch nicht.

Ebenso wie beim Training phonologischer Fertigkeiten könnte die Grenze für eine durchschlagende Wirkung des Trainings der audiovisuellen Integration beim Übergang von der Vorschule in die erste Klasse bzw. beim Übergang von der ersten in die zweite Schulklasse liegen. Möglicherweise zählt die Fähigkeit der Verknüpfung visueller und auditiver Informationen ähnlich wie die phonologische Bewusstheit zu Vorläuferfertigkeiten für das Lesen, welche sehr gut bei Kindern trainierbar sind, die noch über geringe oder keine Lesekenntnisse verfügen.

Weitere Studien zum Training mit AUDILEX speziell in höheren Schulklassen könnten weiteren Aufschluss über diese Frage geben.

1.7.3.2 Förderung des Lesens unter Verwendung lautgetreuen Materials und des silbenweisen Lesens

Die deutsche Schriftsprache wird größtenteils als eine Lautsprache betrachtet, obwohl es keine eindeutige Definition von Lauttreue gibt und die deutsche Schriftsprache je nach Auffassung zahlreiche Abweichungen von dieser 1:1-Zuordnung aufweist.

Zu Verfahren, die speziell mit lautgetreuem Lesematerial arbeiten, gehört der Kieler Leseaufbau (KLA, Dummer-Smoch & Hackethal, 1999). Das Verfahren baut auf dem „Grundsatz der Isolierung von Schwierigkeiten" (S. 28) beim Lesen auf. Das bedeutet, dass schwierige Wörter, z. B. solche, die eine mehrfache Konsonantenhäufung oder sehr lange Silben aufweisen, ausgespart bleiben. Die Autoren beschränken sich auf lautgetreues Lesematerial. Einen wichtigen Teil dieses Verfahrens bildet zudem die Lautgebärdensprache. Für jeden Laut wurde – ähnlich wie in der Gebärdensprache für Gehörlose – eine bestimmte Lautgebärde entwickelt, welche die Kinder symbolhaft mit einem bestimmten Laut verbinden sollen. Jede Lautgebärde ist entweder am Sinnlaut oder an der Buchstabenform orientiert. Auf diese Weise sollen die Kinder lernen, den optischen und akustischen Eindruck, den sie zu einem Laut erlernen, mit einer motorisch-kinästhetischen Gebärde zu verbinden. Das Lautieren von Wörtern anstatt Buchstabieren stellt ein vor diesem Hintergrund generelles Prinzip des KLA dar. Vokale und Konsonanten werden nur stufenweise eingeführt. Wörter werden entsprechend ihrer Struktur in bestimmte Schwierigkeitsgrade eingeteilt und erst nach und nach vom leichten (Vokal-Konsonant-Vokal, z. B.: O-M-A) zum schweren (Konsonant-Konsonant-Vokal-Konsonant-Konsonant-Konsonant, z. B.: F-R-U-C-H-T) Grad in zwölf Lesestufen behandelt.

Der aktuelle Leistungsstand eines Schülers wird vor der Arbeit mit dem KLA mithilfe zweier standardisierter Verfahren ermittelt. Hiermit werden quantitative und qualitative Fehleraspekte ermittelt.

Auch Findeisen et al. (2000) arbeiten nach der Methode des lauttreuen Lesens und des Silbenlesens. Sie gehen ähnlich wie im Kieler Leseaufbau so vor, dass Schwierigkeiten ausgespart bleiben und der schwache Leser anfänglich unterfordert wird. In verschiedenen Schwierigkeitsstufen wird mit dem Lesen von Lauten begonnen, anschließend geht man über zu Wortsegmenten, Buchstabengruppen, Signalgruppen, Morphemen und Silben und schließt ab mit Wörtern. All das verwendete Lesematerial soll stets eine eindeutige Laut-Buchstaben-Zuordnung aufweisen. Da die Definition von Lauttreue uneinheitlich ist, geben die Autoren Reihenfolgen von zu bearbeitenden Lauten, Wortsegmenten etc. im Leselernprozess vor. Die lauttreuen Leseübungen stützen sich auf den Grundwortschatz nach Plickat (1983, zitiert nach Findeisen et al., 2000). Die dort aufgeführten Wörter umfassen Silbenlängen von bis zu sieben Buchstaben (Bsp.: Pflicht). Mithilfe der lauttreuen Lesemethode sollen sowohl Leseanfänger als auch Kinder mit Lesestörungen das Lesen erlernen.

Eine weitere Trainingsmethode zur Förderung des Lesens und Rechtschreibens stellt die Methode des Rhythmisch-syllabierenden Mitsprechens nach Heide Buschmann dar. Obwohl von Buschmann selbst keine Originalliteratur bzw. lediglich Hinweise auf gehaltene Vorträge und unveröffentlichte Manuskripte zu finden sind (Buschmann, 1986, zitiert nach Tacke, 1993; Buschmann, 1988, zitiert nach Hofmann, 1998), scheint ihre Methode des rhythmischen Syllabierens zur Förderung des Lesens und Rechtschreibens in Schulen, aber auch in Facheinrichtungen für Lese- und Rechtschreibstörungen verbreitet zu sein (Tacke, 1993). Buschmann sieht die Hauptursache für eine Lese-Rechtschreibschwäche in einer mangelnden Koordinationsfähigkeit von Wahrnehmung, Motorik und Denken. Aus diesem Grund sollen Wörter beim Lesen und Schreiben stets in Silben eingeteilt und von schwingenden Bewegungen des Körpers begleitet werden (diese Verbindung heißt „Syllabieren" oder „Silbieren"). Das Kind soll also in rhythymisch-melodischen Silben lesen und während des Schreibens rhythmisch-syllabierend mitsprechen. Zunächst übt das Kind, gehörte Wörter, auch sinnlose Wörter, laut in Silben einzuteilen. Begleitet wird das Sprechen durch synchrone Körper- und Handbewegungen. Das Kind führt silbenbegleitend die Schreibhand in Schreibrichtung in großen schwingenden Bögen vor dem Körper beginnend in Höhe des Gesichts bis zum Bauchnabel und zurück. Das Kind läuft also beim Silbieren eines Wortes bestehend aus vier Silben vier Schritte nach rechts und begleitet seine Schritte durch das geschilderte Bogenschwingen. Ist ein Kind in der Lage, gehörte Wörter richtig in Silben zu „schwingen", soll es in dieser Weise auch rhythmisch-melodisch silbierend lesen und dazu die Silbenbogen unter die Wörter malen. Gleichermaßen soll das Kind auch beim Schreiben laut rhythmisch-silbierend mitsprechen und, nachdem es ein Wort geschrieben hat, die entsprechenden Silbenbogen darunter malen. Das anfangs laute Mitsprechen kann nach und nach in ein leises, flüsterndes und zuletzt in ein inneres gedankliches Mitsprechen übergehen.

Dieses Sprechschreiben soll v. a. beim Rechtschreiben wirksam sein, da es Einfachkonsonanten, Konsonantenverbindungen und Doppelkonsonanten hörbar mache und Buchstabenverwechslungen und -auslassungen verhindern solle. Allerdings argumentieren Betz und Breuninger (1996), dass ein Doppelkonsonant nur dann auch gehört werde, wenn die richtige Rechtschreibung schon bekannt sei (z. B. hören wir bei „rennen" in der Mitte nur ein „n"), was einer Theorie der Erleichterung durch Silbentrennen gerade für rechtschreibschwache Kinder widerspricht.

Neben dem Elementartraining werden zusätzlich verschiedene Rechtschreibregeln vermittelt, die auch Schulstoff in Grundschulen sind (z. B. rennen → rennt, Mäuse → Maus, Groß- und Kleinschreibung etc.).

Bezüglich des Lesens soll die Methode die Durchgliederung der Wörter in Silben fördern. Durch rhythmisches Gliedern soll die sequenzielle Erfassung der Phonemfolge unterstützt werden. Laut Hofmann (1998, S. 182) biete die Buschmann-Methode „ein zuverlässiges Handlungsmuster für schwache Leser, deren Schwierigkeiten im visuellen Gliedern der Wörter und im Erfassen von Wortteilen bestehen".

Auch Reuter-Liehr (1993, 2001) arbeitet in der Lese- und Rechtschreibförderung mit Prinzipien des lautgetreuen Lesens und Schreibens und dem rhythmischen Syllabieren. Die Methode des rhythmischen Sprechschwingens und Sprechschreibens verbinde laut Reuter-Liehr Körpermotorik, Sprechmotorik, Sprechen und Atmung. Das spontane, deutliche und rhythmische Sprechen des Kindes werde dadurch gefördert und der „so gewonnene Sprechrhythmus wird auf das genaue silbengliedernde Lesen und synchrone Sprechschreiben übertragen" (Reuter-Liehr, 1993, S. 138). Auch hier gelten die Prinzipien „vom Leichten zum Schweren" und „vom Häufigen zum Seltenen" (Reuter-Liehr, 2001, S. 24). Das heißt, dass zunächst nur lautgetreue Wörter gelesen und geschrieben werden, erst später kommt beim Rechtschreiben das Regelwissen hinzu.

Reuter-Liehr (1993) führte an 50 Kindern der 5. Klasse, welche in einem Rechtschreibtest einen Prozentrang von < 25 erreichten, ein zwanzigmonatiges Training nach der Buschmann-Methode durch. Zusätzlich erhielten die Kinder eine verhaltenstherapeutisch ausgerichtete Gruppentherapie und es erfolgte therapiebegleitend die Zusammenarbeit mit Lehrern und Eltern. Zwei Jahre später konnte sie einen hochsignifikanten Zuwachs der Rechtschreibleistung beobachten. Eine Überprüfung der Leseleistung erfolgte in dieser Studie leider nicht.

Tacke (1993) untersuchte in mehreren Studien 37 bzw. 60 Schüler mit Rechtschreibschwäche und führte mit der Hälfte der Kinder ein sechsmonatiges Training (zwei Stunden pro Woche) nach der Buschmann-Methode durch.

Die Ergebnisse waren sehr widersprüchlich. In der ersten Studie führte das Training zu einem relativ geringen Erfolg, in der zweiten Studie zu einer deutlichen Reduzierung von Rechtschreibfehlern. Die Leseleistung der Schüler und ein Effekt des Buschmann-Trainings auf das Lesen wurden in diesen Studien leider ebenfalls nicht berücksichtigt.

Eine Studie, welche den Effekt der Methode des rhythmisch-silbierenden Lesens und Schreibens auf die Leseleistung untersucht hat, ist die von Bott (2005). Er führte ein fünfwöchiges Training mithilfe der Buschmann-Methode an 23 Kindern durch, die Lese- und Rechtschreibschwierigkeiten aufwiesen. Nach dem Training sank zwar die Zahl der Rechtschreibfehler signifikant, eine Verbesserung der Leseleistung im Sinne einer Fehlerreduktion konnte hingegen nicht nachgewiesen werden.

1.7.4 Inwiefern Methoden des lautgetreuen und silbenweisen Lesens bei der Therapie von Lesestörungen adäquat sind

Eine beschränkte Silbenlänge und das vorwiegende Abwechseln von Konsonanten und Vokalen stellen ideale Bedingungen für den Leser dar, der z. B. über eine (noch) verminderte Fähigkeit des Simultanerkennens oder ein verkleinertes Aufmerksamkeitsfeld verfügt. Findeisen et al. (2000) gehen auf Untersuchungen von Baer (1979) ein, in denen dieser nachweisen konnte, dass die Zahl der simultan erkennbaren Buchstaben mit zunehmender Leseerfahrung und Schulklasse steigt und gleichzeitig die Zahl der Fixationen innerhalb eines Wortes sinkt. Sie behaupten jedoch, dass in Abhängigkeit vom Lesematerial bei einer Darbietungszeit von 100 Millisekunden 4-7 sinnlose Buchstabenfolgen bzw. 20-25 sinnvolle Buchstabenfolgen identifiziert werden können. Bei dieser pauschalen Aussage wird der individuelle Entwicklungsstand eines Kindes jedoch nicht beachtet.

Wie bereits angesprochen, ist es nicht selbstverständlich, dass jeder Leser mit wachsender Leseerfahrung und wachsendem Alter kontinuierlich immer mehr Buchstaben auf einmal erkennen kann. Die Fähigkeit des Simultanerkennens von Buchstaben und die Größe des Aufmerksamkeitsfeldes können bei gleich alten Schülern sehr unterschiedlich groß sein; so ist es möglich, dass ein leseschwaches Kind der 4. Klasse beispielsweise nur Segmente aus drei Buchstaben simultan erkennen kann, während sein Mitschüler bereits sechs Buchstaben auf einmal erkennen kann.

Mithilfe des lautgetreuen Lesens von Silben sehr beschränkter Buchstabenzahl (welches die Tatsache, dass die Fähigkeit zum simultanen Erkennen von Buchstaben stark variiert, nicht berücksichtigt) kann bei einem bisherigen Leseversager möglicherweise ein rascher Erfolg festgestellt werden, der den Spaß am Weiterüben fördert. Der Preis für die Beschränkung auf Wörter bestehend aus kurzen Silben ist jedoch ein sehr begrenzter Lese-Wortschatz. Leseschwache Schüler aus höheren (Grundschul-) Klassen sind jedoch auch bei allen anderen Schulfächern neben Lesen und Schreiben auf das Erfassen eines schwierigeren Wortschatzes angewiesen. Der Leseversager wird an dieser Stelle mit schwierigen Texten wieder allein gelassen. Die maximale Silbenlänge der Arbeitskarten in der letzten Übungsstufe des KLA beispielsweise beträgt fünf Buchstaben, viele Silben sind sogar noch kürzer. In der deutschen Sprache existieren aber eine Vielzahl von Wörtern längerer Silben von bis zu acht Buchstaben (z. B. schwach, schlimm, Strich, Fracht, Schlamm, Schlacht, Freund, Pflicht, Specht).

Was ein das Schreiben begleitendes Mitsprechen betrifft, scheint es grundsätzlich sinnvoll für Schreibanfänger und Kinder mit Rechtschreibschwierigkeiten, beim Schreiben laut mitzusprechen, da sie sich auf diese Weise mit mehreren Sinnen (sehen, hören, Motorik) auf eine Aufgabe konzentrieren. Dieses laute Mitsprechen sollte allerdings nur so schnell erfolgen, wie das Kind auch schreiben kann. Es scheint unsicher, ob ein Kind z. B. beim Schreiben des gehörten Wortes „Schrankwand" eine große Erleichterung dadurch erfährt, es in zwei Silben einzuteilen, bereits „Schrank" zu sprechen, obwohl es erst die ersten beiden Buchstaben dieser Silbe geschrieben hat.

Vor dem Hintergrund des Wissens, dass verschiedene Kinder unterschiedlich viele Buchstaben simultan erkennen können, scheint das Einteilen in Silben beim Lesen erst recht fragwürdig. Ein Kind, welches nur etwa drei Buchstaben simultan erkennen kann, ist nicht in der Lage, das Wort „Schrankwand" silbenweise zu lesen, da es zunächst nur „Sch" erkennt, danach – vorausgesetzt es führt einen adäquaten Blicksprung durch – vielleicht „ran" , dann „kwa" usw.. Es kann überhaupt nicht einschätzen, wo bei diesem Wort eine Silbe beginnt und endet, wenn es z. B. über ein verkleinertes Aufmerksamkeitsfeld verfügt. Auch hier kann ein silbenweises Lesen nur dann funktionieren, wenn die Silbengröße auch der Fähigkeit des Simultanerkennens bzw. der Größe des Aufmerksamkeitsfeldes eines Kindes entspricht. Überschreitet die Silbenlänge diese Fähigkeit, ist das Kind gezwungen, den Rest der Silbe zu erraten. So entstehen unweigerlich Fehler, die ein Lesetraining ja vermeiden wollte.

Viele Verfahren zur Förderung des lautgetreuen und silbenweisen Lesens stellen Lesetests an den Anfang ihrer Therapie und sind somit in der Lage, bereits zu Beginn der Schullaufbahn Kinder mit Leseproblemen herauszusieben.

Die Art der hierbei ermittelten Lesefehler (z. B. Endungen überlesen) gibt zwar manchmal bereits Aufschluss darüber, welche Bedingungen bei einem Kind hinreichend für seine Lesestörung sein können. Erst die Ermittlung des Leistungsstandes der am Lesen beteiligten Einzelleistungen stellt jedoch die Grundlage für eine individuelle Therapie der Lesestörung eines Schülers dar. Eine solche individuelle Erfassung der Einzelleistungen (wie z. B. die Fähigkeit zum Simultanerkennen, die benötigte Fixationszeit und die Länge der benötigten Abrufzeit) wird häufig nicht genügend berücksichtigt.

Jedes betroffene Kind muss aber eine Leseförderung erhalten, bei der es im Klassenverband verbleiben und dennoch eine Lesestrategie neu erlernen kann, die auf seine individuellen Fähigkeiten abgestimmt ist. Die Arbeit mit Lesematerial, welches dem aktuellen Schulstoff eines Schülers mit Leseproblemen jedoch nicht entspricht, sondern weit unter diesem Niveau liegt, wird ihm im entscheidenden Fall einer Klassenarbeit nicht viel nützen und ihn weiter frustrieren. Eine maßgeschneiderte Therapie für ein lesegestörtes Kind sollte dessen individuellen Leistungsstand berücksichtigen.

1.7.5 Wie eine Therapie nach individueller Diagnostik der hinreichenden Bedingungen für ein gestörtes Lesen erfolgen sollte

Für den Erfolg einer Behandlung bereits bestehender Lesestörungen ist es wichtig, vor Beginn die Bedingungen, die bei einem Kind hinreichend für die Entstehung seiner Lesestörung sind, genau zu ermitteln.

Nachdem bei der Diagnose der aktuelle schülerindividuelle Leistungsstand ermittelt wurde, bildet dieser die Ausgangsbasis für die nachfolgende individuelle Therapie.

Therapeutisch kann man stets zwei verschiedene Wege einschlagen: Man kann einerseits die eingeschränkten Fähigkeiten eines Kindes trainieren (Weg 1) und andererseits diese eingeschränkten Fähigkeiten umgehen, in dem das Kind eine kompensatorische Lesestrategie erlernt, mit der es sofort richtig lesen kann (Weg 2).

1.7.5.1 Trainieren eingeschränkter Fähigkeiten des Leseprozesses (Weg 1)

Nach Feststellung der Leistungsschwächen des Kindes werden die eingeschränkten einzelnen Fähigkeiten trainiert, und zwar stets an der Leistungsgrenze des Kindes. Kann ein Kind z. B. nur drei Buchstaben gleichzeitig erkennen, so übt es, in kleinen Schritten immer größere Wortsegmente simultan zu erkennen.

Kann ein Kind Wörter aus vier Buchstaben simultan bei einer Darbietungszeit von 450 Millisekunden erkennen, so trainiert es, Wörter dieser Länge bei Darbietungszeiten von zunächst 400 Millisekunden, später 350 Millisekunden usw. zu erkennen.

Benötigt ein Kind hingegen 1,5 Sekunden, um zu einem gesehenen Wort aus beispielsweise vier Buchstaben Länge die entsprechende Lautfolge abzurufen, so trainiert es nun, Wörter dieser Länge bereits nach 1,2 Sekunden, später nach 1 Sekunde usw. abzurufen.

Solche Übungen sind z. B. mithilfe des celeco-Programms möglich.

1.7.5.2   Kompensatorische Lesestrategie (Weg 2)

Das Kind erlernt eine so genannte „kompensatorische Lesestrategie", mit der es seine aktuelle Leistungsschwäche umgehen und trotz dieser richtig lesen kann. Ist ein Kind also in der Lage, z. B. nur Segmente einer Länge von drei Buchstaben zu erkennen, so lernt es, den Text in Segmente von nicht mehr als drei Buchstaben einzuteilen und nur Blicksprünge über Segmente einer Länge von drei Buchstaben auszuführen. Kann das Kind Wörter einer Länge von vier Buchstaben nur bei Darbietungszeiten von 450 Millisekunden sicher erkennen, so lernt es, Wörter eines Textes länger zu fixieren als bisher. Benötigt ein Kind längere Zeit, um zu einem gesehenen Wort die entsprechende Lautfolge abzurufen (z. B. 1,5 Sekunden), so lernt es, sich für das Aussprechen gesehener Wörter mehr Zeit zu nehmen, also länger nachzudenken, bevor es das Wort laut spricht.

Eine Therapie sollte immer so ausgelegt sein, dass sie einerseits möglichst rasch die Symptome (hier: Lesefehler) einer Störung beseitigt und andererseits langfristig die Ursachen dieser Störung (hier: hinreichende Bedingungen für ein gestörtes Lesen) ausschaltet bzw. behandelt. Auf diese Weise stellt sich sowohl kurzfristig ein Erfolg im Sinne einer sofortigen Lesefehlerreduktion ein, der v. a. das Kind und die Eltern motiviert, die Therapie fortzusetzen. Gleichzeitig werden mittel- und langfristig die Fähigkeiten für ein fehlerfreies und vor allem rascheres Lesen trainiert.

Die praktische Erfahrung mit dem Programm celeco – *Richtig lesen lernen* hat gezeigt, dass ein Training der verminderten Einzelleistungen bei verschiedenen Kindern mit Lesestörung sehr unterschiedlich schnell zum Erfolg führt. Dazu kommt, dass die am Lesen beteiligten Einzelleistungen nicht beliebig weit trainiert werden können. Ein Kind der 5. Klasse, welches drei Buchstaben auf einmal erkennen kann, wird mithilfe des Trainings beispielsweise recht schnell vier bis fünf Buchstaben gleichzeitig erkennen. Möglicherweise wird es sechs oder mehr Buchstaben jedoch niemals sicher simultan erkennen.

Eine Vermittlung einer individuellen kompensatorischen Lesestrategie hingegen führt sofort zum Erfolg, da die individuellen Schwierigkeiten des Kindes umgangen werden und es dennoch altersangemessene Texte lesen kann.

Dem Kind sollte (in Anwesenheit seiner Eltern) aus diesem Grund sofort nach der Diagnosephase seine individuelle kompensatorische Lesestrategie vermittelt werden. Zusätzlich werden die Eltern instruiert, neben dem nun regelmäßig zu erfolgenden Üben dieser Strategie (täglich ca. 10-15 Minuten) die verminderten Einzelfähigkeiten, welche zur Lesestörung ihres Kindes führten, systematisch zu trainieren. Die Lesestrategie wird dabei so verändert, dass die Leistungseinschränkung zwar bestehen bleibt, aber keine hinreichende (und keine notwendige) Bedingung für eine Lesestörung mehr ist.

Auf diese Weise erfolgt sowohl ein kurzfristig wirksames als auch langfristig Erfolg versprechendes Training.

2 Spezielle Zielsetzung und Fragestellungen

Wie bereits im vorausgegangenen Kapitel ausgeführt, kann der Entstehung von Lesestörungen im Vorschulalter durch Förderung von Fähigkeiten der phonologischen Bewusstheit bei einem großen Teil von Kindern präventiv entgegengewirkt werden. Bei etwa 20 % der im Vorschulalter trainierten Kinder erzielen diese Maßnahmen jedoch keinen Erfolg.

Das Problem ist häufig, dass die Lesestörung eines Kindes nicht zu Beginn des ersten Schuljahres erkannt wird. Die Diagnose einer Lese-Rechtschreibstörung nach ICD-10 wird in der Regel nicht vor Ende der zweiten Klasse gestellt. Die Unfähigkeit, richtig zu lesen, wird also häufig erst viel später, in der dritten, vierten oder einer noch höheren Schulklasse offensichtlich, zu einem Zeitpunkt, an dem Präventionsmaßnahmen nicht mehr greifen. Folglich wird ab diesem Moment, an dem vorbeugende Maßnahmen versagen, eine Therapie von Lesestörungen benötigt, die jedem Kind eine maßgeschneiderte Hilfe zur Bewältigung seiner Schwierigkeiten bietet.

Allgemeine Leseförderungsmaßnahmen, so z. B. das silbenweise Lesen, verbessern die Lesefähigkeit von Kindern mit Leseschwierigkeiten erwiesenermaßen nicht (Bott, 2005).

Es ist daher notwendig, Lehrern, Therapeuten und Eltern ein individuelles Diagnose- und Therapieprogramm an die Hand zu geben, mit dessen Hilfe sie das betroffene Kind anleiten können, seine Lesestörung zu überwinden.

Ziel der vorliegenden Arbeit ist es

1. zu überprüfen, inwieweit eine individuelle Diagnostik verbunden mit
2. der anschließenden Vermittlung einer individuellen kompensatorischen Lesestrategie zu einer sofortigen Verbesserung der Leseleistung bei Kindern mit Lesestörungen führt.

Sowohl Diagnostik als auch Therapie werden mithilfe eines speziell dafür entwickelten Diagnose- und Therapieprogramms durchgeführt. Dabei soll auf die einzelnen Bedingungen, die bei den untersuchten Kindern zu Lesestörungen führten, näher eingegangen werden.

2.1 Fragestellung zur Art und Häufigkeit der hinreichenden Bedingungen

Es soll zuerst geklärt werden, welche verschiedenen verminderten Einzelleistungen, die hinreichend für die Entstehung einer Lesestörung sind, bei Kindern der zugrunde liegenden Stichprobe auftreten (Begriffserklärung und Beispiele siehe Kapitel 1.6).

Dabei soll die Frage beantwortet werden, wie häufig die jeweilige verminderte Einzelleistung bei Kindern mit Lesestörungen aus der vorliegenden Stichprobe beobachtet werden kann. Gibt es verminderte Einzelleistungen, die häufiger und solche, die seltener hinreichend für die Entstehung einer Lesestörung sind?

2.2 Fragestellung zu durchschnittlichen Einzelleistungen des Lesens

Zweitens soll die Frage beantwortet werden, was die durchschnittlichen Fähigkeiten der Einzelleistungen des Lesens bei Kindern mit Lesestörungen sind. In diesem Zusammenhang stellt sich vor allem die Frage, ob es diesbezüglich die Möglichkeit gibt, innerhalb der Stichprobe Untergruppen zu bilden.

2.3 Fragestellungen und Hypothesen bezüglich Lesefehlerreduktion

Einer Hälfte der Kinder der Stichprobe (Experimentalgruppe) wird nach einer individuellen Diagnosephase eine individuelle kompensatorische Lesestrategie vermittelt, mit der sie ihre Schwächen im Sinne eingeschränkter Einzelleistungen umgehen können. Nach Vermittlung dieser Strategie sollen die Kinder diese selbständig auf einen Text anwenden. Die übrige Hälfte der Kinder (Vergleichsgruppe) liest den gleichen Text, jedoch ohne Intervention und erhält erst zum Schluss eine Anleitung zum Lesen mithilfe einer kompensatorischen Strategie. Zur Prüfung des Interventionserfolgs wird die Zahl der Lesefehler zu zwei Messzeitpunkten erhoben.

2.3.1 Fragestellung zur Texthälftenschwierigkeit gemessen an der Gesamtfehlerzahl

Es soll untersucht werden, ob sich die beiden gelesenen Texthälften des in der vorliegenden Studie verwendeten Zürcher Lesetests (ZLT, Linder & Grissemann, 2000) als unterschiedlich schwierig erweisen. Da die beiden Texthälften des ZLT unterschiedlich lang sind, (siehe Kapitel 3.3), muss angenommen werden, dass sie sich deshalb hinsichtlich ihrer Schwierigkeit voneinander unterscheiden.

2.3.2 Hypothese bezüglich Lesefehlerreduktion innerhalb der Experimentalgruppe

Ho: Die Anzahl der Lesefehler bei Kindern der Experimentalgruppe weicht am Ende der Diagnose- und Therapiesitzung nach der Vermittlung einer individuellen kompensatorischen Lesestrategie nicht signifikant von der Anzahl der Lesefehler zu Beginn der Sitzung ab.

H1: Die Anzahl der Lesefehler bei Kindern der Experimentalgruppe weicht am Ende der Diagnose- und Therapiesitzung nach der Vermittlung einer individuellen kompensatorischen Lesestrategie signifikant von der Anzahl der Lesefehler zu Beginn der Sitzung ab.

H1a: Die Anzahl der Lesefehler ist signifikant gestiegen.

H1b: Die Anzahl der Lesefehler ist signifikant gesunken.

Eine Übersicht über die Hypothesen gibt Tabelle 2.1.

Experimentalgruppe		
Kriterium: Lesefehler		
Ho (Nullhypothese)	H1 (Alternativhypothese)	
	H1a	H1b
Lesefehler am Ende = Lesefehler zu Beginn	Lesefehler am Ende > Lesefehler zu Beginn	Lesefehler am Ende < Lesefehler zu Beginn

Tabelle 2.1: Übersicht über Hypothesen zum Kriterium Lesefehler in der Experimentalgruppe
Anmerkungen:
zu Beginn: vor Therapie, am Ende: nach Therapie

2.3.3 Hypothese bezüglich Lesefehlerreduktion innerhalb der Vergleichsgruppe

Ho: Die Anzahl der Lesefehler bei Kindern der Vergleichsgruppe weicht am Ende der Diagnosesitzung ohne bis zu diesem Zeitpunkt erfolgte Vermittlung einer individuellen kompensatorischen Lesestrategie nicht signifikant von der Anzahl der Lesefehler zu Beginn der Sitzung ab.

H1: Die Anzahl der Lesefehler bei Kindern der Vergleichsgruppe weicht am Ende der Diagnosesitzung ohne bis zu diesem Zeitpunkt erfolgte Vermittlung einer individuellen kompensatorischen Lesestrategie signifikant von der Anzahl der Lesefehler zu Beginn der Sitzung ab.

H1a: Die Anzahl der Lesefehler ist signifikant gestiegen.

H1b: Die Anzahl der Lesefehler ist signifikant gesunken.

Eine Übersicht über die Hypothesen gibt Tabelle 2.2.

Vergleichsgruppe		
Kriterium: Lesefehler		
Ho (Nullhypothese)	H1 (Alternativhypothese)	
	H1a	H1b
Lesefehler am Ende = Lesefehler zu Beginn	Lesefehler am Ende > Lesefehler zu Beginn	Lesefehler am Ende < Lesefehler zu Beginn

Tabelle 2.2: Übersicht über Hypothesen zum Kriterium Lesefehler in der Vergleichsgruppe
Anmerkungen:
zu Beginn: vor Therapie, am Ende: vor Therapie

2.3.4 Hypothese bezüglich signifikanter Unterschiede in der Gesamtfehlerzahl bei der Gegenüberstellung von Experimental- und Vergleichsgruppe

Ho: Die Anzahl der Lesefehler von Kindern der Experimentalgruppe, denen eine individuelle kompensatorische Lesestrategie vermittelt wurde, weicht am Ende der Diagnose- und Therapiesitzung nicht signifikant von der Lesefehlerzahl der Kinder der Vergleichsgruppe ab, welche zu diesem Zeitpunkt noch keine Intervention im Sinne einer Vermittlung einer kompensatorischen Lesestrategie erhalten haben.

H1: Die Anzahl der Lesefehler von Kindern der Experimentalgruppe, denen eine individuelle kompensatorische Lesestrategie vermittelt wurde, weicht am Ende der Diagnose- und Therapiesitzung signifikant von der Lesefehlerzahl der Kinder der Vergleichsgruppe ab, welche zu diesem Zeitpunkt noch keine Intervention im Sinne einer Vermittlung einer kompensatorischen Lesestrategie erhalten haben.

H1a: Die Anzahl der Lesefehler der Experimentalgruppe ist am Ende der Sitzung signifikant höher als die der Vergleichsgruppe.

H1b: Die Anzahl der Lesefehler der Experimentalgruppe ist am Ende der Sitzung signifikant niedriger als die der Vergleichsgruppe.

Eine Übersicht über die Hypothesen gibt Tabelle 2.3.

Experimentalgruppe versus Vergleichsgruppe		
Kriterium: Lesefehler am Ende der Sitzung		
Ho (Nullhypothese)	H1 (Alternativhypothese)	
	H1a	H1b
Lesefehler Experimentalgruppe = Lesefehler Vergleichsgruppe	Lesefehler Experimentalgruppe > Lesefehler Vergleichsgruppe	Lesefehler Experimentalgruppe < Lesefehler Vergleichsgruppe

Tabelle 2.3: Übersicht über Hypothesen zum Kriterium Lesefehler am Ende der Sitzung beim Vergleich von Experimentalgruppe versus Vergleichsgruppe
Anmerkungen:
am Ende: Experimentalgruppe = nach Therapie, Vergleichsgruppe = vor Therapie

2.4 Fragestellungen und Hypothesen bezüglich Gesamtlesedauer

Zusätzlich zur Zahl der Lesefehler wird auch die Gesamtlesedauer erhoben. Dazu ergeben sich folgende Fragestellungen und Hypothesen:

2.4.1 Fragestellung zur Texthälftenschwierigkeit gemessen an der Gesamtlesedauer

Da die beiden gelesenen Texthälften der Karten des ZLT unterschiedlich lang sind, musste angenommen werden, dass zum Lesen der zweiten Texthälfte mehr Zeit benötigt werden würde und sich die Texthälften deshalb hinsichtlich ihrer Schwierigkeit voneinander unterscheiden würden.

2.4.2 Hypothese bezüglich Gesamtlesedauer innerhalb der Experimentalgruppe

Ho: Die Gesamtlesedauer zu Beginn der Diagnose- und Therapiesitzung weicht in der Experimentalgruppe nicht signifikant von der Gesamtlesedauer am Ende der Diagnose- und Therapiesitzung nach der Vermittlung einer individuellen kompensatorischen Lesestrategie ab.

H1: Die Gesamtlesedauer zu Beginn der Diagnose- und Therapiesitzung weicht in der Experimentalgruppe signifikant von der Gesamtlesedauer am Ende der Diagnose- und Therapiesitzung nach der Vermittlung einer individuellen kompensatorischen Lesestrategie ab.

H1a: Die Gesamtlesedauer ist zu Beginn signifikant kürzer als am Ende.

H1b: Die Gesamtlesedauer ist zu Beginn signifikant länger als am Ende.

Eine Übersicht über die Hypothesen gibt Tabelle 2.4.

Experimentalgruppe		
Kriterium: Lesedauer		
Ho (Nullhypothese)	H1 (Alternativhypothese)	
	H1a	H1b
Lesedauer am Ende = Lesedauer zu Beginn	Lesedauer am Ende > Lesedauer zu Beginn	Lesedauer am Ende < Lesedauer zu Beginn

Tabelle 2.4: Übersicht über Hypothesen zum Kriterium Lesedauer in der Experimentalgruppe
Anmerkungen:
zu Beginn: vor Therapie, am Ende: nach Therapie

2.4.3 Hypothese bezüglich Gesamtlesedauer innerhalb der Vergleichsgruppe

Ho: Die Gesamtlesedauer zu Beginn der Diagnose- und Therapiesitzung weicht in der Vergleichsgruppe nicht signifikant von der Gesamtlesedauer am Ende der Diagnosesitzung ohne bis zu diesem Zeitpunkt erfolgte Vermittlung einer individuellen kompensatorischen Lesestrategie ab.

H1: Die Gesamtlesedauer zu Beginn der Diagnose- und Therapiesitzung weicht in der Vergleichsgruppe signifikant von der Gesamtlesedauer am Ende der Diagnosesitzung ohne bis zu diesem Zeitpunkt erfolgte Vermittlung einer individuellen kompensatorischen Lesestrategie ab.

H1a: Die Gesamtlesedauer ist zu Beginn signifikant kürzer als am Ende.

H1b: Die Gesamtlesedauer ist zu Beginn signifikant länger als am Ende.

Eine Übersicht über die Hypothesen gibt Tabelle 2.5.

Vergleichsgruppe		
Kriterium: Lesedauer		
Ho (Nullhypothese)	H1 (Alternativhypothese)	
	H1a	H1b
Lesedauer am Ende = Lesedauer zu Beginn	Lesedauer am Ende > Lesedauer zu Beginn	Lesedauer am Ende < Lesedauer zu Beginn

Tabelle 2.5: Übersicht über Hypothesen zum Kriterium Lesedauer in der Vergleichsgruppe
Anmerkungen:
zu Beginn: vor Therapie, am Ende: vor Therapie

2.4.4 Hypothese bezüglich signifikanter Unterschiede der Gesamtlesedauer bei der Gegenüberstellung von Experimental- und Vergleichsgruppe

Ho: Die Gesamtlesedauer der Kinder der Experimentalgruppe am Ende der Diagnose- und Therapiesitzung nach der Vermittlung einer individuellen kompensatorischen Lesestrategie weicht nicht signifikant von der Gesamtlesedauer der Kinder der Vergleichsgruppe ab, welche zu diesem Zeitpunkt noch keine Intervention im Sinne einer Vermittlung einer kompensatorischen Lesestrategie erhalten haben.

H1: Die Gesamtlesedauer der Kinder der Experimentalgruppe am Ende der Diagnose- und Therapiesitzung nach der Vermittlung einer individuellen kompensatorischen Lesestrategie weicht signifikant von der Gesamtlesedauer der Kinder der Vergleichsgruppe ab, welche zu diesem Zeitpunkt noch keine Intervention im Sinne einer Vermittlung einer kompensatorischen Lesestrategie erhalten haben.

H1a: Die Gesamtlesedauer der Experimentalgruppe ist am Ende der Sitzung signifikant länger als die der Vergleichsgruppe.

H1b: Die Gesamtlesedauer der Experimentalgruppe ist am Ende der Sitzung signifikant kürzer als die der Vergleichsgruppe.

Eine Übersicht über die Hypothesen gibt Tabelle 2.6.

Experimentalgruppe versus Vergleichsgruppe		
Kriterium: Lesedauer am Ende der Sitzung		
Ho (Nullhypothese)	H1 (Alternativhypothese)	
	H1a	H1b
Lesedauer Experimentalgruppe = Lesedauer Vergleichsgruppe	Lesedauer Experimentalgruppe > Lesedauer Vergleichsgruppe	Lesedauer Experimentalgruppe < Lesedauer Vergleichsgruppe

Tabelle 2.6: Übersicht über Hypothesen zum Kriterium Lesedauer am Ende der Sitzung beim Vergleich von Experimentalgruppe versus Vergleichsgruppe
Anmerkungen:
am Ende: Experimentalgruppe = nach Therapie, Vergleichsgruppe = vor Therapie

3   Material und Methoden

3.1   PC-gestütztes Diagnose- und Therapieprogramm: "celeco – *Richtig lesen lernen*"

Das am Institut für Soziale Pädiatrie und Jugendmedizin der Ludwig-Maximilians-Universität München entwickelte Programmpaket „celeco – *Richtig lesen lernen*" (Werth et al., 2003) ist ein Diagnose- und Therapieprogramm für Lesestörungen und stellt die methodische Grundlage für vorliegende Arbeit dar.

Das Programm ist in zwei Versionen erhältlich, zum einen als Profi-Version für Therapeuten, Psychologen und Pädagogen, zum anderen als Übungs-Version für Schüler und Eltern (Start-Set).

Für die vorliegende Arbeit wurde die Profi-Version eingesetzt.

In den folgenden Kapiteln soll erläutert werden, wie in der vorliegenden Untersuchung zur individuellen Diagnostik und Therapie von Lesestörungen vorgegangen wurde. Für alle zusätzlichen Anwendungsmöglichkeiten des Programmpakets, die über den Inhalt der vorliegenden Arbeit hinausgehen, sei auf das Handbuch zum Programm verwiesen.

3.2   Stichprobe

3.2.1   Rekrutierung

Die vorliegende Arbeit stützt sich auf Daten einer Untersuchung, die in den Jahren 2003 bis 2005 am Institut für Soziale Pädiatrie und Jugendmedizin der Ludwig-Maximilians-Universität München und in Kooperation mit der Grund- und Hauptschule Ostheim, Stuttgart und der Pädagogisch Therapeutischen Einrichtung Friedberg durchgeführt wurde. Die im Rahmen einer Routine-Diagnostik erhobenen Daten wurden anschließend für die vorliegende Studie ausgewertet. Insgesamt umfasst die Untersuchung Daten von 88 Kindern und Jugendlichen mit Lesestörungen.

3.2.2   Ausschlusskriterien

Grundsätzlich wurden Kinder jeden Alters, jeder Schulklasse und jeden Schweregrades ihrer Lesestörung in die Studie einbezogen. Ausgeschlossen wurden lediglich Kinder, bei denen eine Minderbegabung bekannt war, da bei diesen Kindern damit gerechnet werden musste, dass sie die Instruktion nicht im gleichen Maße verstehen wie normalbegabte Kinder. Ausgeschlossen werden mussten zudem Kinder, welche noch nicht über eine ausreichende Buchstabenkenntnis verfügten, also nur einige Buchstaben des Alphabets beherrschten (Erstklässler). Von ihnen konnte kein Textlesen erwartet werden, weswegen sie sich für die vorliegende Studie als ungeeignet erwiesen.

Schließlich wurden von der Studie außerdem Kinder ausgeschlossen, welche sehr schlecht deutsch sprachen, das heißt solche, die zu Beginn der Untersuchung einfache Fragen und Instruktionen nicht verstanden. Auch hier wurde befürchtet, dass ein solches Kind die gestellten Anweisungen sowohl in der Diagnose- als auch besonders in der Therapiephase nicht verstehen konnte. Zudem besitzt ein solches Kind nicht die für eine sichere und eindeutige Diagnose erforderliche Einsicht in die deutsche Schriftsprache.

3.3 Studiendesign

Die Länge der einmaligen Diagnose- und Therapiesitzung betrug zwischen 1 und 1,5 Stunden, je nachdem, wie gravierend die Lesestörung des Kindes war. Nach dem Zufallsprinzip wurden 44 Kinder der Experimentalgruppe, die übrigen 44 Kinder der Vergleichsgruppe zugeordnet.

Jeder Lesevorgang des Kindes wurde auf Tonband aufgezeichnet, um im Anschluss daran ausgewertet zu werden. Während aller Lesevorgänge wurden die Augenbewegungen des Kindes kontrolliert.

Jedes Kind las zunächst einen Teil eines standardisierten Lesetests (Zürcher Lesetest, ZLT, Linder & Grissemann, 2000), d. h. jeweils die Hälfte des Textes der Karten 3, 4 und 5. Eine Hälfte der untersuchten Kinder las zunächst den ersten Teil, die andere Hälfte zunächst den zweiten Teil des ZLT. Auf diese Weise entstanden vier Gruppen mit jeweils 22 Kindern, d. h. zwei Experimentalgruppen und zwei Vergleichsgruppen. Die Aufteilung der Stichprobe wurde in dieser Form vorgenommen, um den Schwierigkeitsgrad der Texthälften als Einflussvariable sowohl in der Experimentalgruppe, als auch in der Vergleichsgruppe konstant zu halten. Sollte sich eine Texthälfte als schwieriger erweisen, würde man ein *cross-match* der Untersuchungsgruppen vornehmen. Es würden jeweils zwei Gruppen so zu einer Gesamtgruppe zusammengefasst, dass die Hälfte der Kinder dieser Gesamtgruppe die schwierigere Texthälfte zuerst lesen mussten, die andere Hälfte die leichtere.

Nach dem Lesen einer Texthälfte des ZLT folgte eine ausführliche Diagnostik der hinreichenden Bedingungen für das gestörte Lesen des Kindes mit dem celeco-Programmpaket (Kapitel 3.5).

Je nachdem, welcher Gruppe das Kind vorher zugeteilt worden war, erfolgte nun entweder

  a) das Lesen des anderen Teils der Karten 3, 4 und 5 des Zürcher Lesetests (ZLT). Erst danach wurden die Ergebnisse der Diagnostik an Kind und Eltern/Lehrer erläutert und anschließend die kompensatorische Lesestrategie vermittelt (Vergleichsgruppen)

oder

  b) die sofortige Erläuterung der Ergebnisse der Diagnostik an Kind und Eltern/Lehrer. Darauf folgend wurde die kompensatorische Lesestrategie anhand eines Textes auf dem PC vermittelt und das

Kind sollte anschließend die eben erlernte Strategie auf den anderen Teil des ZLT, Karten 3, 4 und 5 selbständig übertragen (Experimentalgruppen).

Ganz am Ende der Sitzung wurde allen Eltern/Lehrern und allen Kindern zusätzlich das Training der verminderten Einzelfähigkeiten erläutert. Dieser Teil der Therapie war jedoch nicht mehr Inhalt der vorliegenden Untersuchung. Tabelle 3.1 zeigt einen Überblick über die Versuchsgruppen der Untersuchung.

Experimental- gruppen	Phase 1 **Lesen** (Zürcher Lese- test)	Phase 2 **Diagnosephase**	Phase 3 **Therapiephase** Erläuterung der Ergebnisse und Vermittlung der kompen- satorischen Lesestrategie an einem PC-Text	Phase 4 **Lesen** (Zürcher Lese- test), dabei selb- ständiges Über- tragen der er- lernten kom- pen-satorischen Strategie durch das Kind	Phase 5 **Abschluss- phase** Erläuterung der Therapie zum Training der verminderten Einzelfähigkei- ten, Fragen be- antworten
Experimental- gruppe 1	1. Texthälfte vor Therapie			2. Texthälfte nach Therapie	
Experimental- gruppe 2	2. Texthälfte vor Therapie			1. Texthälfte nach Therapie	
Vergleichs- gruppen	Phase 1 **Lesen** (Zürcher Lese- test)	Phase 2 **Diagnosephase**	Phase 3 **Lesen** (Zürcher Lese- test)	Phase 4 **Therapiephase** Erläuterung der Ergebnisse und Vermittlung der kompen- satorischen Lesestrategie an einem PC-Text	Phase 5 **Abschlusspha- se** Erläuterung der Therapie zum Training der verminder- ten Einzelfähig- keiten, Fragen beantworten
Vergleichs- gruppe 3	1. Texthälfte vor Therapie		2. Texthälfte vor Therapie		
Vergleichs- gruppe 4	2. Texthälfte vor Therapie		1. Texthälfte vor Therapie		

Tabelle 3.1: Überblick über die einzelnen Gruppen und den zeitlichen Ablauf der Untersuchung

Tabelle 3.2 zeigt die verwendeten Texthälften (Teil 1 bzw. Teil 2) der Karten 3, 4 und 5 des Zürcher Lesetests.

Karte	Teil	Text
3	1	Schnell ging Fridolin, der kleine Dackel, den Weg zurück, den er gekommen war. Doch umsonst suchte er in allen Gassen und Strassen. Umsonst lief er den Bahnhof auf und ab. Es war kein Halsband zu sehen. „Vielleicht ist mir das Halsband abgefallen,
3	2	wie ich aus dem Zug gesprungen bin!", sagte er sich. Er ging den Weg zurück bis zum Wassergraben, in den er gekollert war, und kletterte den Bahndamm hinauf. Dann lief er den Schienen entlang, bis er wieder beim Bahnhof ankam. Aber nichts, gar nichts war zu finden.
4	1	Das Waldweiblein. Ein Mann ging in einem Walde spazieren. Da begegnete ihm ein altes runzeliges Waldweiblein, dessen Schiebkarren zerbrochen war. Es bat den Mann, ihr doch zu helfen, ihn wieder zu reparieren. Er machte sich an die Arbeit.
4	2	Während er sich mühte, steckte sie ihm dankbar und eifrig die herabfallenden Späne in die Tasche. Der Helfer warf das Zeug verächtlich heraus und verließ das Waldweiblein. Am andern Tage entdeckte er, dass sich die Späne, die er in seiner Tasche nicht beachtet hatte, in harte Goldtaler verwandelt hatten.
5	1	Flug über Afrika. Der Pilot zeigt uns im Tiefflug den Reichtum der afrikanischen Tierwelt in der ungeheuren Stromlandschaft. Wir entdecken einsame Nashörner im hohen Schilf; Flusspferde spielen mit ihren Jungen im Wasser. Elefanten fächeln aufgeregt mit Ohren und Schwänzen.
5	2	Fliehende Zebraherden stieben durch den Ufersand und sind erkennbar am schwarzweißen Muster ihrer Spur. Faule Krokodile liegen wie tot am Wasser; Affen kreischen empört auf ihren Bäumen. Kurzum, hier fliegt man über eine Wunderwelt, wie man sie nur in Afrika findet.

Tabelle 3.2: Verwendete Texthälften des Zürcher Lesetests

Insgesamt enthält die erste Texthälfte des ZLT 119 Wörter, die zweite Hälfte des ZLT umfasst 143 Wörter.

3.4   Datenerhebung

3.4.1   Erhebung soziodemografischer Daten

Von allen Kindern wurden folgende soziodemografische Daten erhoben:
- Geschlecht
- Alter in Monaten
- Schulklasse

- Schulart

Von der Variable Alter in Monaten wurden zudem Untergruppen gebildet.

3.4.2 Erhebung der hinreichenden Bedingungen für ein gestörtes Lesen

In der Diagnosephase wurden die in ihrer Ausprägung messbaren Einzelleistungen des Lesens

- Fähigkeit des Simultanerkennens/Größe des Aufmerksamkeitsfeldes
- benötigte Fixationszeit
- benötigte Abrufzeit

mithilfe des celeco-Programmpakets erhoben.

Des Weiteren wurden vermehrte Augenbewegungen, nämlich

- Blicksprünge nach rechts
- Regressionen

und sonstige Auffälligkeiten bei der tachistoskopischen Darbietung und beim Textlesen

- richtige Buchstabenfolge/falsche Lautfolge
- Erbuchstabieren
- Leises Vorsprechen – flüsterndes Zusammenschleifen – lautes Aussprechen

auf den Protokollbogen notiert.

3.4.3 Erhebung der Gesamtzahl der Lesefehler und der Gesamtlesedauer

Es wurde die Gesamtanzahl der Lesefehler und die Gesamtlesedauer in Sekunden für die gelesenen Texthälften der Karten 3-5 des ZLT erhoben. Jeder Fehler, auch ein korrigierter wurde als solcher gewertet und vermerkt.

3.5 Diagnosephase

3.5.1 Messung grundlegender Wahrnehmungsleistungen

In Kapitel 1.6.3 wurde dargestellt, welche Wahrnehmungsleistungen für das Lesen grundlegend sind. Alle Kinder, die in die vorliegende Studie einbezogen wurden, besuchten bereits die zweite oder eine höhere Schulklasse. Zu diesem Zeitpunkt sind grundlegende Wahrnehmungsleistungen nahezu in jedem Fall ausreichend ausgebildet. Die Messung dieser Wahrnehmungsleistungen soll der Vollständigkeit halber an dieser Stelle aufgeführt werden. Tabelle 3.3 zeigt einen Überblick über die einzelnen Schritte der Messung.

Eine Anleitung zur Bedienung der für die vorliegende Studie verwendeten Profi-Version des celeco-Programmpakets ist im Anhang zu finden.

	Wahrnehmungsleistungen	Messung mithilfe des Programms *Richtig lesen lernen*
1.	Fähigkeit zum Buchstabenunterscheiden	Tachistoskopische Darbietung zweier verschiedener Buchstaben: Der Proband gibt per Tastendruck bekannt, ob die Buchstaben gleich oder verschieden waren.
2.	Länge der notwendigen Darbietungszeit, um einen Einzelbuchstaben zu erkennen (sensorisches Intervall)	Tachistoskopische Darbietung einzelner Buchstaben für eine bestimmte voreingestellte Darbietungszeit (mindestens 100 ms, in der Regel mit 250 ms beginnen): Der Proband benennt den gesehenen Buchstaben oder schreibt ihn auf.
3.	Länge der notwendigen Phonemabrufzeit	Tachistoskopische Darbietung einzelner Buchstaben: Der Proband benennt den gesehenen Buchstaben. Das Programm misst mithilfe eines Mikrophons die Länge der Phonemabrufzeit.
4.	Länge der Zeit bis zur Identifikation von Buchstaben	In zufälliger Reihenfolge werden verschiedene Buchstaben nacheinander tachistoskopisch dargeboten. Der Proband soll eine Taste drücken, wenn der vorher vereinbarte Zielbuchstabe erscheint.
5.	Kontrolle der Fixation	Durch Fixation eines Punktes in der Mitte des Bildschirmes wird gewährleistet, dass der Proband auf den Ort des Bildschirmes schaut, wo der Zielreiz erscheinen wird.

Tabelle 3.3: Überblick über die Messung grundlegender Wahrnehmungsleistungen

3.5.1.1 Fähigkeit zum Buchstabenunterscheiden

Um diese Fähigkeit isoliert zu prüfen, muss ein Testverfahren gewählt werden, bei dem andere Leistungen, welche beim (lauten) Lesen mit einfließen (z. B. Phonemabrufzeit), nicht erforderlich sind, da sonst das Zusammenspiel der verschiedenen Leistungen und nicht die Fähigkeit zum Buchstabenunterscheiden isoliert gemessen würde.

Man bietet dem Probanden dazu tachistoskopisch kurz nacheinander jeweils zwei Buchstaben dar und der Proband soll durch Tastendruck bekannt geben, ob diese Buchstaben gleich oder verschieden waren. Der Tastendruck erfordert keinerlei verbale Reaktion und der Proband kann beliebig lange nachdenken, bevor er seine Antwort bekannt gibt. Üblicherweise werden bei dieser Messung von einem Buchstaben die große und die kleine Schreibweise dargeboten (z. B. *D* und *d*), um auszuschließen, dass ein Kind sich lediglich die grafische Form merken kann, ohne die Buchstaben zu kennen.

3.5.1.2 Länge der notwendigen Darbietungszeit (sensorisches Intervall)

Die Länge der Darbietungszeit, bei der Buchstaben sicher gesehen werden (sensorisches Intervall), lässt sich folgendermaßen messen: Dem Probanden werden einzelne Buchstaben für bestimmte voreingestellte Zeitintervalle dargeboten (begonnen wird in der Regel mit einer Darbietungszeit von 250 Millisekunden, welche in Schritten von 50 Millisekunden stückweise erhöht werden kann). Im Anschluss daran lässt man den Probanden den Buchstaben benennen. Falls er damit Schwierigkeiten hat, lässt man ihn diesen Buchstaben aufschreiben. Auf diese Weise kann man den Einfluss eines gestörten bzw. verlangsamten Phonemabrufs auf die Reproduktionsleistung eliminieren. Kann der Proband den Buchstaben dennoch nicht richtig wiedergeben, so muss die Darbietungszeit so lange verlängert werden, bis ein Buchstabe gesehen werden kann (Werth, 2003). Es ist dabei unerheblich, wie lange ein Proband zum Benennen oder Aufschreiben des Buchstabens braucht (da die im Folgenden erläuterten Erkennens- und Phonemabrufzeiten, die für das Aufschreiben und Benennen von Buchstaben notwendig sind, dem sensorischen Intervall nachgeschaltete Prozesse darstellen).

3.5.1.3 Länge der notwendigen Phonemabrufzeit

Um die Phonemabrufzeit für einzelne Buchstaben zu messen, bietet man dem Probanden wie im Test unter Kapitel 3.5.1.2 Buchstaben für eine Zeitdauer dar, in der er diese problemlos sehen und erkennen (und anschließend aufschreiben) konnte. Nun soll er die Buchstaben jedoch laut benennen. Durch Einschalten der Rekorderfunktion im Programm kann die Dauer vom Beginn der Darbietung bis zum Beginn der Aussprache des Buchstabens aufgezeichnet werden. Die für korrekt ausgesprochene Buchstaben benötigte Zeit wird als ‚Phonemabrufzeit' des Probanden für einzelne Buchstaben bezeichnet.

3.5.1.4 Länge der Zeit bis zur Identifikation von Buchstaben

Die reine Erkennenszeit, die verständlicherweise irgendwo zwischen dem sensorischen Intervall und der Phonemabrufzeit liegen muss, lässt sich schwer messen, da es unmöglich erscheint, das Ende des Erkennensprozesses zu messen, ohne dass der Proband eine motorische Reaktion zeigt (welche für sich genommen zudem ebenfalls Zeit benötigt, die vom Erkennensprozess abgezogen werden müsste). Es lässt sich jedoch die Zeit vom Beginn der Darbietung eines Buchstabens bis zu einer nonverbalen Reaktion des Probanden (Tastendruck) messen, das heißt die Zeit, in der ein Buchstabe erkannt wurde, ohne dass die dazugehörige Lautfolge aus dem Gedächtnis abgerufen werden muss.

Zu diesem Zweck wird dem Probanden angekündigt, dass auf dem Bildschirm entweder ein ganz bestimmter Buchstabe, z. B. ein *b* erscheinen wird oder anstatt dessen irgendein anderer Buchstabe des Alphabets. Im Anschluss werden in zufälliger Reihenfolge der Zielbuchstabe *b* und andere

Buchstaben für eine voreingestellte Zeitdauer (z. B. 250 Millisekunden) dar geboten. Es ist hierbei ebenfalls erforderlich, dass der Zielbuchstabe in verschiedenen Schreibweisen bzw. als Großform und Kleinform (also z. B. b, B, *b, B*) zufällig in der Reihe der dargebotenen Buchstaben auftaucht, um auszuschließen, dass der Proband sich lediglich die grafische Gestalt eingeprägt hat, ohne den Buchstaben tatsächlich zu kennen.

Der Proband soll nach Darbietung des Buchstabens so rasch wie möglich eine bestimmte Taste drücken, wenn er glaubt, den gesuchten Zielbuchstaben erkannt zu haben und eine zweite, falls er glaubt, dass ein anderer Buchstabe dargeboten wurde. Die Zeit vom Beginn der Darbietung bis zum Tastendruck wird vom Programm aufgezeichnet. Wenn ein Buchstabe auf diese Weise unter sieben anderen Buchstaben dreimal nacheinander richtig erkannt wurde, kann man davon ausgehen, dass der Proband diesen Buchstaben in der gemessenen Zeit richtig erkennen kann (Werth, 2003). Es kommt, wie bereits erläutert, häufig vor, dass ganz bestimmte Buchstaben von Kindern immer wieder falsch erkannt bzw. verwechselt werden, z. B. *b, d, q, p, g, m, n, w, a, e*. Mit dem geschilderten Test kann festgestellt werden, ob die Erkennenszeit für diese Buchstaben im Vergleich zu anderen Buchstaben des Alphabets verlängert ist.

3.5.1.5 Kontrolle der Fixation

Um sicherzustellen, dass der Proband auch tatsächlich den Ort auf dem Bildschirm fixiert, an dem der Zielbuchstabe oder das Zielwort erscheinen wird, wird dem Probanden vor Beginn der Darbietung des Zielreizes ein Fixationspunkt (ein grünes Viereck) in der Mitte des Bildschirmes gezeigt, auf den er schauen soll. Korrektes Fixieren wird mithilfe einer Kamera, die unmittelbar über dem Bildschirm installiert ist, überprüft. Fixiert der Proband angemessen, wird mithilfe eines Tastendrucks das Verschwinden des Fixationspunktes ausgelöst und es erscheint an derselben Stelle der Zielreiz (Buchstabe oder Wort). Auf diese Weise werden unkontrollierte Augenbewegungen während der Untersuchung eliminiert.

3.5.2 Messung der verminderten Einzelleistungen, die hinreichende Bedingungen für ein gestörtes Lesen sein können

Trotz der Kenntnisse der Buchstaben des deutschen Alphabets und der entsprechenden Lautzuordnung war die Lesefähigkeit der Kinder der vorliegenden Studie eingeschränkt. Es soll im Folgenden erläutert werden, wie die verminderten Einzelleistungen, die hinreichende Bedingungen für ein gestörtes Lesen sein können, im Einzelnen gemessen bzw. geprüft wurden. Dazu wurden zum einen Wortlisten aus jeweils 20 Pseudowörtern einer bestimmten Buchstabenanzahl für eine bestimmte Darbietungszeit dargeboten. Als Kriterium dafür, ob Pseudowörter vom Kind sicher und richtig erkannt bzw. benannt wurden, wurde eine Fehlerrate von maximal 5 % angesetzt. Zum anderen mussten die Kinder Textteile, die auf dem Bildschirm dargeboten wurden, laut lesen. Um den Einfluss abweichender Augenbewegungen auf das Lesen zu kontrollieren, wurden bei Bedarf Abschnitte links und rechts vom zu lesenden Wort ausgeblendet.

Tabelle 3.4 zeigt im Überblick die einzelnen Schritte der Messung und Prüfung von Einzelleistungen des Leseprozesses, welche bei Einschränkungen dieser oder durch mangelhafte Abstimmung zwischen diesen zu hinreichenden Bedingungen für ein gestörtes Lesen werden können. Im Anhang findet sich eine Anleitung zur Bedienung des Programmpakets im Einzelnen.

	Einzelleistungen des Leseprozesses	Messung und Prüfung mithilfe des Programms *Richtig lesen lernen*
1.	Fähigkeit des Simultan-erkennens mehrerer Buchstaben bzw. Größe des Aufmerk-samkeitsfeldes	Tachistoskopische Darbietung von Pseudowörtern einer bestimmten Länge (z. B. mit 4 Buchstaben beginnen) für eine ausreichend lange Darbietungszeit. Das Kind soll das Pseudowort benennen oder aufschreiben. Bei falscher Antwort wird die Länge der Pseudowörter so lange reduziert, bis 19 von 20 Wörtern richtig erkannt wurden (Fehlerrate maximal 5 %).
2.	Benötigte Fixationszeit	Tachistoskopische Darbietung von Pseudowörtern einer bestimmten Länge für eine bestimmte Darbietungszeit (z. B. mit 250 Millisekunden beginnen). Das Kind soll das Pseudowort benennen, buchstabieren oder aufschreiben. Bei falscher Antwort wird die Länge der Darbietungszeit in Schritten von 50 bis 100 Millisekunden vergrößert, bis 19 von 20 Wörtern richtig erkannt wur-den (Fehlerrate maximal 5 %).
3.	Benötigte Abrufzeit für Lautfolgen	Tachistoskopische Darbietung von Pseudowörtern einer bestimmten Länge für eine bestimmte Darbietungszeit (z. B. mit 250 Millisekunden beginnen). Das Kind soll das Pseudowort benennen. Das Programm zeichnet die Zeit vom Beginn der Darbietung bis zum Beginn der Aussprache (Abrufzeit) auf.
4.	Blicksprünge nach rechts angemessen?	Das Kind liest einen Text aus dem Programm. Dabei werden die Wortteile farbig markiert, die das Kind fixieren und laut aussprechen soll. Der Text rechts vom farbig markierten Wortsegment wird ganz oder teilweise ausge-blendet. Es wird geprüft, ob sich die Fehlerrate dadurch deutlich senkt.
5.	Regressionen angemes-sen?	Das Kind liest einen Text aus dem Programm. Dabei werden die Wortteile farbig markiert, die das Kind fixieren und laut aussprechen soll. Der Text links vom farbig markierten Wortsegment wird ganz oder teilweise ausge-blendet. Es wird geprüft, ob sich die Fehlerrate dadurch deutlich senkt.

Tabelle 3.4: Überblick über die einzelnen Schritte zur Messung und Prüfung von Einzelleistungen, die bei Verminderung oder Fehlabstimmung untereinander zu hinreichenden Bedingungen für ein gestörtes Lesen werden können

3.5.2.1 Fähigkeit des Simultanerkennens bzw. Größe des Aufmerksamkeitsfeldes

Die Fähigkeit des Simultanerkennens von mehreren Buchstaben und die Größe des Aufmerksamkeitsfeldes stellen zwei miteinander eng verkoppelte Fähigkeiten dar.

Man kann diese Fähigkeiten auf zweierlei Weise messen. Messung 1 zeigt, wie die Untersuchung mithilfe des celeco-Programmpakets vorgenommen wurde. Messung 2 soll v. a. den Unterschied zwischen den beiden Fähigkeiten verdeutlichen.

Messung 1: Dem Kind wurden mithilfe des Programmpakets Pseudowörter einer bestimmten Länge (Buchstabenanzahl) tachistoskopisch (d. h. kurzzeitig zwischen 100 und 450 Millisekunden, zunächst standardmäßig 250 Millisekunden lang) dargeboten.

Die Darbietungszeit lag bei maximal 450 Millisekunden, da das simultane Erkennen mehrerer Buchstaben in der vorgegebenen Zeit ohne die Möglichkeit, einen Blicksprung innerhalb des Wortes auszuführen, gemessen werden sollte (bei Kindern unter 14 Jahren könnte ein solcher Blicksprung innerhalb eines Wortes in Abhängigkeit vom Textmaterial ab ca. 500 Millisekunden auftreten (Werth, 2003)).

Das Kind wurde aufgefordert, das dargebotene Wort im Anschluss laut zu sagen bzw. zu buchstabieren oder aufzuschreiben. Letztere beide Varianten v. a. dann, wenn eine unkorrekte Lautfolge produziert wurde. Erfolgte das korrekte Buchstabieren oder Aufschreiben des Wortes, so wurden (auch bei unkorrekt produzierter Lautfolge) alle Buchstaben richtig erkannt und man konnte davon ausgehen, dass das Kind mindestens diese Anzahl von Buchstaben simultan erkennen kann. Wurde das Wort weder korrekt benannt noch korrekt buchstabiert oder aufgeschrieben, musste man in der Regel davon ausgehen, dass das Kind das Wort in der vorgegebenen Zeit nicht vollständig erkannt hat.

Wurde ausgeschlossen, dass das Kind über mangelnde Buchstabenkenntnis verfügt, konnte man die Schlussfolgerung ziehen, dass ein fehlerhaftes Wiedergeben der Buchstabenfolge aus einer eingeschränkten Fähigkeit des Simultanerkennens bzw. aus einem eingeschränkten Aufmerksamkeitsfeld resultiert.

Messung 2: Das Kind sollte einen Punkt bzw. einen Buchstaben in der Mitte des Bildschirmes eines PCs fixieren. Nun bot man simultan für eine kurze Dauer (z. B. 250 Millisekunden lang) Buchstaben links und rechts vom Fixationspunkt auf einer (gedachten) horizontalen Linie dar und zwar in unterschiedlicher Entfernung vom Fixationspunkt aus bis zur Peripherie des Gesichtsfeldes. Verfügt das Kind sowohl über eine gut ausgeprägte Fähigkeit zum simultanen Erkennen mehrerer Buchstaben als auch über ein großes

Aufmerksamkeitsfeld, so konnte es zum einen eine große Anzahl von Buchstaben links und rechts vom Fixationspunkt erkennen (Fähigkeit des Simultanerkennens). Zum anderen konnte es sowohl Buchstaben direkt neben dem Fixationspunkt sowie solche, die in der Peripherie dargeboten wurden, erkennen (Aufmerksamkeitsfeld).

Liegen alle erkannten Buchstaben nahe dem Fixationspunkt, so spricht dies für ein eingeschränktes Aufmerksamkeitsfeld bei möglicherweise normaler Fähigkeit des simultanen Erkennens von Buchstaben. Erkannte das Kind jedoch sowohl Buchstaben nahe des Fixationspunktes als auch in der Peripherie, beläuft sich die Anzahl der simultan erkannten Buchstaben jedoch nur auf einige wenige, so ist bei gut ausgeprägtem Aufmerksamkeitsfeld die Fähigkeit des simultanen Erkennens eingeschränkt. War ein Kind also in der Lage, nur Wörter einer Länge von nicht mehr als vier Buchstaben zu erkennen, so konnte dies entweder daran liegen, dass seine Fähigkeit des simultanen Erkennens mehrerer Buchstaben oder die Größe seines Aufmerksamkeitsfeldes oder beide eingeschränkt sind.

3.5.2.2 Fixationszeit

Die Fixationszeit wurde mithilfe des Programms gemessen, indem ein Pseudowort einer bestimmten Länge (z. B. vier Buchstaben) für eine bestimmte Darbietungszeit (es wurde meist standardmäßig mit 250 Millisekunden begonnen) dargeboten wurde. War das Kind in der Lage, diese Buchstabenfolge richtig wiederzugeben, wurde die Fixationszeit für ausreichend erachtet. Konnte das Kind die Buchstabenfolge nicht korrekt wiedergeben (als zusammenhängende Lautfolge oder buchstabierend), so wurde die Darbietungsdauer in Schritten von 50 bis 100 Millisekunden erhöht. Dabei musste darauf geachtet werden, dass eine Buchstabenfolge nur so lange dargeboten werden darf, dass nicht innerhalb dieser ein Blicksprung durchgeführt wird. War das Kind auch nicht in der Lage, die gezeigte Buchstabenfolge bei einer Darbietungszeit von 450 Millisekunden wiederzugeben, musste man davon ausgehen, dass eine nicht eingehaltene benötigte längere Fixationszeit nicht hinreichende Bedingung für seine Lesestörung ist, sondern andere hinreichende Bedingungen dafür gesucht werden müssen (z. B. der Versuch, größere Segmente auf einmal zu erkennen bei einer im Verhältnis dazu eingeschränkten Fähigkeit des Simultanerkennens).

3.5.2.3 Abrufzeit für Lautfolgen

Ein Pseudowort einer bestimmten Länge (z. B. vier Buchstaben) wurde für eine bestimmte Zeitdauer (z. B. 250 Millisekunden lang) tachistoskopisch auf dem Bildschirm dargeboten. Die Zeit vom Beginn der Darbietung bis zum Beginn der (korrekten) Aussprache der Lautfolge wurde mit dem Programm aufgezeichnet. Diese Zeit entspricht der Abrufzeit für Lautfolgen. Erfolgte nach Darbietung einer Buchstabenfolge die Produktion einer korrekten Lautfolge, wenn auch nicht prompt (sondern beispielsweise nach einer Latenzzeit von 800 Millisekunden oder mehr), so erhielt man mit dem Zeitintervall zwischen Beginn der Darbietung und Beginn der Aussprache die benötigte (verlängerte) Abrufzeit.

Bei Messung der grundlegenden Parameter (Größe des Aufmerksamkeitsfeldes/Simultanerkennen, Länge der benötigten Fixationszeit, Länge der benötigten Abrufzeit) konnte es vorkommen, dass ein Kind nach Darbietung eines Pseudowortes dieses Wort falsch benannt hat. Nun konnte dies daran liegen, dass das Wort entweder zu lang war (Fähigkeit des Simultanerkennens) oder zu kurz dargeboten wurde (Fixationszeit), um von dem Kind sicher erkannt zu werden. Um wirklich sicher zu sein, ob das Kind das Wort tatsächlich nicht erkannt hat oder ob es lediglich seine individuell benötigte Abrufzeit (unbewusst) nicht eingehalten hat, wurde das Kind gebeten, das eben dargebotene Wort trotz falscher Benennung noch einmal zu buchstabieren.

Richtige Buchstabenfolge, falsche Lautfolge

Kam es häufiger vor (in mindestens 10 % der Wörter einer Wortliste, das heißt bei zwei von 20 Wörtern), dass ein Kind ein Wort richtig buchstabieren, jedoch nicht die korrekte Lautfolge dazu produzieren konnte, wurde dies auf dem Diagnoseprotokoll vermerkt.

3.5.2.4   Blicksprünge nach rechts

Ein Blicksprung nach rechts kann generell immer dann als zu groß bezeichnet werden, wenn er größer ist, als Buchstaben simultan erkannt werden können.

Fiel auf, dass ein Kind trotz Einhaltung der bisher gemessenen Parameter (Größe des Aufmerksamkeitsfeldes, Anzahl der simultan erkennbaren Buchstaben, Fixationszeit, Phonemabrufzeit) beim Lesen eines Textes Lesefehler produzierte, welche gekennzeichnet waren durch „Überspringen" von Wortteilen oder ganzen kleinen Wörtern, wurde der Verdacht auf zu große Blicksprünge zusätzlich geprüft. Im Programm wurde dazu mithilfe der Funktion „zu frühen Blicksprung verhindern" der Text rechts vom gerade zu lesenden Wort oder Wortsegment ausgeblendet. Das Kind las nun zwangsläufig fehlerfrei, da es lediglich einen Blicksprung zu dem unmittelbar nach einem gelesenen Wortsegment auftauchenden Segment ausführen konnte. Schaltete man den Text anschließend wieder zu und das Kind produzierte daraufhin sofort wieder Lesefehler, wurde davon ausgegangen, dass dieses Kind zu große Blicksprünge beim Lesen ausführte, welche in engem Zusammenhang mit anderen hinreichenden Bedingungen (z. B. eingeschränktes Aufmerksamkeitsfeld, nicht eingehaltene benötigte verlängerte Fixationszeit) stehen und das Lesen zusätzlich beeinträchtigen können. Diese zusätzliche Beobachtung wurde auf dem Protokollbogen vermerkt.

3.5.2.5   Regressionen

Wurde beobachtet, dass ein Kind beim Lesen eines Textes immer wieder zu bereits gelesenen Wörtern und Wortteilen zurückschaute bzw. diese Wörter mehrfach wiederholte, wurde angenommen, dass dieses Kind vermehrt Regressionen ausführt. Im Programm wurde mit der Funktion „Regressionen verhindern" der Text links vom zu lesenden Wortsegment ausgeblendet. Für das Kind ergab sich nun kein Anlass mehr, eine Augenbewegung nach links zu vollführen. Es war gezwungen, sich das aktuell dargebotene Wort oder Wortsegment genau anzusehen und sich gegebenenfalls genügend Zeit zum Aussprechen zu nehmen. Auf diese Weise erkannte das Kind das dargebotene Wort sicher, sprach es korrekt aus und konnte sich auf das nachfolgende Wort konzentrieren, ohne noch einmal zurückschauen zu müssen. Wurde der Text wieder zugeschaltet, konnte beobachtet werden, dass das Kind mittelfristig erneut Regressionen ausführte und bereits Gelesenes wiederholte. Diese Beobachtung wurde auf dem Protokollbogen vermerkt.

3.5.2.6   Sonstige Auffälligkeiten während des Lesens

Erbuchstabieren von Wörtern

Wurde bei einem Kind der Stichprobe beobachtet, dass es zwar in der Lage war, zu erkannten Buchstaben entsprechende Laute zuzuordnen, diese jedoch nicht in jedem Fall zu einer Lautfolge zusammenschleifen konnte, wurde diese Beobachtung vermerkt. Als Kriterium galt, wenn das Kind entweder beim Textlesen mindestens zwei Wörter erbuchstabierte bzw. wenn mindestens 10 % (zwei von 20 Wörtern) der tachistoskopisch dargebotenen Wörter einer Wortliste erbuchstabiert wurden.

Leises Vorsprechen der Wörter in Segmenten

Wenn ein Kind sich bei längeren Wörtern diese mehrfach im Gedächtnis in kleine Segmente aufteilte (wobei die Fixation des dargebotenen Wortes konstant blieb) und diese Segmente sukzessive flüsternd wiedergab, um schlussendlich das gesamte Wort laut zu sagen, wurde diese Beobachtung ebenfalls auf dem Protokollbogen vermerkt, wenn mindestens zwei Wörter beim Textlesen auf diese Weise ,erlesen' wurden.

3.5.2.7   Beeinträchtigtes Kurzzeitgedächtnis

In der vorliegenden Untersuchung war kein Kind zu finden, das Pseudowörter einer Länge von mindestens drei Buchstaben, die maximal 450 Millisekunden dargeboten wurden, nicht zumindest schriftlich wiedergeben konnte.

3.5.3   Beispiel für den Ablauf der Diagnosephase

An dieser Stelle soll beispielhaft dargestellt werden, wie eine Diagnosephase in der vorliegenden Untersuchung ablief. Zunächst las das Kind einen Teil aus dem Zürcher Lesetest (ZLT) laut vor, damit die Untersucherin einen groben Eindruck davon bekam, wie gravierend die Leseleistung des Kindes eingeschränkt war.

Das betreffende Kind las nun beispielsweise diesen Text teilweise relativ flüssig, teilweise stockend mit zahlreichen Fehlern, wobei es häufig Endungen „überlas". Für längere oder schwierige Wörter („Stromlandschaft") brauchte es mehrere Anläufe, versuchte mehrfach erfolglos, das gesamte Wort zu lesen.

Die Diagnosephase begann mit der Darbietung von Pseudowörtern einer Länge von vier Buchstaben bei einer Darbietungszeit von 250 Millisekunden. Von 20 Pseudowörtern wurden von dem Kind sechs Wörter, also 30 % falsch benannt und falsch buchstabiert.

Die Fixationszeit wurde dann auf 400 Millisekunden verlängert. Die Fehlerrate sank auf 15 %. Es konnte eine benötigte verlängerte Fixationszeit vermutet werden. Eine weitere Verlängerung der Darbietungszeit auf über 450 Millisekunden wurde als nicht sinnvoll erachtet, da Blicksprünge innerhalb eines Wortes nun möglich gewesen wären.

Da die Fehlerquote zwar gesunken war, jedoch über 5 % lag, wurde die Anzahl der Buchstaben der Pseudowörter auf drei verringert. Die Fehlerquote sank auf 0 %. Nun vermutete die Untersucherin eine eingeschränkte Fähigkeit des Simultanerkennens bzw. ein eingeschränktes Aufmerksamkeitsfeld. Um festzustellen, ob nun tatsächlich Einschränkungen der Fähigkeit zum Simultanerkennen bzw. der Aufmerksamkeitsspanne *und* eine verlängerte Fixationszeit, die nicht eingehalten wurde, hinreichende Bedingungen für die Lesestörung sind, wurden wechselseitig wieder Pseudowörter einer Länge von mehr als drei Buchstaben bei 400 Millisekunden und Pseudowörter einer Länge von drei Buchstaben bei 250 Millisekunden dargeboten. Die Fehlerrate stieg bei beiden Durchgängen wieder an und sank nur auf unter 5 %, wenn wirklich beide Voraussetzungen (3 Buchstaben, 400 Millisekunden) erfüllt waren.

Parallel dazu wurde stets die Zeit vom Beginn der Darbietung bis zum Beginn der Aussprache des Wortes vom Programm aufgezeichnet.

Bei Betrachtung der Einzelzeiten fielen bei dem Kind schließlich Abrufzeiten von 1500 Millisekunden auf, wenn das Kind das Wort richtig benannt hatte. Bei falsch benannten Wörtern lagen diese Zeiten teilweise darunter, teilweise entsprachen sie denen der richtig erkannten Wörter. Antwortete das Kind zu schnell, entstanden also Fehler. Nun musste wieder im Einzelnen untersucht werden, ob eine Verlängerung der Abrufzeit (markiert durch Erklingen eines Tonsignals, vor dem das Kind nicht sprechen durfte) allein oder mehrere Bedingungen zusammen verantwortlich für die Fehler waren. Bat man das Kind also, sofort zu sprechen, nachdem es das Wort erkannt hatte, machte es plötzlich zahlreiche Fehler. Forderte man das Kind hingegen auf, sich so viel

Zeit zum Aussprechen des Wortes zu nehmen, wie es intuitiv benötigt, sank die Fehlerzahl auf unter 5 %.

Wurden alle gefundenen hinreichenden Bedingungen ausgeschaltet und das Kind erkannte und benannte alle Wörter korrekt und traten bei nacheinander folgender Zuschaltung einzelner Bedingungen wieder ansteigend Fehler auf, so konnte man davon ausgehen, alle eingeschränkten Einzelleistungen, die hinreichende Bedingungen für eine Lesestörung sind, bei diesem Kind gefunden zu haben.

3.6 Therapiephase

In der vorliegenden Studie wurde Kindern mit Lesestörungen zunächst eine auf ihre Lesestörung abgestimmte kompensatorische Lesestrategie vermittelt (Weg 2). Je nachdem, welcher Versuchsgruppe das Kind zugeteilt worden war, erfolgte diese Therapiephase entweder direkt nach der Diagnosephase (Experimentalgruppe) oder nachdem das Kind beide Hälften des Lesetests ohne Therapie gelesen hatte (Vergleichsgruppe) (siehe Kapitel 3.3 Studiendesign). Am Ende der Diagnose- und Therapie-Sitzung, nach Beendigung aller Messungen und Lesetests wurde den Eltern/dem Lehrer und dem Kind zusätzlich das Training der verminderten Einzelleistungen erläutert (Weg 1). Im Folgenden wird zuerst dargestellt, auf welche Art und Weise den Kindern der Studie die kompensatorische Lesestrategie vermittelt wurde. Anschließend erfolgt die Schilderung der Vermittlung des Trainings der eingeschränkten Fähigkeiten. Für das häusliche Üben der kompensatorischen Strategie einerseits und das Training der Einzelleistungen andererseits ist die als Eltern- und Lehrerversion erhältliche Ausgabe (Start-Set) des celeco-Programmpakets notwendig.

3.6.1 Vermittlung einer kompensatorischen Lesestrategie und selbständiges Übertragen (Weg 2)

Tabelle 3.5 zeigt im Überblick, wie – mithilfe des celeco-Programmpakets – die in Kapitel 3.5 aufgeführten verminderten Einzelleistungen (die dann zu hinreichenden Bedingungen für ein gestörtes Lesen wurden, wenn versucht wurde, eine größere Leistung zu erbringen) kompensatorisch umgangen wurden (Weg 2). Im Anhang findet sich eine Anleitung zur genauen Durchführung der kompensatorischen Therapie mithilfe des celeco-Programmpakets.

Verminderte Einzelleistungen, die hinreichende Bedingungen für die Entstehung einer Lesestörung waren	Beispiel	Training
1. Eingeschränkte Fähigkeit des Simultanerkennens mehrerer Buchstaben bzw. eingeschränktes Aufmerksamkeitsfeld	Kind kann nur Wörter einer Länge von 3 Buchstaben simultan erkennen	Text aus Programm auswählen. Segmentierung auf 3 Buchstaben einstellen. Gegebenenfalls zusätzlich den Text links und rechts vom zu lesenden Wort ausblenden. Nachdem ca. eine halbe Seite auf diese Weise fehlerfrei gelesen wurde, soll das Kind nun selbst versuchen, sich die Wörter des übrigen Textes in Segmente einer Länge von 3 Buchstaben einzuteilen. Tut es dies nicht, sondern versucht es beispielsweise, längere Segmente simultan zu erkennen, schaltet der Therapeut (bzw. Mutter/Vater) die Segmentierhilfe wieder zu.
2. Verlängerte benötigte Fixationszeit	Kind kann Wörter einer bestimmten Länge nur bei einer Fixationszeit von 450 ms erkennen	Dem Kind wird zunächst der Unterschied verschiedener Darbietungszeit-Längen demonstriert, indem man ihm einzelne Wörter zuerst 250 ms und danach 450 ms lang darbietet. Danach: Text aus Programm auswählen und entsprechende Segmentierung einstellen. Das Kind wird aufgefordert, sich farbig markierte Wörter oder Segmente länger anzuschauen (ca. 450 ms), bevor es sie laut ausspricht. Tut es dies nicht, kann man den Text rechts vom zu lesenden Wort ausblenden. Wurde der Text auf diese Weise fehlerfrei gelesen, kann er wieder zugeschaltet werden. Das Kind soll nun selbständig den Text rechts vom zu lesenden Wort (-segment) ignorieren und die Segmente länger fixieren.
3. Verlängerte benötigte Abrufzeit	Kind benötigt zum korrekten Aussprechen von Wörtern einer bestimmten Länge eine Abrufzeit von 1,5 s	Text aus Programm wählen. „Verzögertes Aussprechen" auf 1,5 Sekunden einstellen. Das Kind soll üben, sich bis zum Aussprechen des farbig markierten Wortes oder Wortsegments mindestens so viel Zeit zu lassen, bis das Signal ertönt. Nachdem eine halbe Textseite auf diese Weise fehlerfrei gelesen wurde, soll das Kind nun üben, ohne dass ein Signal ertönt,

			länger zu warten, bis es mit der Aussprache des gesehenen Wortsegments beginnt. Tut es dies nicht, wird das Signal wieder zugeschaltet.
4.	Zu große Blicksprünge nach rechts	Kind fixiert 4 Buchstaben eines Wortes einer Länge von 7 Buchstaben, spricht Lautfolge zu diesen 4 Buchstaben und führt danach Blicksprung zum nächsten Wort aus	Text aus Programm wählen. Text rechts vom zu lesenden Segment ganz ausblenden. Wurde auf diese Weise etwa eine halbe Seite des Textes fehlerfrei gelesen, kann der Kontrast des Textes in 5 %-Schritten hochgestellt werden. Das Kind soll versuchen, den Text rechts vom markierten Wort zu ignorieren.
5.	Übermäßige Regressionen	Kind kehrt mit seinen Augen zu bereits vorher fixierten Buchstabenfolgen zurück	Text aus Programm wählen. Text links vom zu lesenden Segment ganz ausblenden. Wurde auf diese Weise etwa eine halbe Seite des Textes fehlerfrei gelesen, kann der Kontrast des Textes in 5 %-Schritten hochgestellt werden. Das Kind soll versuchen, den Text links vom markierten Wort zu ignorieren.

Tabelle 3.5: Kompensatorische Therapie: Umgehen verminderter Einzelleistungen, die hinreichende Bedingungen für eine Lesestörung waren

Hatte sich innerhalb der Diagnosephase gezeigt, dass das Kind nur etwa drei Buchstaben simultan erkennen kann, wurde ein Text aus dem PC-Programm in der Art und Weise verändert, dass jeweils nur Segmente von maximal drei Buchstaben farbig markiert wurden. Das Kind wurde aufgefordert, nur farbig markierte Segmente laut vorzulesen. Der Text rechts und links von der farbigen Markierung sollte ignoriert werden.

Benötigte ein Kind eine längere Fixationszeit von beispielsweise 450 Millisekunden, so wurde das Kind aufgefordert, die farbig markierten Textsegmente so lange zu fixieren, bis es sich sicher war, das gesamte Segment vollständig erkannt zu haben.

Benötigte ein Kind eine längere Abrufzeit, z. B. mindestens 1,5 Sekunden, so wurde im PC-Programm zusätzlich ein „Verzögertes Aussprechen" von 1,5 Sekunden eingestellt. Die farbige Markierung sprang also auf ein Textsegment, 1,5 Sekunden später erfolgte ein Tonsignal. Erst nach diesem Tonsignal sollte das Kind sprechen, d. h. laut das farbig markierte Segment vorlesen.

Wurde beobachtet, dass das Kind beim Lesen zu große Blicksprünge nach rechts ausführte, so wurde mit einer Zusatzfunktion des Programms der Text rechts vom zu lesenden Segment ganz oder teilweise ausgeblendet. Auf diese Weise konnte das Kind zwar eine Augenbewegung zu weit nach rechts ausführen, an dieser Stelle fand es jedoch keinen Text vor. Dem Kind wurde so demonstriert, dass es kleine Blickbewegungen durchführen muss und sich nur auf die farbig markierten Segmente konzentrieren soll.

Führte das Kind hingegen vermehrt Blickbewegungen nach links aus (Regressionen), so wurde der Text links vom zu lesenden Textsegment ganz oder teilweise ausgeblendet. Das Kind konnte zwar noch nach links zurückschauen, fand an dieser Stelle jedoch keine Information mehr vor. Es lernte auf diese Weise, aktuell zu lesende Segmente genau anzuschauen, so dass es gar nicht mehr nötig war, zurückzuschauen, um sich zu korrigieren.

3.6.2 Trainieren eingeschränkter Fähigkeiten des Leseprozesses (Weg 1)

Tabelle 3.6 zeigt im Überblick, wie – mithilfe des celeco-Programmpaktes – die in Kapitel 3.5 aufgeführten verminderten Einzelleistungen, die hinreichende Bedingungen für ein gestörtes Lesen darstellen, sukzessive trainiert werden können (Weg 1). Am Ende der Sitzung wurden sowohl die Eltern/Lehrer des betroffenen Kindes als auch das Kind selbst entsprechend instruiert und geschult. Einige zum Lesen notwendige Fähigkeiten müssen zwangsläufig immer zunächst trainiert und können nicht kompensiert werden. Dazu gehört das Zusammenschleifen von Einzellauten zu einer Lautfolge. Im Anhang findet man eine Anleitung zur genauen Durchführung des Trainings verminderter Einzelleistungen mithilfe des celeco-Programmpakets.

Verminderte Einzelleistungen, die hinreichende Bedingungen für eine Lesestörung waren	Beispiel	Training
1. Eingeschränkte Fähigkeit des Simultanerkennens mehrerer Buchstaben bzw. eingeschränktes Aufmerksamkeitsfeld	Kind kann nur Wörter einer Länge von 3 Buchstaben simultan erkennen	Tachistoskopische Darbietung von Wörtern einer Länge von zunächst 4 Buchstaben, solange bis 95 % sicher erkannt wurden, danach einer Länge von 5 Buchstaben ...
2. Verlängerte benötigte Fixationszeit	Kind kann Wörter einer bestimmten Länge nur bei einer Fixationszeit von 450 ms erkennen	Tachistoskopische Darbietung bei Darbietungszeiten von zunächst 400 ms, solange bis 95 % sicher erkannt wurden, danach von 350 ms ...

3.	Verlängerte benötigte Abrufzeit	Kind benötigt zum korrekten Aussprechen von Wörtern einer bestimmten Länge 1,5 s Abrufzeit	Text aus Programm auswählen. „Verzögertes Aussprechen" auf 1,2 Sekunden einstellen. Das Kind soll direkt nach Ertönen des Signals die entsprechende Lautfolge laut aussprechen. Sukzessive kann diese Zeit in Abständen von 0,2 Sekunden reduziert werden.
4.	Zu große Blicksprünge nach rechts	Kind fixiert 4 Buchstaben eines Wortes einer Länge von 7 Buchstaben, spricht Lautfolge zu diesen 4 Buchstaben und führt danach Blicksprung zum nächsten Wort durch	Text aus Programm auswählen. Text rechts vom zu lesenden Segment zunächst ganz (0 %) ausblenden, in 5 %-Schritten sukzessive wieder einblenden.
5.	Übermäßige Regressionen	Kind kehrt mit seinen Augen zu bereits vorher fixierten Buchstabenfolgen zurück	Text aus Programm auswählen. Text links vom zu lesenden Segment zunächst ganz (0 %) ausblenden, in 5 %-Schritten sukzessive wieder einblenden.
6.	Sonstige Auffälligkeiten während des Lesens:		
	Erbuchstabieren eines Wortes	Kind ist nicht in der Lage, mehrere Buchstaben als eine zusammenhängende Lautfolge laut auszusprechen. Es spricht nacheinander die einzelnen Buchstaben des Wortes.	Dem Kind werden zunächst Wörter einer Länge von 2 Buchstaben kurzzeitig dargeboten (entsprechend der Länge seiner Fixationszeit). Es soll versuchen, diese als ganzes Wort laut auszusprechen. Kann es dies nicht, wird das Wort vom Therapeuten laut vorgesprochen, das Kind soll dies nachsprechen, nachdem ihm das Wort erneut dargeboten wurde. Nachdem 95 % der Wörter richtig zusammengeschliffen gesprochen wurden, weiterüben mit Wörtern einer Länge von 3 Buchstaben ...
	Leises Vorsprechen	Kind kann Wörter einer Länge von 3 Buchstaben simultan erkennen. Bei einem Wort einer Länge von 9 Buchstaben setzt es	Das Kind soll lernen, sich Wörter von mehr als 3 Buchstaben in kleine Segmente einzuteilen, ein Segment zu fixieren, dieses laut auszusprechen, anschließend das nächste Wortsegment aus maximal 3 Buchstaben zu fixieren, laut

		sich dies flüsternd aus einzelnen Wortsegmenten zusammen, versucht sich die Segmente flüsternd zu merken und spricht diese am Ende laut als Gesamtwort aus.	auszusprechen usw.. Bereits ausgesprochene Wortteile soll es nicht weitere Male wiederholen. Damit soll verhindert werden, dass das Kind versucht, sich längere Wörter als Ganzes zu merken und ständig zu bereits gelesenen Wortsegmenten zurückzuschauen.

Tabelle 3.6: Training verminderter Einzelleistungen

Wurde festgestellt, dass das Kind nur drei Buchstaben simultan erkennen kann, so wurden die Eltern/Lehrer instruiert, dem Kind Pseudowörter einer Länge von vier Buchstaben tachistoskopisch darzubieten. Das Kind soll nun üben, vier Buchstaben simultan zu erkennen. Ist es in der Lage, von 20 Pseudowörtern 19 richtig (95 %) zu erkennen, so können nun Listen mit Pseudowörtern einer Länge von fünf Buchstaben geübt werden.

Konnte das Kind während der Diagnosephase nur Wörter erkennen, wenn sie mindestens 450 Millisekunden lang dargeboten wurden, so werden dem Kind zu Hause/in der Schule Wörter innerhalb einer Darbietungszeit von 400 Millisekunden tachistoskopisch dargeboten. Erkennt es 95 % der Wörter, kann die Darbietungszeit sukzessive in 50 Millisekunden-Schritten verringert werden.

Benötigte das Kind in der Diagnosesitzung 1,5 Sekunden Zeit, um zu einem Wort die richtige Lautfolge zu finden, so sollte zu Hause Folgendes geübt werden: Das verzögerte Aussprechen beim Lesen eines Textes im PC wird auf 1,2 Sekunden eingestellt. Nach Ertönen des Tonsignals soll das Kind versuchen, sofort die Lautfolge zum gesehenen Wortsegment laut auszusprechen. Gelingt dies bei ca. 95 % des Textes, kann die Zeit des verzögerten Aussprechens weiter reduziert werden auf 1,0 Sekunden usw..

Führte das Kind bisher zu große Blicksprünge durch, wird während der häuslichen Übungszeit der Text rechts vom zu lesenden Segment zunächst vollständig ausgeblendet. Im Anschluss daran wird der Text in einem Kontrast von 5 % eingeblendet. Führt das Kind korrekte Blicksprünge durch, ignoriert es also den Text rechts vom farbig gekennzeichneten Segment, wird der Text sukzessive in 5 %-Schritten wieder eingeblendet.

Führte das Kind während der Diagnostik vermehrte Regressionen durch, wird beim Üben zu Hause der Text links vom zu lesenden Segment zunächst vollständig ausgeblendet. Im Anschluss daran wird der Text in einem Kontrast von 5 % eingeblendet. Schaut sich das Kind nur das farbig markierte Segment an und ignoriert den Text links davon, wird der Text sukzessive in 5 %-Schritten weiter eingeblendet.

Erbuchstabierte das Kind bisher die Wörter im Text, werden ihm zu Hause/in der Schule Listen von Pseudowörtern einer bestimmten Länge (die seiner Fähigkeit zum Simultanerkennen und seinem Aufmerksamkeitsfeld entspricht) tachistoskopisch dargeboten. Das gezeigte Wort wird von einem Elternteil/vom Lehrer laut als Ganzes vorgesprochen, das Kind wird aufgefordert, es nachzusprechen. Das gleiche Wort wird nun noch einmal gezeigt. Nun soll das Kind das gesehene Wort selber laut als Ganzes aussprechen. Auf diese Weise werden Lautverbindungen im Gedächtnis gespeichert.

Hat das Kind bisher Segmente eines Wort leise geflüstert, diese stückweise versucht, flüsternd zu einem vollständigen Wort zusammenzufügen, um es am Ende als Ganzes laut auszusprechen, wird beim häuslichen Üben zunächst der Text links vom zu lesenden Segment (der ja bereits gelesen wurde) ganz ausgeblendet. Das Kind wird aufgefordert, nur das farbig markierte Segment laut auszusprechen, bereits Gelesenes soll nicht mehr laut gesagt werden. In Schritten von 5 % wird der Kontrast des Textes links vom zu lesenden Segment wieder eingeblendet. Das Kind soll diesen Text ignorieren und nur jeweils das Segment eines Wortes laut sagen, welches es gerade anschaut.

3.6.3 Ablauf einer Therapiestunde

In der obigen Schilderung der Diagnostik eines Beispiel-Kindes aus der vorliegenden Studie (Kapitel 3.5) trugen mehrere eingeschränkte Einzelfähigkeiten dazu bei, dass das Kind eine Lesestörung entwickelte. Als verminderte Einzelleistungen, die hinreichende Bedingungen für seine Lesestörung waren, wurden festgestellt:

1. verringerte Fähigkeit zum Simultanerkennen bzw. eingeschränktes Aufmerksamkeitsfeld (Wortsegmente aus maximal vier Buchstaben konnten erkannt werden), dennoch Versuch, größere Segmente zu erkennen

2. verlängerte benötigte Fixationszeit (mindestens 400 Millisekunden), dennoch kürzere Fixation

3. verlängerte benötigte Abrufzeit (1,5 s), dennoch nicht genügend Zeit zum Abruf genommen.

Das Kind machte deshalb Lesefehler, weil es versuchte, zu große Wortsegmente auf einmal zu erkennen, diese nicht lange genug fixierte und sich für das Aussprechen der Lautfolge nicht genügend Zeit ließ.

Die Therapiephase wurde in zwei Abschnitte aufgeteilt. Zuerst wurde die so genannte kompensatorische Lesestrategie vermittelt: Ein beliebiger Text aus dem Programm wurde genau auf die Fähigkeiten des Kindes eingestellt. Der Text wurde also in Segmente einer Länge von vier Buchstaben aufgeteilt und es wurde ein „Verzögertes Aussprechen" von 1,5 Sekunden eingestellt. Das Kind wurde nun gebeten, sich die farbig markierten Wortsegmente etwas länger anzuschauen und erst zu sprechen, nachdem das Signal ertönt war. So las es mit dem aktuellen Leistungsstand seiner Einzelfähigkeiten und wurde nicht überfordert. Nach einer halben Seite fehlerfreien Lesens sollte das Kind anschließend versuchen, ohne Hilfen (farbig markierter Cursor springt nicht mehr mit, Tonsignal ertönt nicht mehr) diese Lesestrategie selber auf einen anderen Text, nämlich die verbleibende Hälfte des Zürcher Lesetests zu übertragen.

Nach Beendigung aller Messungen wurde Eltern/Lehrer und Kind gezeigt, wie sie die eingeschränkten Fähigkeiten in Zukunft zusätzlich einzeln trainieren sollen.

Dem Kind in dem dargestellten Beispiel wurden Wörter einer Länge von fünf Buchstaben für 400 Millisekunden auf dem Bildschirm dargeboten (Training Simultanerkennen) und es wurde gebeten, diese laut vorzulesen. Dasselbe praktizierte man mit Wörtern einer Länge von vier Buchstaben für eine Darbietungszeit von 350 Millisekunden (Training Fixationszeit). Man ließ das Kind außerdem kurz ein Stück eines Textes, der in 4-Buchstabensegmente eingeteilt war, lesen und stellte ein „Verzögertes Aussprechen" von 1,2 Sekunden ein. Das Kind sollte versuchen, die Segmente sofort nach Ertönen des Signals auszusprechen.

Die Eltern/Lehrer wurden instruiert, die kompensatorische Lesestrategie (Weg 2) und das Training der Einzelleistungen (Weg 1) von nun an zu Hause/in der Schule pro Tag insgesamt mindestens 15 Minuten zu üben.

3.7 Datenauswertung

Zunächst erfolgt eine Beschreibung soziodemografischer Daten der an der Studie beteiligten Kinder. Bei erhobenen normalverteilten Daten erfolgt eine zusätzliche Auswertung mithilfe des arithmetischen Mittels und der Standardabweichung, bei nichtnormalverteilten Daten wird zur Darstellung des Mittelwertes der Median und als Streuungsmaße das 1. und 3. Quartil verwendet.

Anschließend erfolgt eine statistische Prüfung auf Vergleichbarkeit der Gruppen hinsichtlich einiger soziodemografischer Daten.

In einem zweiten Schritt werden die Art und Häufigkeit von Leistungseinschränkungen, die hinreichende Bedingungen für die Lesestörungen der Kinder waren, ebenfalls deskriptiv dargestellt.

Den dritten Schritt bildet die statistische Auswertung der lesebezogenen Daten der Kinder mithilfe des *Statistical Package for the Social Sciences* (SPSS, Version 12.0). Die Prüfung auf Signifikanz der Unterschiede bezüglich Lesefehler innerhalb und zwischen den Gruppen erfolgt mithilfe von Mittelwertvergleichen. Je nachdem, ob die Voraussetzungen für parametrische Testungen erfüllt sind oder nicht (Normalverteilung, Varianzhomogenität bei unabhängigen Stichproben), werden parametrische oder nichtparametrische Mittelwert-tests verwendet.

Verglichen werden die gemittelte Anzahl der Lesefehler und die gemittelte Lesedauer in Sekunden.

Für die Aussage über statistische Bedeutsamkeit von Unterschieden wird ein Niveau von $p \leq 0,05$ (signifikant, *) bzw. $p \geq 0,05$ (nicht signifikant, n.s.) fest-gelegt. Des Weiteren erfolgt die Darstellung sehr signifikanter Unterschiede ($p \leq 0,01$) mittels ** und hochsignifikanter Unterschiede ($p \leq 0,001$) mittels ***.

Zur grafischen Darstellung werden Säulendiagramme und Boxplot-Dia-gramme verwendet.

Boxplot-Diagramme bestehen aus einer Box, die vom 1. und 3. Quartil be-grenzt wird und deren innere Linie den Median repräsentiert. Ferner werden der kleinste und der größte Wert durch jeweils einen senkrechten und einen waagerechten Strich unter- und oberhalb der Box markiert, sofern sie keine Ausreißer sind. Werte, die um mehr als drei Kastenlängen außerhalb liegen (Extremwerte), werden im Boxplot mit einem Stern gekennzeichnet. Werte, die um mehr als anderthalb Kastenlängen außerhalb liegen, werden mit ei-nem Kreis markiert.

4 Ergebnisse

4.1 Soziodemografische Daten der Stichprobe

Die untersuchte Stichprobe umfasste insgesamt 88 Kinder und Jugendliche mit Lesestörungen. Die erhobenen soziodemografischen Daten der Stichprobe sind vollständig in Tabelle 4.1 dargestellt. Es kann überblicksartig festgehalten werden, dass die Zahl der Mädchen in der vorliegenden Stichprobe mit rund 35 % etwa halb so hoch war, wie die der Jungen (rund 65 %). Das Durchschnittsalter aller Kinder lag bei neun Jahren und acht Monaten. Die größte Altersgruppe bildeten Kinder von 9;00 bis 9;11 Jahren (34,1 %). Nahezu zwei Drittel (65,9 %) aller Kinder besuchten die dritte oder vierte Schulklasse. 71,6 % aller untersuchten Schüler besuchten eine Regelgrundschule (d. h. keine Montessori-Grundschule, keine Waldorf-Grundschule etc.). Weiterführende Regelschulen besuchten 18 Kinder, davon 11 die Hauptschule, 3 die Realschule und 4 das Gymnasium.

Soziodemografische Daten			Absolute Häufigkeiten	Relative Häufigkeiten
Geschlecht				
Weiblich			31	35,2 %
Männlich			57	64,8 %
		Summe	88	100,0 %
Alter in Monaten				
Minimum	85			
Maximum	192			
Median	116,50			
1. Quartil	109,25			
3. Quartil	131,00			
Entspricht Alter in Jahren; Monaten				
Minimum	7;1			
Maximum	16;0			
Median	9;8			
1. Quartil	9;1			
3. Quartil	10;11			

Altersgruppe			
1) bis 107 Monate (8;11 Jahre)		18	20,5 %
2) 108 bis 119 Monate (9;00 bis 9;11 Jahre)		30	34,1 %
3) 120 bis 131 Monate (10;00 bis 10;11 Jahre)		20	22,7 %
4) 132 bis 143 Monate (11;00 bis 11;11 Jahre)		11	12,5 %
5) ab 144 Monate (12;00 Jahre)		9	10,2 %
	Summe	88	100,0 %
Schulklasse			
2		11	12,5 %
3		25	28,4 %
4		33	37,5 %
5		10	11,4 %
6		4	4,5 %
7		2	2,3 %
8		2	2,3 %
9		1	1,1 %
	Summe	88	100,0 %
Schulart			
Grundschule (Regelschule)		63	71,6 %
Hauptschule		11	12,5 %
Realschule		3	3,4 %
Gymnasium		4	4,5 %
Montessori-Schule		4 (davon 3 Grundschule)	4,5 %
Waldorf-Schule		1 (Grundschule)	1,1 %
Französische Schule		1 (Grundschule)	1,1 %
Förderschule		1 (Grundschule)	1,1 %
	Summe	88	100,0 %

Tabelle 4.1: Soziodemografische Daten der Stichprobe, n = 88

Es sollte überprüft werden, ob die vier Untersuchungsgruppen hinsichtlich ihrer Altersverteilung miteinander vergleichbar sind. Tabelle 4.2 zeigt das durchschnittliche Alter der Kinder und die Geschlechterverteilung in den vier Untersuchungsgruppen.

96

Gruppe	Experimentalgruppe	Experimentalgruppe	Vergleichsgruppe	Vergleichsgruppe
	Gruppe 1 (ZLT 1 vor / ZLT 2 nach) n = 22	Gruppe 2 (ZLT 2 vor / ZLT 1 nach) n = 22	Gruppe 3 (ZLT 1 vor / ZLT 2 vor) n = 22	Gruppe 4 (ZLT 2 vor / ZLT 1 vor) n = 22
Alter in Monaten				
Median	121	123	114	115
1. Quartil	108,75	111,5	109,5	102,75
3. Quartil	124,25	133,5	131,5	137,0
Alter in Jahren; Monaten				
Median	10;1	10;3	9;6	9;7
1. Quartil	9;0	9;3	9;1	8; 6
3. Quartil	10;4	11;1	10;11	11;5
Geschlecht				
Weiblich	8	11	6	6
Männlich	14	11	16	16

Tabelle 4.2: Durchschnittliches Alter und Geschlecht in den vier Untersuchungsgruppen (n = 88)

Tabelle 4.3 zeigt die Ergebnisse eines nichtparametrischen Mittelwertvergleichs der vier Gruppen bezüglich des Alters. Man kann aus der Tabelle entnehmen, dass die Varianzen der einzelnen Gruppen bezüglich Alter homogen waren und es zwischen den Gruppen keine signifikanten Altersunterschiede gab.

Verfahren	Signifikanz	
Test auf Varianzhomogenität	p = 0,437	n.s.
Mittelwertvergleich des Alters in Monaten (je Gruppe n = 22)	p = 0,712	n.s.

Tabelle 4.3: Ergebnisse des Tests auf Varianzhomogenität und Ergebnisse des Mittelwertvergleichs bezüglich Durchschnittsalter in allen vier Untersuchungsgruppen
Anmerkungen:
Für den Mittelwertvergleich wurde der H-Test nach Kruskal & Wallis verwendet, für die Prüfung der Varianzhomogenität der Levené-Test.

Außerdem sollte überprüft werden, ob die vier Gruppen hinsichtlich ihrer Geschlechterverteilung miteinander vergleichbar waren. Es ergaben sich insgesamt vier Berechnungen, da im späteren Vergleich von Lesefehlerzahl und Lesedauer lediglich vier Paarkombinationen miteinander verglichen werden sollen. Tabelle 4.4 zeigt, dass sich die zu vergleichenden Gruppen hinsichtlich ihrer Geschlechterverteilung nicht signifikant voneinander unterschieden.

Gruppenpaare	Signifikanz	
Gruppe 1 (n = 22) * Gruppe 2 (n = 22)	p = 0,987	n.s.
Gruppe 1 (n = 22) * Gruppe 3 (n = 22)	p = 1,000	n.s.
Gruppe 2 (n = 22) * Gruppe 4 (n = 22)	p = 0,621	n.s.
Gruppe 3 (n = 22) * Gruppe 4 (n = 22)	p = 1,000	n.s.

Tabelle 4.4: Vergleich der Geschlechterverteilung zwischen den Gruppen, die später hinsichtlich Lesefehler-anzahl und Lesedauer miteinander verglichen werden sollen
Anmerkungen:
Verwendet wurde der Kolmogorov-Smirnov-Test für zwei unabhängige Stichproben.

Insgesamt waren die zu vergleichenden Gruppenpaare sowohl hinsichtlich Alters-, als auch Geschlechterverteilung miteinander vergleichbar.

4.2 Art und Häufigkeit der hinreichenden Bedingungen für Lesestörungen

Es sollte die Frage beantwortet werden, welche Leistungseinschränkungen, die hinreichend für die Entstehung von Lesestörungen waren, bei Kindern der vorliegenden Stichprobe gefunden und wie häufig diese Leistungsein-schränkungen innerhalb der Stichprobe beobachtet werden konnten. Da die beschriebenen Leistungseinschränkungen (Kapitel 1.6.4) dann zu hinreichen-den Bedingungen für eine Lesestörung werden, wenn die Kinder eine Lese-strategie verwenden, die eine größere Leistung voraussetzt, werden die Leis-tungseinschränkungen selbst als hinreichende Bedingungen bezeichnet. For-mallogisch ist die verwendete Lesestrategie dann eine hinreichende Bedin-gung dafür, dass eine Leistungseinschränkung zu einer hinreichenden Be-dingung für das Auftreten einer Lesestörung wird (vgl. Kapitel 1.6 und Werth, 1988).

Innerhalb der Diagnosephase der vorliegenden Untersuchung wurden mit-hilfe der tachistoskopischen Darbietung von Pseudowörtern folgende in ihrer Ausprägung messbare Leistungseinschränkungen, die sich als hinreichend für ein gestörtes Lesen erwiesen, gefunden:

1. ein eingeschränktes Aufmerksamkeitsfeld bzw. eine eingeschränkte Fähigkeit des Simultanerkennens, welche beim Versuch, zu große Wortsegmente simultan zu erkennen, zu einer hinreichenden Bedin-gung für eine Lesestörung werden (die Fähigkeit des Simultanerken-nens wird als verringert bezeichnet, wenn weniger als sechs Buchsta-ben simultan erkannt werden können).

2. eine benötigte verlängerte Fixationszeit, die zu einer hinreichenden Bedingung für eine Lesestörung wird, wenn sie nicht eingehalten wird (die Fixationszeit wird als verlängert bezeichnet, wenn sie über 250 Millisekunden beträgt).

3. eine benötigte verlängerte Abrufzeit, die zu einer hinreichenden Bedingung für eine Lesestörung wird, wenn sie nicht eingehalten wird (die Abrufzeit wird als verlängert bezeichnet, wenn sie mehr als 800 Millisekunden beträgt).

Außerdem waren während des Lesens von Texten folgende weitere Auffälligkeiten festgestellt worden (die Kriterien, nach denen weitere Auffälligkeiten protokolliert wurden, finden sich in Kapitel 3.5.2):

- zu große Blicksprünge nach rechts

- übermäßige Regressionen (Blicksprünge nach links)

- Erbuchstabieren

- Wörter erst leise Stück für Stück flüstern, dann laut als Ganzes aussprechen.

Es zeigte sich, dass alle 88 Kinder der Stichprobe mindestens eine der drei messbaren Leistungseinschränkungen aufwiesen. Bei den meisten Kindern konnten mehrere solcher Einschränkungen für ein gestörtes Lesen festgestellt werden. Tabellen 4.5 und 4.6 zeigen die Häufigkeitsverteilung der gemessenen Einschränkungen.

Leistungseinschränkungen, die zur hinreichenden Bedingung für eine Lesestörung werden können bzw. ausreichende Leistungen	Anzahl der Kinder, bei denen Leistungseinschränkung gemessen wurde	
	Absolute Häufigkeit	Relative Häufigkeit
1. Aufmerksamkeitsfeld bzw. Fähigkeit des Simultanerkennens ≤ 5 Buchstaben	83	94 %
Aufmerksamkeitsfeld bzw. Fähigkeit des Simultanerkennens > 5 Buchstaben	5	6 %
Summe	88	100 %
2. Fixationszeit > 250 bis 450 ms	42	48 %
Fixationszeit ≤ 250 ms	46	52 %
Summe	88	100 %
3. Abrufzeit > 800 ms	81	92 %
Abrufzeit ≤ 800 ms	7	8 %
Summe	88	100 %

Tabelle 4.4: Überblick über die Häufigkeit gemessener Leistungen, die zu hinreichenden Bedingungen für ein gestörtes Lesen bei Kindern der Stichprobe (n = 88) werden können
Anmerkungen:
ms = Millisekunden

	Anzahl der Kinder (Absolute Häufigkeit)	Anzahl der Kinder (Relative Häufigkeit)
Es wurde 1 der 3 messbaren Leistungseinschränkungen für ein gestörtes Lesen festgestellt	10	11 %
Es wurden 2 der 3 messbaren Leistungseinschränkungen für ein gestörtes Lesen festgestellt	40	46 %
Es wurden alle drei messbaren Leistungseinschränkungen für ein gestörtes Lesen festgestellt	38	43 %
Summe	88	100 %

Tabelle 4.5: Anzahl der gemessenen hinreichenden Bedingungen für ein gestörtes Lesen bei Kindern der Stichprobe (n = 88)

Die Ergebnisse aus Tabelle 4.5 zeigen, dass ein Großteil der Kinder (89 %) mindestens zwei der drei mit dem Programm messbaren Leistungseinschränkungen, die hinreichend für ein gestörtes Lesen sind, aufwiesen. Den ersten Platz belegte mit 94 % dabei Bedingung 1 (eingeschränktes Aufmerksamkeitsfeld bzw. eingeschränkte Fähigkeit des Simultanerkennens). Demnach konnten 83 von 88 Kindern der Stichprobe innerhalb einer Fixationsphase von maximal 450 Millisekunden Pseudowörter einer Länge von höchstens fünf Buchstaben (und zumeist weniger) sicher erkennen. Platz zwei belegte Bedingung 3 (benötigte verlängerte Abrufzeit) mit 92 %. 81 von 88 Kindern der Stichprobe wiesen demnach benötigte Abrufzeiten von mindestens 800 Millisekunden und zumeist deutlich mehr auf. Schließlich benötigten 48 % aller Kinder eine längere Fixationszeit (Bedingung 2), um Pseudowörter sicher zu erkennen, ohne innerhalb einer Fixation einen Blicksprung durchzuführen (mehr als 250 Millisekunden, maximal 450 Millisekunden). Abbildung A 4-1 zeigt die grafische Darstellung der Häufigkeit der mit dem PC-Programm gemessenen Leistungseinschränkungen in der vorliegenden Stichprobe.

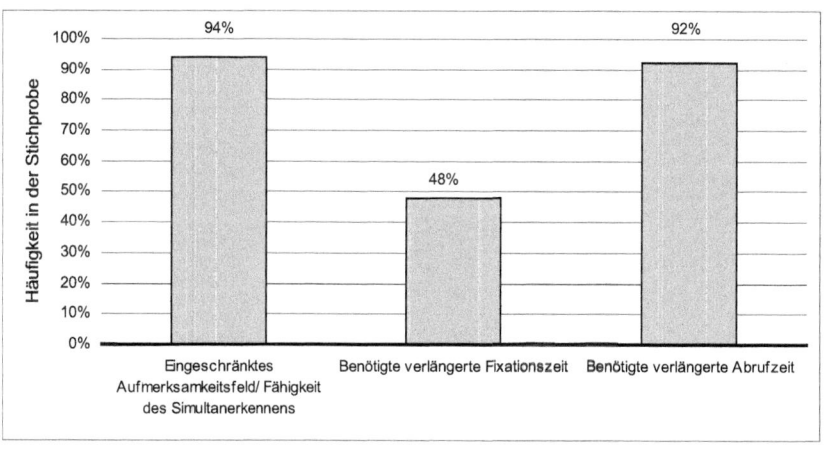

A 4-1: Relative Häufigkeit der mit dem Programm gemessenen Leistungseinschränkungen, die hinreichend für das Entstehen einer Lesestörung bei Kindern der Stichprobe waren (n = 88)

Neben diesen mithilfe des celeco-Programmpakets in ihrer Ausprägung messbaren Leistungseinschränkungen, die hinreichende Bedingungen für ein gestörtes Lesen darstellen, wenn versucht wird, eine größere Leistung zu erbringen, wurden zusätzlich sonstige Auffälligkeiten während des Lesens festgestellt. Diese Auffälligkeiten stellen zumeist keine hinreichende Bedingung für eine Lesestörung für sich genommen dar, sondern treten nur in Zusammenhang bzw. als Folge von oben dargestellten (gemessenen) Leistungseinschränkungen auf.

Zu solchen typischen weiteren Auffälligkeiten zählten:

- Richtige Buchstabenfolge erkannt, aber falsche Lautfolge produziert
- Zu große Blicksprünge
- Übermäßige Regressionen
- Erbuchstabieren
- Wörter erst leise Stück für Stück flüstern, dann laut als Ganzes aussprechen.

Tabelle 4.7 zeigt eine Übersicht über die Häufigkeit solcher Auffälligkeiten bei der vorliegenden Stichprobe.

Weitere Auffälligkeiten beim Lesen	Anzahl der Kinder, bei denen Auffälligkeit beobachtet wurde	
	Absolute Häufigkeit	Relative Häufigkeit
Richtige Buchstabenfolge erkannt, aber falsche Lautfolge produziert	15	17 %
Zu große Blicksprünge	32	36 %
Übermäßige Regressionen	15	17 %
Erbuchstabieren	10	11 %
Leises Vorsprechen, danach lautes Aussprechen	16	18 %

Tabelle 4.7: Übersicht über die Häufigkeit weiterer Auffälligkeiten beim Lesen bei Kindern der Stichprobe (n = 88)

Etwa ein Drittel aller Kinder (36 %) führte beim Textlesen zu große Blicksprünge nach rechts aus. Bei knapp einem Fünftel aller Kinder (17 %) konnten beim Textlesen Regressionen beobachtet werden. Etwa genauso häufig (bei 18 %) wurden in der vorliegenden Stichprobe Kinder beobachtet, die sich Wörter eines Textes segmentweise leise vorsprachen und diese später als ganzes Wort laut aussprachen. Ebenfalls ca. ein Fünftel aller Kinder (17 %) konnte innerhalb der Untersuchung bei tachistoskopisch dargebotenen Pseudowörtern häufig zwar die richtige Buchstabenfolge benennen, jedoch nicht die dazugehörige Lautfolge bilden. Schließlich zeigte etwa ein Zehntel aller Kinder (11 %) Auffälligkeiten im Sinne eines zeitweiligen Erbuchstabierens von vor allem längeren Wörtern. Das durchschnittliche Alter dieser Kinder betrug 9;2 Jahre (1. Quartil: 7;8 Jahre, 3. Quartil: 9;11 Jahre). Abbildung A 4-2 zeigt die Häufigkeiten des Vorkommens sonstiger Auffälligkeiten in der vorliegenden Stichprobe.

102

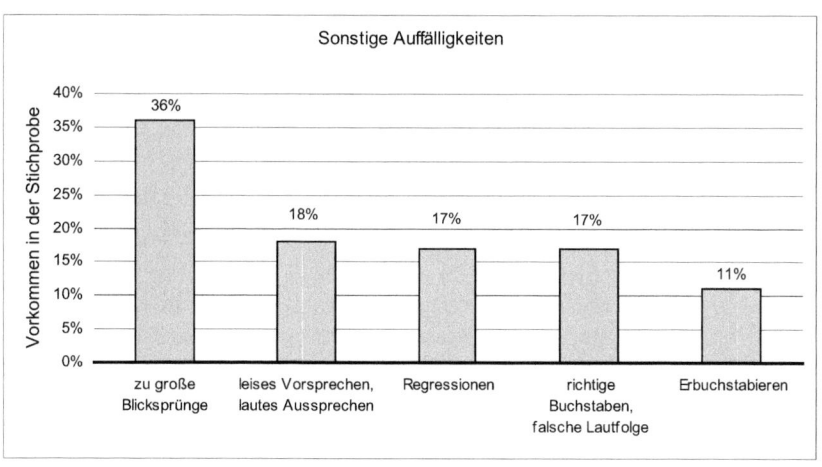

A 4-2: Häufigkeit sonstiger Auffälligkeiten beim Lesen bei Kindern der Stichprobe (n = 88)
(Kriterien, nach denen sonstige Auffälligkeiten während der Diagnosephase vermerkt wurden, siehe Kapitel 3.5.2)

4.2.1 Durchschnittliche Einzelleistungen

Es wurde bisher geschildert, wie häufig einzelne in ihrer Ausprägung messbare Leistungseinschränkungen in der vorliegenden Stichprobe festgestellt werden konnten. Bemerkenswert dabei ist, dass eine große Zahl der Kinder mehrere dieser Einschränkungen aufwies.

Um zwischen Kindern der Stichprobe noch genauer differenzieren zu können, wurde versucht, innerhalb der gemessenen Einschränkungen (Bedingungen) Untergruppen zu bilden. Dies geschah zunächst innerhalb der Bedingung ,Größe des Aufmerksamkeitsfeldes/Simultanerkennen'. Hier konnten drei Subgruppen gebildet werden.

Die Länge der benötigten Fixationszeit wurde innerhalb der Diagnosephase ermittelt. Es wurden innerhalb dieser Bedingung zwei Untergruppen gebildet und es wurde die Zahl der Kinder ausgezählt, die den einzelnen Untergruppen zugeordnet werden konnten. Die Abrufzeiten für tachistoskopisch dargebotene Pseudowörter wurden bei allen Kindern während der Untersuchung aufgezeichnet. Von diesen Daten wurde der Median errechnet. Die Abrufzeiten wurden für Wortlisten aus Wörtern unterschiedlicher Länge und Darbietungszeit separat berechnet. Da jedem Kind mehrere Wortlisten dargeboten wurden, konnten zwischen den Kindern keine einheitlichen Untergruppen gebildet werden.

4.2.1.1 Größe des Aufmerksamkeitsfeldes bzw. Fähigkeit zum Simultanerkennen (Untergruppen)

94 % aller Kinder zeigten in der Untersuchung ein eingeschränktes Aufmerksamkeitsfeld bzw. eine Fähigkeit zum Simultanerkennen von bis zu fünf Buchstaben. In einem weiteren Schritt wurde nun bei diesen 83 von insgesamt 88 Kindern unterschieden, wie viele Buchstaben das Aufmerksamkeitsfeld bzw. die Fähigkeit zum Simultanerkennen konkret umfasste, wodurch drei Subgruppen entstanden. Tabelle 4.8 zeigt, dass 24 % der Kinder Pseudowörter aus maximal fünf Buchstaben sicher erkennen konnten. 43 % der Kinder waren lediglich in der Lage, Wörter einer Länge von vier Buchstaben sicher zu erkennen und immerhin 27 % der Kinder konnten nur Wörter einer Länge von drei Buchstaben sicher erkennen („sicher erkennen" bedeutet in diesem Zusammenhang, dass mindestens 95 %, also 19 von 20 dargebotenen Wörtern korrekt erkannt wurden, vgl. Kapitel 3.5.2).

Leistungseinschränkungen, die zur hinreichenden Bedingung für eine Lesestörung werden können bzw. ausreichende Leistungen	Anzahl der Kinder, bei denen Leistungseinschränkung gemessen wurde	
	Absolute Häufigkeit	Relative Häufigkeit
1. Eingeschränktes Aufmerksamkeitsfeld bzw. eingeschränkte Fähigkeit des Simultanerkennens	83	94 %
Davon auf maximal 3 Buchstaben beschränkt:	24	27 %
Davon auf maximal 4 Buchstaben beschränkt:	38	43 %
Davon auf maximal 5 Buchstaben beschränkt:	21	24 %
Ausreichend großes Aufmerksamkeitsfeld und gute Fähigkeit des Simultanerkennens (> 5 Buchstaben)	5	6 %
Summe	88	100 %

Tabelle 4.8: Untergruppen von Kindern mit eingeschränktem Aufmerksamkeitsfeld bzw. eingeschränkter Fähigkeit des Simultanerkennens

Abbildung A 4-3 zeigt die grafische Darstellung der Häufigkeit des Vorkommens eines eingeschränkten Aufmerksamkeitsfeldes bzw. einer eingeschränkten Fähigkeit des Simultanerkennens unterteilt in Untergruppen.

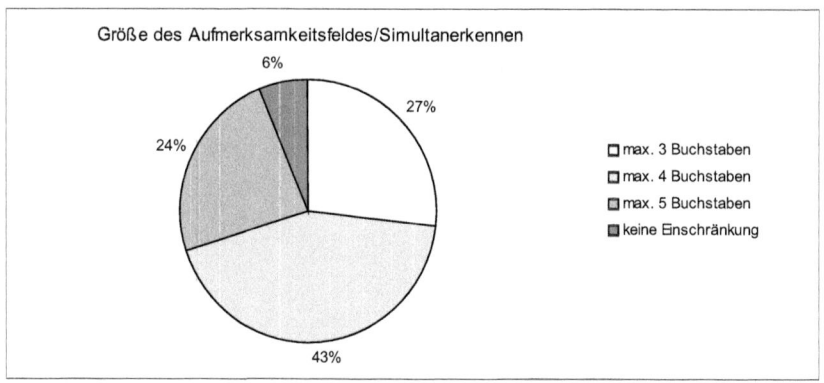

Größe des Aufmerksamkeitsfeldes/Simultanerkennen

6%

27%

24%

43%

☐ max. 3 Buchstaben
☐ max. 4 Buchstaben
☐ max. 5 Buchstaben
☐ keine Einschränkung

A 4-3: Untergruppen innerhalb der Bedingung eines eingeschränkten Aufmerksamkeitsfeldes bzw. einer eingeschränkten Fähigkeit des Simultanerkennens bei Kindern der Stichprobe (n = 88)
Anmerkungen:
Dargestellt ist die prozentuale Häufigkeit dafür, dass maximal drei, vier oder fünf Buchstaben simultan erkannt werden konnten bzw. dass das Aufmerksamkeitsfeld/die Fähigkeit des Simultanerkennens nicht eingeschränkt ist (> 5 Buchstaben).

4.2.1.2 Länge der Fixationszeit (Untergruppen)

Nahezu die Hälfte (48 %) aller Kinder wiesen eine benötigte verlängerte Fixationszeit auf. Diese Kinder müssen, um ein Wort oder Wortsegment sicher zu erkennen, dieses länger fixieren (d. h. länger als 250 Millisekunden). Halten sie die benötigte verlängerte Fixationszeit nicht ein, erkennen sie das Wort nur unvollständig. Tabelle 4.9 zeigt, dass 32 von 88 Kindern ein Wort mindestens zwischen 250 und 400 Millisekunden fixieren mussten, um es sicher zu erkennen. Zehn Kinder mussten sogar noch länger fixieren, nämlich ca. 450 Millisekunden. In der Untersuchung wurde ein Wort maximal 450 Millisekunden lang dargeboten, da ab 500 Millisekunden ein Blicksprung innerhalb eines Wortes möglich ist.

Leistungseinschränkungen, die zur hinreichenden Bedingung für eine Lesestörung werden können bzw. ausreichende Leistungen	Anzahl der Kinder, bei denen Leistungseinschränkung gemessen wurde	
	Absolute Häufigkeit	Relative Häufigkeit
2. Benötigte verlängerte Fixationszeit	42	48 %
Davon benötigte Fixationszeit > 250 ms bis 400 ms:	32	36 %
Davon benötigte Fixationszeit > 400 ms bis max. 450 ms:	10	12 %
Keine benötigte längere Fixationszeit (max. 250 ms)	46	52 %
Summe	88	100 %

Tabelle 4.9: Untergruppen von Kindern mit benötigter verlängerter Fixationszeit
Anmerkungen:
ms = Millisekunden

Abbildung A 4-4 verdeutlicht diese Ergebnisse noch einmal grafisch. Für die Hälfte der Kinder (52 %) war eine Fixationszeit von 250 Millisekunden ausreichend.

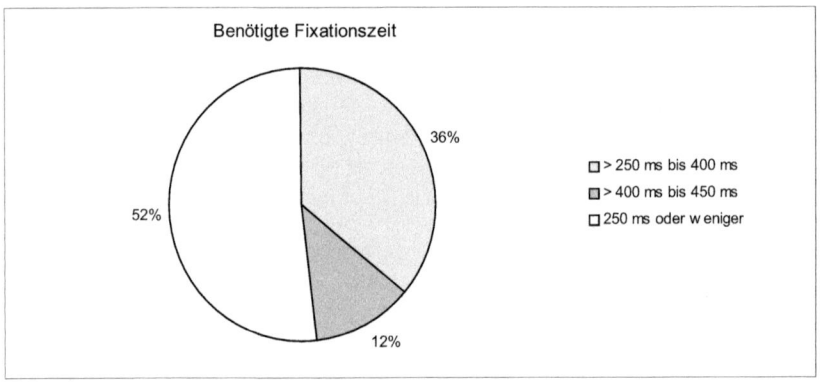

A 4-4: Darstellung der benötigten Fixationszeit der Kinder der Stichprobe (n = 88) aufgeteilt nach Subgruppen
Anmerkungen:
ms = Millisekunden

4.2.1.3   Durchschnittliche Länge der Abrufzeit für Lautfolgen

Schließlich sollte die durchschnittliche Zeit (in Millisekunden) errechnet werden, die ein Kind benötigte, um zu dem gesehenen Wort die entsprechende Lautfolge laut auszusprechen. Dazu wurden die Zeiten vom Beginn der Darbietung eines Wortes bis zum Beginn des Aussprechens der dazugehörigen Lautfolge aufgezeichnet. Es wurden aus diesem Datenpool nur die Daten für eine Auswertung extrahiert, welche die Zeit vom Beginn der Darbietung bis zum Beginn der *korrekten* Aussprache erfassten.

Der Datenpool der Abrufzeiten für korrekte Lautfolgen umfasste schließlich insgesamt 2912 Einzeldaten; dies entspricht 33 erhobenen Abrufzeiten für korrekte Lautfolgen pro Kind. Tabelle 4.10 zeigt eine Übersicht über die Gesamtanzahl erhobener Einzeldaten bei korrektem Abruf für die verschiedenen Wortlisten aus Pseudowörtern.

Wortlisten (Länge der Pseudowörter) und Darbietungszeit	Anzahl erhobener Einzeldaten bei Abruf korrekter Lautfolgen
2 Buchstaben, 250 ms Darbietung	19
3 Buchstaben, 250 ms Darbietung	224
3 Buchstaben, 400 ms Darbietung	121
3 Buchstaben, 450 ms Darbietung	43
4 Buchstaben, 250 ms Darbietung	862
4 Buchstaben, 350 ms Darbietung	30
4 Buchstaben, 400 ms Darbietung	514
4 Buchstaben, 450 ms Darbietung	117
5 Buchstaben, 250 ms Darbietung	421
5 Buchstaben, 350 ms Darbietung	7
5 Buchstaben, 400 ms Darbietung	261
5 Buchstaben, 450 ms Darbietung	5
6 Buchstaben, 100 ms Darbietung	11
6 Buchstaben, 250 ms Darbietung	179
6 Buchstaben, 400 ms Darbietung	83
6 Buchstaben, 450 ms Darbietung	15
Summe	2912

Tabelle 4.10: Anzahl erhobener Einzeldaten von Abrufzeiten korrekt ausgesprochener Lautfolgen, sortiert nach Wortlisten aus dargebotenen Pseudowörtern unterschiedlicher Länge bei unterschiedlicher Darbietungszeit

Um die Abrufzeiten von korrekten Lautfolgen für dargebotene Pseudowörter unterschiedlicher Länge miteinander zu vergleichen, wurden nur Wortlisten ausgewählt, zu denen mindestens 80 Einzelabrufzeiten erhoben wurden. Eine geringere Anzahl wurde als nicht repräsentativ betrachtet. Auf diese Weise konnten 2782 Einzeldaten aus insgesamt neun Wortlisten ausgewertet werden. Die durchschnittliche Abrufzeit aus den Einzeldaten aller neun Wortlisten betrug 1265 Millisekunden (1. Quartil: 972,75 Millisekunden, 3. Quartil: 1878,75 Millisekunden). Da neben dem Gesamtdatensatz auch keiner der neun einzelnen Datensätze normalverteilt waren, wurde zur Bestimmung der durchschnittlichen Abrufzeiten in den einzelnen Wortlisten der Median errechnet. Tabelle 4.11 zeigt die Ergebnisse im Überblick.

Wortliste und Darbie- tungszeit	Prüfung auf Normalverteilung		Median	1. Quartil	3. Quartil
3 Buchstaben 250 ms	p = 0,000	***	1322,00 ms	975,25 ms	1990,50 ms
3 Buchstaben 400 ms	p = 0,001	**	1764,00 ms	1148,50 ms	2710,50 ms
4 Buchstaben 250 ms	p = 0,000	***	1239,00 ms	948,50 ms	1869,00 ms
4 Buchstaben 400 ms	p = 0,000	***	1332,00 ms	984,00 ms	2052,25 ms
4 Buchstaben 450 ms	p = 0,003	**	1424,00 ms	1113,00 ms	2042,50 ms
5 Buchstaben 250 ms	p = 0,000	***	1171,00 ms	906,00 ms	1543,50 ms
5 Buchstaben 400 ms	p = 0,000	***	1348,00 ms	1068,00 ms	2119,50 ms
6 Buchstaben 250 ms	p = 0,000	***	1159,00 ms	831,00 ms	1598,00 ms
6 Buchstaben 400 ms	p = 0,012	*	1359,00 ms	1075,00 ms	1870,00 ms

Tabelle 4.11: Darstellung der Prüfung auf Normalverteilung der Abrufzeiten-Datensätze und Darstellung des Medians und der Streuungsmaße der Abrufzeiten für verschiedene Wortlisten
Anmerkungen:
Zur Prüfung auf Normalverteilung wurde der Kolmogorov-Smirnov-Test verwendet. ms = Millisekunden

Abbildung 4-5 zeigt die grafische Darstellung der durchschnittlichen Abrufzeiten in den einzelnen Wortlisten. Das Minimum der durchschnittlichen Abrufzeiten in den verschiedenen Wortlisten lag bei 1159 Millisekunden, das Maximum bei 1764 Millisekunden.

Sowohl die Daten aus Tabelle 4.11, als auch Abbildung 4-5 machen deutlich, dass innerhalb von Wortlisten mit der gleichen Buchstabenanzahl die Abrufzeiten stets mit der Länge der Darbietungszeit anstiegen.

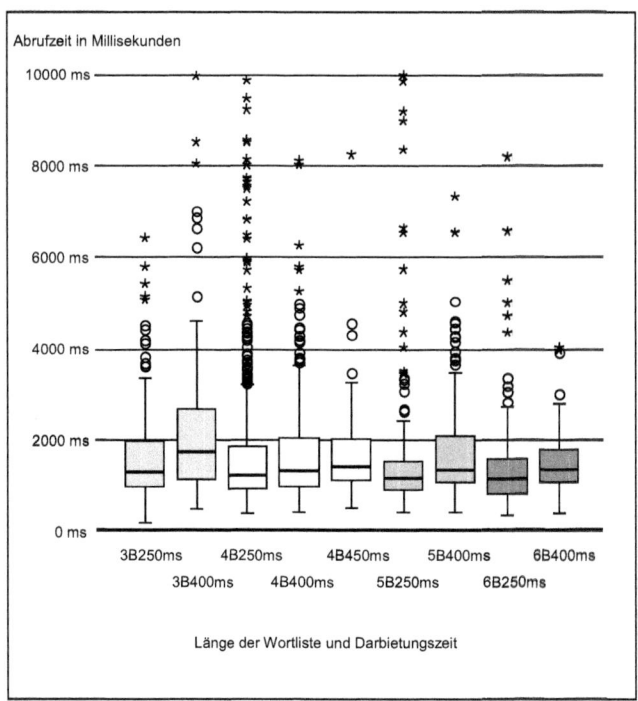

A 4-5: Grafische Darstellung der Abrufzeiten in den einzelnen Wortlisten mithilfe eines Boxplot-Diagramms
Anmerkungen:
Dargestellt sind die Mediane und das 1. und 3. Quartil. B = Buchstaben, ms = Millisekunden (genaue Erklärung und Interpretation von Boxplots siehe Kapitel 3.7)

Abbildung 4-6 zeigt die grafische Darstellung der durchschnittlichen Abrufzeit in den einzelnen Wortlisten mit Angabe der einzelnen Werte, jedoch ohne Streuungsmaße. In dieser Abbildung wird ebenfalls deutlich, dass mit der Länge der Darbietungszeit auch die Länge der Abrufzeit ansteigt. Aus der Abbildung ist ebenfalls zu entnehmen, dass die Länge der Abrufzeit mit steigender Länge der Buchstabenzahl der Pseudowörter tendenziell sinkt.

109

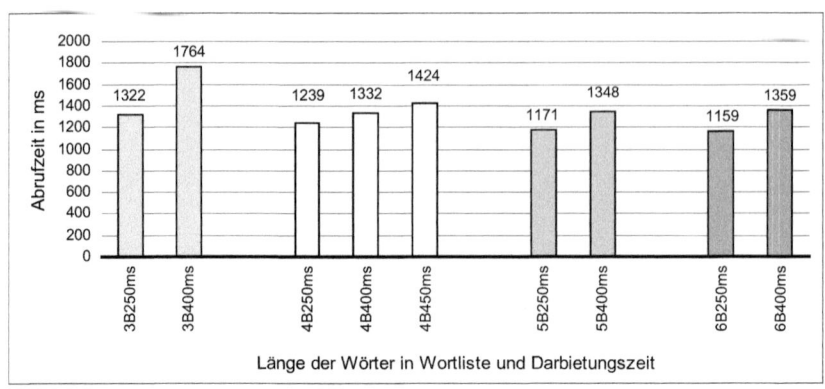

A 4-6: Darstellung der durchschnittlichen Abrufzeit in den unterschiedlichen Wortlisten bei unterschiedlicher Länge der Darbietungszeit
Anmerkungen:
Dargestellt sind die Mediane. ms = Millisekunden, B = Buchstaben

Inwiefern diese Abrufzeitunterschiede zwischen Wortlisten verschiedener Länge und verschiedener Darbietungszeit statistisch signifikant sind, zeigt Tabelle 4.12. Die dunkelgrau markierten Felder zeigen den Vergleich zwischen Wortlisten unterschiedlicher Länge, aber gleicher Darbietungszeit. Die hellgrau markierten Felder zeigen den Vergleich von Wortlisten gleicher Länge bei unterschiedlicher Darbietungszeit. Es wird deutlich, dass die Länge der Darbietungszeit in jedem Fall einen deutlichen Einfluss hat. Die Abrufzeiten steigen mit ansteigender Darbietungszeit signifikant bis hochsignifikant an. Der Unterschied beträgt beim Vergleich von Wortlisten gleicher Länge zwischen 93 und 442 Millisekunden. Etwas differenzierter sieht es bei der Länge der Wörter in den Wortlisten aus. Bei gleicher Darbietungszeit hat die Länge der Wörter nur einen begrenzten Einfluss. Beim Vergleich von Wortlisten gleicher Darbietungszeit bei unterschiedlicher Wortlänge findet sich in drei Fällen kein signifikanter Unterschied. Lediglich beim Vergleich der Wortlisten einer Länge von drei Buchstaben mit Wortlisten aus längeren Wörtern und beim Vergleich zweier Wortlisten, die sich um zwei oder mehr Buchstaben Länge unterscheiden, zeigen sich sehr signifikante bis hochsignifikante Unterschiede. Die Wortlisten mit Wörtern einer Länge von drei Buchstaben scheinen stets eine Sonderrolle zu spielen. Hierbei zeigen sich auf statistisch bedeutsamem Niveau stets die längsten Abrufzeiten.

Wortliste	3B400ms	4B250ms	4B400ms	4B450ms	5B250ms	5B400ms	6B250ms	6B400ms
3B250ms	0,000 ***	0,058 n.s.	0,817 n.s.	0,246 n.s.	0,000 ***	0,507 n.s.	0,000 ***	0,988 n.s.
3B400ms		0,000 ***	0,000 ***	0,014 *	0,000 ***	0,001 **	0,000 ***	0,002 **
4B250ms			0,020 *	0,003 **	0,003 **	0,003 **	0,003 **	0,153 n.s.
4B400ms				0,136 n.s.	0,000 ***	0,280 n.s.	0,000 ***	0,883 n.s.
4B450ms					0,000 ***	0,458 n.s.	0,000 ***	0,285 n.s.
5B250ms						0,000 ***	0,421 n.s.	0,003 **
5B400ms							0,000 ***	0,694 n.s.
6B250ms								0,004 **

Tabelle 4.12: Vergleich der gemittelten Abrufzeiten zwischen Wortlisten unterschiedlicher Länge und unterschiedlicher Darbietungszeit
Anmerkungen:
Verwendet wurde der U-Test nach Mann & Whitney. B = Buchstaben, ms = Millisekunden,
(Signifikanzniveau: * = $p \leq 0,05$, ** = $p \leq 0,01$, *** = $p \leq 0,001$)

4.3 Fragestellungen und Hypothesen bezüglich Lesefehlerreduktion

In allen vier Untersuchungsgruppen wurde die Lesefehlerzahl *zu Beginn* der Sitzung (vor Therapie) und *am Ende* der Sitzung (Experimentalgruppen: nach Therapie, Vergleichsgruppen: vor Therapie) erhoben. Die Ergebnisse dieser Erhebung werden im Folgenden dargestellt.

4.3.1 Fragestellung zur Texthälftenschwierigkeit gemessen an der Gesamtfehlerzahl

Zunächst sollte untersucht werden, ob die beiden gelesenen Texthälften des ZLT trotz unterschiedlicher Länge bezüglich Lesefehlerzahl gleich schwierig waren. Es wurden aus der Gesamtstichprobe jeweils zwei Experimentalgruppen und zwei Vergleichsgruppen gebildet (siehe Kapitel 3.3). Als Experimentalgruppen ergaben sich somit Gruppe 1 und Gruppe 2, als Vergleichsgruppen wurden entsprechend Gruppe 3 und Gruppe 4 gebildet. Tabelle 4.13 zeigt im Überblick, welche Texthälften die Gruppen zu welchen Zeitpunkten lasen.

Experimentalgruppen	Gelesene Texthälften
Gruppe 1	ZLT 1. Texthälfte vor Therapie *zu Beginn* der Sitzung
	ZLT 2. Texthälfte nach Therapie *am Ende* der Sitzung
Gruppe 2	ZLT 2. Texthälfte vor Therapie *zu Beginn* der Sitzung
	ZLT 1. Texthälfte nach Therapie *am Ende* der Sitzung
Vergleichsgruppen	
Gruppe 3	ZLT 1. Texthälfte vor Therapie *zu Beginn* der Sitzung
	ZLT 2. Texthälfte vor Therapie *am Ende* der Sitzung
Gruppe 4	ZLT 2. Texthälfte vor Therapie *zu Beginn* der Sitzung
	ZLT 1. Texthälfte vor Therapie *am Ende* der Sitzung

Tabelle 4.13: Überblick über die Untersuchungsgruppen und entsprechend gelesene Texthälften

Es wurde zunächst die durchschnittliche Gesamtfehlerzahl im ZLT 1. Teil (bzw. Texthälfte) vor Therapie *zu Beginn* der Sitzung mit der Gesamtfehlerzahl im ZLT 2. Teil vor Therapie *zu Beginn* der Sitzung sowohl innerhalb der Experimentalgruppen (Gruppe 1 * Gruppe 2), als auch innerhalb der Vergleichsgruppen (Gruppe 3 * Gruppe 4) verglichen. Ein Test auf Varianzhomogenität zeigt, dass die Datensätze der beiden Gruppenpaare *zu Beginn* der Sitzung hinsichtlich ihrer Varianzen miteinander vergleichbar waren (Levené-Test: Gruppe 1 * Gruppe 2: p = 0,324 (n.s.), Gruppe 3 * Gruppe 4: p = 0,618 (n.s.)).

Nach Prüfung auf Normalverteilung der Datensätze aller vier Gruppen (Tabelle 4.14) wurde ein Mittelwertvergleich der Lesefehlerzahl *zu Beginn* der Sitzung mithilfe eines parametrischen Tests durchgeführt (Tabelle 4.15).

	Gesamtfehlerzahl 1. Teil ZLT vor Therapie	Sig.	Gesamtfehlerzahl 2. Teil ZLT vor Therapie	Sig.
Gruppe 1 (Experimentalgruppe) n = 22	p = 0,620	n.s.		
Gruppe 2 (Experimentalgruppe) n = 22			p = 0,346	n.s.
Gruppe 3 (Vergleichsgruppe) n = 22	p = 1,000	n.s.		
Gruppe 4 (Vergleichsgruppe) n = 22			p = 0,498	n.s.

Tabelle 4.14: Prüfung der Normalverteilung der Gesamtfehlerzahl-Datensätze in allen vier Gruppen *zu Beginn* der Sitzung
Anmerkungen:
Verwendet wurde der Kolmogorov-Smirnov-Test. Gruppen 1 und 2 sowie Gruppen 3 und 4: vor Therapie, Sig. = Signifikanz

Vergleich zwischen den beiden Experimentalgruppen					Signifikanz	
Gesamtfehlerzahl im ZLT 1. Texthälfte (Experimentalgruppe 1, n = 22)		Gesamtfehlerzahl im ZLT 2. Texthälfte (Experimentalgruppe 2, n = 22)				
M = 19,41	SD = 9,505	M = 20,82	SD = 7,307	p = 0,585		n.s.
Vergleich zwischen den beiden Vergleichsgruppen					Signifikanz	
Gesamtfehlerzahl im ZLT 1. Texthälfte (Vergleichsgruppe 3, n = 22)		Gesamtfehlerzahl im ZLT 2. Texthälfte (Vergleichsgruppe 4, n = 22)				
M = 17,50	SD = 8,164	M = 17,64	SD = 7,550	p = 0,954		n.s.

Tabelle 4.15: Vergleich der Gesamtfehlerzahl zwischen 1. und 2. gelesener Texthälfte des ZLT vor Therapie *zu Beginn* der Diagnose- und Therapiesitzung zur Überprüfung der Texthälftenschwierigkeiten
Anmerkungen:
Verwendet wurde der T-Test für unabhängige Stichproben. M = Mittelwert, SD = Standardabweichung

Es kann den Resultaten des Mittelwertvergleichs zufolge davon ausgegangen werden, dass sich die Texthälften des ZLT *zu Beginn* der Sitzung weder innerhalb der Experimentalgruppen (Gruppe 1: rund 19 Fehler, Gruppe 2: rund 21 Fehler), noch innerhalb der Vergleichsgruppen (Gruppe 3: rund 18 Fehler, Gruppe 4: rund 18 Fehler) hinsichtlich ihrer Schwierigkeit trotz unterschiedlicher Länge nicht signifikant voneinander unterschieden.

Es sollte nun untersucht werden, ob die Texthälftenschwierigkeit bezüglich Lesefehlerzahl auch *am Ende* der Sitzung gleich war. Hierzu wurden ebenfalls jeweils die beiden Experimentalgruppen (welche zum zweiten Messzeitpunkt *am Ende* der Sitzung bereits eine Intervention im Sinne der Vermittlung einer kompensatorischen Lesestrategie erhalten hatten) und die beiden Vergleichsgruppen (welche zum zweiten Messzeitpunkt noch keine Intervention erhalten hatten) miteinander verglichen. Es wurde also ein Mittelwertvergleich der Lesefehlerzahl der beiden Experimentalgruppen (Gruppe 1 * Gruppe 2, nach Therapie) und der beiden Vergleichsgruppen (Gruppe 3 * Gruppe 4, vor Therapie) *am Ende* der Sitzung durchgeführt.

Ein Test auf Varianzhomogenität zeigt, dass die Datensätze der beiden Gruppenpaare *am Ende* der Sitzung hinsichtlich ihrer Varianzen miteinander vergleichbar waren (Levené-Test: Gruppe 1 * Gruppe 2: p = 0,258 (n.s.), Gruppe 3 * Gruppe 4: p = 0,244 (n.s.)).

Nach Prüfung auf Normalverteilung der Datensätze aller vier Gruppen (Tabelle 4.16) wurde ein parametrischer Mittelwerttest zum Vergleich der Lesefehlerzahl *am Ende* der Sitzung verwendet (Tabelle 4.17).

	Gesamtfehlerzahl 2. Teil ZLT nach Therapie	Sig.	Gesamtfehlerzahl 1. Teil ZLT nach Therapie	Sig.
Gruppe 1 (Experimental-gruppe) n = 22	p = 0,376	n.s.		
Gruppe 2 (Experimental-gruppe) n = 22			p = 0,417	n.s.
	Gesamtfehlerzahl 2. Teil ZLT vor Therapie		Gesamtfehlerzahl 1. Teil ZLT vor Therapie	
Gruppe 3 (Vergleichsgruppe) n = 22	p = 0,676	n.s.		
Gruppe 4 (Vergleichsgruppe) n = 22			p = 0,553	n.s.

Tabelle 4.16: Prüfung der Normalverteilung der Gesamtfehlerzahl-Datensätze in allen vier Gruppen *am Ende* der Sitzung
Anmerkungen:
Verwendet wurde der Kolmogorov-Smirnov-Test. Gruppen 1 und 2: nach Therapie, Gruppen 3 und 4: vor Therapie, Sig. = Signifikanz

Vergleich zwischen den beiden Experimentalgruppen				Signifikanz	
Gesamtfehlerzahl im ZLT 2. Texthälfte nach Therapie (Experimentalgruppe 1, n = 22)		Gesamtfehlerzahl im ZLT 1. Texthälfte nach Therapie (Experimentalgruppe 2, n = 22)			
M = 10,32	SD = 5,018	M = 6,18	SD = 4,136	p = 0,000	***
Vergleich zwischen den beiden Vergleichsgruppen					
Gesamtfehlerzahl im ZLT 2. Texthälfte vor Therapie (Vergleichsgruppe 3, n = 22)		Gesamtfehlerzahl im ZLT 1. Texthälfte vor Therapie (Vergleichsgruppe 4, n = 22)		Signifikanz	
M = 24,50	SD = 11,513	M = 14,14	SD = 7,113	p = 0,000	***

Tabelle 4.17: Vergleich der Gesamtfehlerzahl zwischen 1. und 2. gelesener Texthälfte des ZLT *am Ende* der Diagnose- und Therapiesitzung zur Überprüfung der Texthälftenschwierigkeiten
Anmerkungen:
Verwendet wurde der T-Test für unabhängige Stichproben. M = Mittelwert, SD = Standardabweichung

Es zeigt sich, dass sich *am Ende* der Sitzung die Gesamtzahl der Lesefehler der beiden Texthälften hoch signifikant unterschied. Die Gesamtzahl der Lesefehler im zweiten Teil des ZLT war sowohl innerhalb der beiden Experimentalgruppen, als auch innerhalb der beiden Vergleichsgruppen hochsignifikant höher als die im ersten Teil des ZLT. Kinder der Gruppe 1, welche die zweite Hälfte des ZLT nach Therapie lasen, produzierten demnach hoch signifikant mehr Fehler (rund 10 Fehler) als Kinder der Gruppe 2, welche die erste Hälfte des ZLT nach Therapie lasen (rund 6 Fehler). Kinder der Gruppe

3, welche die zweite Hälfte des ZLT vor Therapie *am Ende* der Sitzung lasen, produzierten hochsignifikant mehr Fehler (rund 25 Fehler) als Kinder der Gruppe 4, welche die erste Hälfte des ZLT vor Therapie *am Ende* der Sitzung lasen (rund 14 Fehler). Die Texthälften des ZLT mussten folglich als unterschiedlich schwer betrachtet werden, wenn sie *am Ende* der Sitzung gelesen wurden. Abbildung A 4-7 zeigt die grafische Darstellung der Gesamtfehlerzahl in allen vier Untersuchungsgruppen *zu Beginn* und *am Ende* der Sitzung.

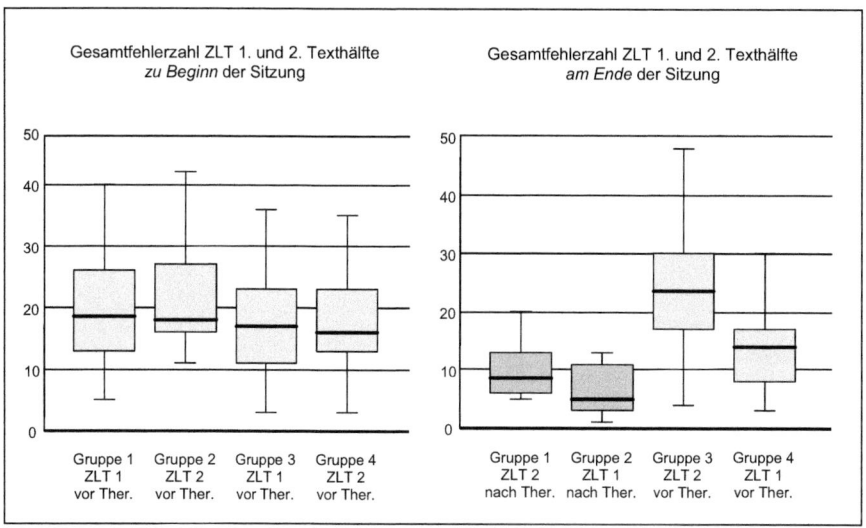

A 4-7: Boxplot-Diagramm zur grafischen Darstellung der durchschnittlichen Gesamtfehlerzahl in allen vier Gruppen *zu Beginn* und *am Ende* der Sitzung.
Anmerkungen:
Dargestellt sind die Mediane und als Streuungsmaße das 1. und 3. Quartil (hellgrau: vor Therapie, dunkelgrau: nach Therapie). Ther. = Therapie (genaue Erklärung und Interpretation von Boxplots siehe Kapitel 3.7)

4.3.2 Hypothese bezüglich Lesefehlerreduktion innerhalb der Experimentalgruppe

Ho: Die Anzahl der Lesefehler bei Kindern der Experimentalgruppe weicht am Ende der Diagnose- und Therapiesitzung nach der Vermittlung einer individuellen kompensatorischen Lesestrategie nicht signifikant von der Anzahl der Lesefehler zu Beginn der Sitzung ab.

H1: Die Anzahl der Lesefehler bei Kindern der Experimentalgruppe weicht am Ende der Diagnose- und Therapiesitzung nach der Vermittlung einer individuellen kompensatorischen Lesestrategie signifikant von der Anzahl der Lesefehler zu Beginn der Sitzung ab.

H1a: Die Anzahl der Lesefehler ist signifikant gestiegen.

H1b: Die Anzahl der Lesefehler ist signifikant gesunken.

Nachdem sich gezeigt hat, dass die beiden Texthälften des ZLT zumindest *am Ende* der Sitzung unterschiedlich schwer waren, wurden mithilfe eines *crossmatches* der Untersuchungsgruppen die beiden Experimentalgruppen Gruppe 1 und Gruppe 2 (mit jeweils n = 22) zu einer großen 'Experimentalgruppe gesamt' (mit n = 44) zusammengefasst. Auf diese Weise wurde der Einfluss der Variable 'Texthälftenschwierigkeit' kontrolliert. Die Hälfte der Kinder dieser 'Experimentalgruppe gesamt' hatten also die erste Texthälfte des ZLT zuerst gelesen, die andere Hälfte der Kinder die zweite Hälfte des ZLT.

Nach Prüfung auf Normalverteilung der beiden Datensätze (Tabelle 4.18) wurde ein parametrischer Mittelwerttest zum Vergleich der Lesefehlerzahl verwendet, um die Gesamtfehlerzahl *zu Beginn* der Diagnose- und Therapiesitzung (vor Therapie) mit der Gesamtfehlerzahl *am Ende* der Sitzung (nach Therapie) zu vergleichen.

	Gesamtfehlerzahl vor Therapie (*zu Beginn*)	Sig.	Gesamtfehlerzahl nach Therapie (*am Ende*)	Sig.
'Experimentalgruppe gesamt' (Gruppe 1 und Gruppe 2) n = 44	p = 0,356	n.s.	p = 0,270	n.s.

Tabelle 4.18: Prüfung auf Normalverteilung der Gesamtfehlerzahl-Datensätze in der 'Experimentalgruppe gesamt' vor Therapie (*zu Beginn* der Sitzung) und nach Therapie (*am Ende* der Sitzung)
Anmerkungen:
Verwendet wurde der Kolmogorov-Smirnov-Test. Sig. = Signifikanz

Tabelle 4.19 zeigt die Ergebnisse des Mittelwertvergleichs der Gesamtfehlerzahl innerhalb der Experimentalgruppe.

	Gesamtfehlerzahl ZLT vor Therapie (*zu Beginn* der Sitzung)		Gesamtfehlerzahl ZLT nach Therapie (*am Ende* der Sitzung)		Signifikanz	
'Experimentalgruppe gesamt' (n = 44)	M = 20,11	SD = 8,409	M = 8,25	SD = 5,003	p = 0,000	***

Tabelle 4.19: Vergleich der Gesamtfehleranzahl innerhalb der 'Experimentalgruppe gesamt' *zu Beginn* (vor Therapie) und *am Ende* der Diagnose- und Therapiesitzung (nach Therapie)
Anmerkungen:
Verwendet wurde der T-Test für abhängige Stichproben. M = Mittelwert, SD = Standardabweichung

Es war zu beobachten, dass in der 'Experimentalgruppe gesamt' die Gesamtanzahl der Lesefehler von 20,11 Fehler *zu Beginn* der Sitzung auf 8,25 Fehler

nach Therapie *am Ende* der etwa eineinhalbstündigen Sitzung hoch signifikant gesunken war. Das entspricht einer Fehlerreduktion von 58,98 %. Abbildung A 4-8 verdeutlicht die Ergebnisse grafisch.

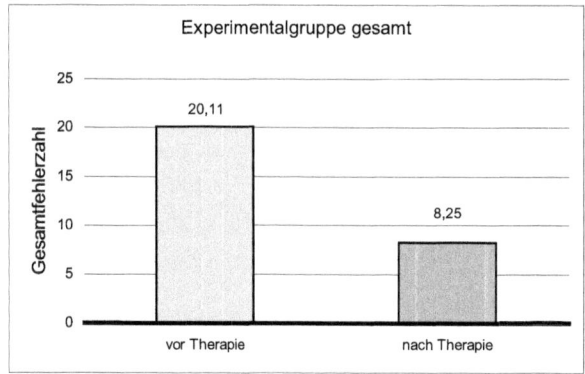

A 4-8: Durchschnittliche Gesamtfehlerzahl *zu Beginn* der Sitzung (vor Therapie) und *am Ende* der Sitzung
(nach Therapie) in der 'Experimentalgruppe gesamt' (n = 44)
Anmerkungen:
Dargestellt sind die arithmetischen Mittel der Fehlerzahl.

Die Nullhypothese kann verworfen und anstatt dessen die Alternativhypothese H1b angenommen werden. Die Anzahl der Lesefehler bei Kindern der
Experimentalgruppe ist am Ende der Diagnose- und Therapiesitzung nach
der Vermittlung einer individuellen kompensatorischen Lesestrategie hoch
signifikant gesunken.

4.3.3 Hypothese bezüglich Lesefehlerreduktion innerhalb der Vergleichsgruppe

Ho: Die Anzahl der Lesefehler bei Kindern der Vergleichsgruppe weicht am
Ende der Diagnosesitzung ohne bis zu diesem Zeitpunkt erfolgte Vermittlung einer individuellen kompensatorischen Lesestrategie nicht signifikant
von der Anzahl der Lesefehler zu Beginn der Sitzung ab.

H1: Die Anzahl der Lesefehler bei Kindern der Vergleichsgruppe weicht am
Ende der Diagnosesitzung ohne bis zu diesem Zeitpunkt erfolgte Vermitt-
lung einer individuellen kompensatorischen Lesestrategie signifikant von der
Anzahl der Lesefehler zu Beginn der Sitzung ab.

H1a: Die Anzahl der Lesefehler ist signifikant gestiegen.

H1b: Die Anzahl der Lesefehler ist signifikant gesunken.

Auch innerhalb der beiden Vergleichsgruppen konnte nachgewiesen werden,
dass die zweite Texthälfte des ZLT am Ende der Sitzung deutlich schwerer zu
bewältigen war. Aus diesem Grund wurden die beiden Vergleichsgruppen

Gruppe 3 (n = 22) und Gruppe 4 (n = 22) ebenfalls zu einer großen Gruppe ('Vergleichsgruppe gesamt') mit n = 44 zusammengefügt. Grund für dieses *cross-match* war auch hier, dass die Hälfte der Kinder dieser Gruppe den ersten Teil des ZLT, die andere Hälfte den zweiten Teil *zu Beginn* der Sitzung gelesen hatte. *Am Ende* der Sitzung erfolgte das Lesen der Texthälften in umgekehrter Reihenfolge. Der Einfluss der Texthälftenschwierigkeit wurde somit kontrolliert.

Nach Prüfung auf Normalverteilung der beiden Datensätze (Tabelle 4.20) wurde ein parametrischer Mittelwerttest verwendet, um die Gesamtfehlerzahl *zu Beginn* der Diagnose- und Therapiesitzung (vor Therapie) mit der Gesamtfehlerzahl *am Ende* der Sitzung (vor Therapie) zu vergleichen. Tabelle 4.21 zeigt die Ergebnisse des Mittelwertvergleichs der Gesamtfehlerzahl innerhalb der Experimentalgruppe.

	Gesamtfehlerzahl vor Therapie (*zu Beginn*)	Sig.	Gesamtfehlerzahl vor Therapie (*am Ende*)	Sig.
'Vergleichsgruppe gesamt' (Gruppe 3 und Gruppe 4) n = 44	p = 0,799	n.s.	p = 0,669	n.s.

Tabelle 4.20: Prüfung auf Normalverteilung der Gesamtfehlerzahl-Datensätze in der 'Vergleichsgruppe gesamt' vor Therapie *zu Beginn* der Sitzung und vor Therapie *am Ende* der Sitzung
Anmerkungen:
Verwendet wurde der Kolmogorov-Smirnov-Test. Sig. = Signifikanz

	Gesamtfehlerzahl ZLT vor Therapie (*zu Beginn* der Sitzung)		Gesamtfehlerzahl ZLT vor Therapie (*am Ende* der Sitzung)		Signifikanz	
'Vergleichsgruppe gesamt' (n = 44)	M = 17,57	SD = 7,771	M = 19,36	SD = 10,803	p = 0,129	n.s.

Tabelle 4.21: Vergleich der Gesamtfehleranzahl innerhalb der 'Vergleichsgruppe gesamt' *zu Beginn* (vor Therapie) und *am Ende* der Diagnose- und Therapiesitzung (vor Therapie)
Anmerkungen:
Verwendet wurde der T-Test für abhängige Stichproben. M = Mittelwert, SD = Standardabweichung

Es zeigt sich, dass die Gesamtfehlerzahl bei Kindern der 'Vergleichsgruppe gesamt' *am Ende* der Sitzung im Vergleich zu der *zu Beginn* der Sitzung dezent zugenommen hat. Dieser Unterschied ist jedoch nicht statistisch bedeutsam. Abbildung A 4-9 verdeutlicht die Ergebnisse grafisch.

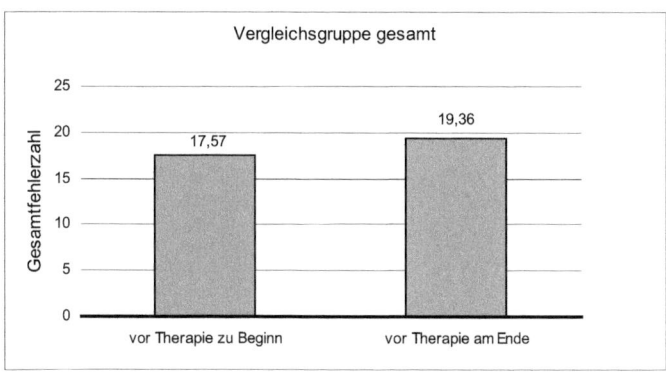

A 4-9: Gesamtfehlerzahl in der 'Vergleichsgruppe gesamt' *zu Beginn* und *am Ende* der Sitzung
Anmerkungen:
Dargestellt sind die arithmetischen Mittel der Fehlerzahl.

Für die Vergleichsgruppe kann die Nullhypothese angenommen werden. Die Gesamtfehlerzahl hat sich *am Ende* der Diagnosesitzung ohne Vermittlung einer kompensatorischen Strategie im Vergleich zu der *zu Beginn* der Sitzung nicht signifikant verändert.

4.3.4 Hypothese bezüglich signifikanter Unterschiede in der Gesamtfehlerzahl bei der Gegenüberstellung von Experimental- und Vergleichsgruppe

Ho: Die Anzahl der Lesefehler von Kindern der Experimentalgruppe, denen eine individuelle kompensatorische Lesestrategie vermittelt wurde, weicht am Ende der Diagnose- und Therapiesitzung nicht signifikant von der Lesefehlerzahl der Kinder der Vergleichsgruppe ab, welche zu diesem Zeitpunkt noch keine Intervention im Sinne einer Vermittlung einer kompensatorischen Lesestrategie erhalten haben.

H1: Die Anzahl der Lesefehler von Kindern der Experimentalgruppe, denen eine individuelle kompensatorische Lesestrategie vermittelt wurde, weicht am Ende der Diagnose- und Therapiesitzung signifikant von der Lesefehlerzahl der Kinder der Vergleichsgruppe ab, welche zu diesem Zeitpunkt noch keine Intervention im Sinne einer Vermittlung einer kompensatorischen Lesestrategie erhalten haben.

H1a: Die Anzahl der Lesefehler der Experimentalgruppe ist am Ende der Sitzung signifikant höher als die der Vergleichsgruppe.

H1b: Die Anzahl der Lesefehler der Experimentalgruppe ist am Ende der Sitzung signifikant niedriger als die der Vergleichsgruppe.

Um zu überprüfen, ob sich die Zahl der Lesefehler innerhalb der 'Experimentalgruppe gesamt' (n = 44), deren Kinder eine therapeutische Intervention erhalten hatten, *am Ende* der Sitzung signifikant von der Lesefehlerzahl der 'Vergleichsgruppe gesamt' (n = 44), deren Kinder zu diesem Zeitpunkt noch keine therapeutische Intervention erhalten hatten, unterscheidet, wurden Mittelwertvergleiche durchgeführt. Eine Prüfung auf Varianzhomogenität der beiden Datensätze ergab, dass die Varianzen zwar *zu Beginn* der Sitzung homogen waren (Levené-Test: p = 0,806 (n.s.)), jedoch nicht mehr *am Ende* der Sitzung (Levené-Test: p = 0,000 (***)). Deshalb wurde zum Vergleich dieser Datensätze ein parameterfreier Mittelwerttest verwendet (Tabelle 4.22).

	Gesamtfehlerzahl *zu Beginn* der Sitzung		Signifikanz	
'Experimentalgruppe gesamt' vor Therapie	MD = 18,50	1. Q. = 15,25 3. Q. = 26,75	p = 0,134	n.s.
'Vergleichsgruppe gesamt' vor Therapie	MD = 16,50	1. Q. = 12,25 3. Q. = 23,00		
	Gesamtfehlerzahl *am Ende* der Sitzung		Signifikanz	
'Experimentalgruppe gesamt' nach Therapie	MD = 7,00	1. Q. = 5,00 3. Q. = 12,00	p = 0,000	***
'Vergleichsgruppe gesamt' vor Therapie	MD = 17,00	1. Q. = 10,50 3. Q. = 25,00		

Tabelle 4.22: Vergleich der Gesamtlesefehlerzahlen zwischen 'Experimentalgruppe gesamt' (n = 44) und 'Vergleichsgruppe gesamt' (n = 44) *zu Beginn* und *am Ende* der Sitzung
Anmerkungen:
Verwendet wurde der U-Test nach Mann & Whitney. MD = Median, Q = Quartil

Zu Beginn der Sitzung unterschieden sich die beiden Gesamtgruppen hinsichtlich ihrer Gesamtfehleranzahl nicht signifikant voneinander. Anders sieht es aus, wenn man die Gesamtzahl der Lesefehler *am Ende* der Sitzung betrachtet. Die 'Experimentalgruppe gesamt', deren Kinder bereits eine kompensatorische Lesestrategie vermittelt bekommen hatten, konnten die Zahl der Lesefehler so weit reduzieren, dass diese im Vergleich zur 'Vergleichsgruppe gesamt', deren Kinder noch keine Intervention erhalten hatten, *am Ende* der Sitzung hochsignifikant niedriger war ('Experimentalgruppe gesamt': MD = 7 Fehler, 'Vergleichsgruppe gesamt': MD = 17 Fehler). Abbildung A 4-10 verdeutlicht die durchschnittliche Gesamtfehlerzahl in den beiden Gruppen *zu Beginn* und *am Ende* der Sitzung grafisch.

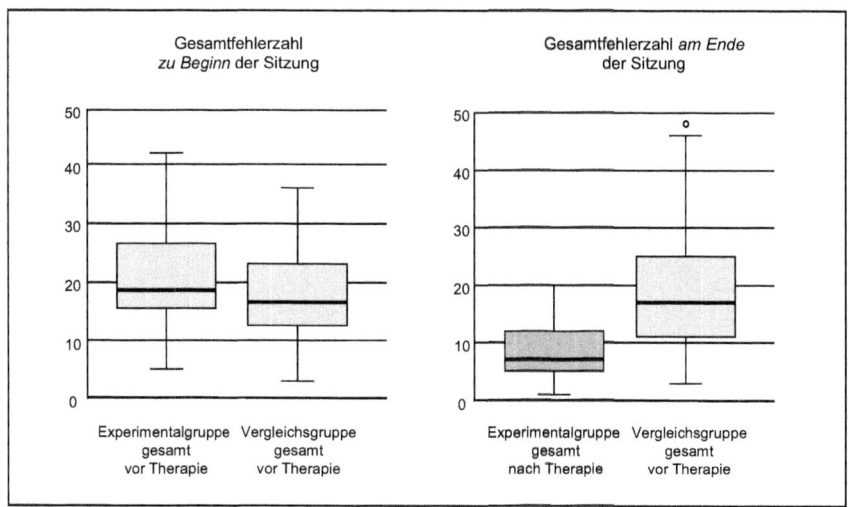

A 4-10: Boxplot-Diagramm zur grafischen Darstellung der durchschnittlichen Gesamtfehlerzahl in den beiden Gruppen *zu Beginn* und *am Ende* der Sitzung.
Anmerkungen:
Dargestellt sind die Mediane und als Streuungsmaße das 1. und 3. Quartil. (genaue Erklärung und Interpretation von Boxplots siehe Kapitel 3.7)

Abbildung A 4-11 zeigt die grafische Darstellung der Zahl der Lesefehler in den beiden Gruppen *zu Beginn* und *am Ende* der Sitzung ohne Darstellung der Streuungsmaße, dafür mit Angabe der Fehlerwerte.

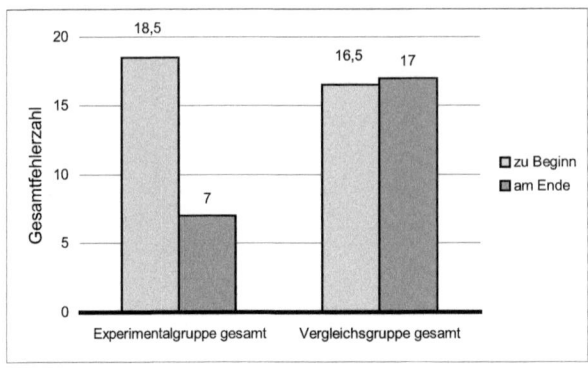

A 4-11: Durchschnittliche Gesamtfehlerzahl der beiden Untersuchungsgruppen *zu Beginn* und *am Ende* der Sitzung
Anmerkungen:
Dargestellt sind die Mediane.
'Experimentalgruppe gesamt' (n = 44): *zu Beginn*: vor Therapie/*am Ende*: nach Therapie
'Vergleichsgruppe gesamt' (n = 44) : *zu Beginn*: vor Therapie/*am Ende*: vor Therapie

Den Ergebnissen zufolge kann die Nullhypothese verworfen werden. Anstatt dessen wird die Alternativhypothese H1b angenommen. Die Anzahl der Lesefehler ist in der 'Experimentalgruppe gesamt' (in denen den Kindern eine kompensatorische Lesestrategie vermittelt wurde) *am Ende* der Sitzung hoch signifikant niedriger als in der 'Vergleichsgruppe gesamt', welche zu diesem Zeitpunkt der Messung noch keine Intervention erhalten hatte.

4.4 Fragestellungen und Hypothesen bezüglich Lesedauer

In allen vier Untersuchungsgruppen wurde die Gesamtlesedauer in Sekunden *zu Beginn* der Sitzung (vor Therapie) und *am Ende* der Sitzung (Experimentalgruppen: nach Therapie, Vergleichsgruppen: vor Therapie) erhoben. Die Ergebnisse dieser Erhebung werden im Folgenden dargestellt.

4.4.1 Fragestellung zur Texthälftenschwierigkeit gemessen an der Gesamtlesedauer

Es wurde die durchschnittliche Gesamtlesedauer im ZLT 1. Teil (bzw. Texthälfte) vor Therapie *zu Beginn* der Sitzung mit der Gesamtlesedauer im ZLT 2. Teil vor Therapie *zu Beginn* der Sitzung sowohl innerhalb der Experimentalgruppen (Gruppe 1 * Gruppe 2) als auch innerhalb der Vergleichsgruppen (Gruppe 3 * Gruppe 4) verglichen. Eine Prüfung auf Varianzhomogenität zeigt, dass die Datensätze der beiden Gruppenpaare *zu Beginn* der Sitzung hinsichtlich ihrer Varianzen miteinander vergleichbar waren (Levené-Test: Gruppe 1 * Gruppe 2: p = 0,305 (n.s.), Gruppe 3 * Gruppe 4: p = 0,916 (n.s.)).

Nach Prüfung auf Normalverteilung der Datensätze aller vier Gruppen (Tabelle 4.23) wurde ein Mittelwertvergleich der Gesamtlesedauer *zu Beginn* der Sitzung mithilfe eines parametrischen Tests durchgeführt (Tabelle 4.24).

	Gesamtlesedauer 1. Teil ZLT vor Therapie	Sig.	Gesamtlesedauer 2. Teil ZLT vor Therapie	Sig.
Gruppe 1 (Experimental-gruppe) n = 22	p = 0,432	n.s.		
Gruppe 2 (Experimental-gruppe) n = 22			p = 0,703	n.s.
Gruppe 3 (Vergleichsgruppe) n = 22	p = 0,270	n.s.		
Gruppe 4 (Vergleichsgruppe) n = 22			p = 0,127	n.s.

Tabelle 4.23: Prüfung auf Normalverteilung der Gesamtlesedauer-Datensätze in allen vier Gruppen *zu Beginn* der Sitzung (vor Therapie)
Anmerkungen:
Verwendet wurde der Kolmogorov-Smirnov-Test. Sig. = Signifikanz

Vergleich zwischen den beiden Experimentalgruppen					Signifikanz	
Gesamtlesedauer im ZLT 1. Texthälfte vor Therapie (Experimentalgruppe 1, n = 22)		Gesamtlesedauer im ZLT 2. Texthälfte vor Therapie (Experimentalgruppe 2, n = 22)				
M = 186,77 s	SD = 67,698 s	M = 204,41 s	SD = 84,763 s	p = 0,450	n.s.	
Vergleich zwischen den beiden Vergleichsgruppen					Signifikanz	
Gesamtlesedauer im ZLT 1. Texthälfte vor Therapie (Vergleichsgruppe 3, n = 22)		Gesamtlesedauer im ZLT 2. Texthälfte vor Therapie (Vergleichsgruppe 4, n = 22)				
M = 227,18 s	SD = 162,446 s	M = 241,95 s	SD = 179,851 s	p = 0,776	n.s.	

Tabelle 4.24: Vergleich der Gesamtlesedauer zwischen 1. und 2. gelesener Texthälfte des ZLT *zu Beginn* der Diagnose- und Therapiesitzung zur Überprüfung der Texthälftenschwierigkeiten
Anmerkungen:
Verwendet wurde der T-Test für unabhängige Stichproben. M = Mittelwert, SD = Standardabweichung , s = Sekunden

Es zeigte sich, dass sich *zu Beginn* der Sitzung die Gesamtlesedauer der beiden Texthälften sowohl innerhalb der Experimentalgruppen (Gruppe 1: rund 187 Sekunden für Teil 1 des ZLT, Gruppe 2: rund 204 Sekunden für Teil 2 des ZLT), als auch innerhalb der Vergleichsgruppen (Gruppe 3: rund 227 Sekunden für Teil 1 des ZLT, Gruppe 4: rund 242 Sekunden für Teil 2 des ZLT), nicht signifikant voneinander unterschied. Obwohl anhand der Rohwerte beobachtet werden kann, dass zum Lesen der 2. Texthälfte des ZLT tendenziell mehr Zeit benötigt wurde, als zum Lesen der 1. Texthälfte, sind die Unterschiede statistisch nicht bedeutsam. Die beiden Texthälften können daher als gleich schwer *zu Beginn* der Therapie betrachtet werden.

Die Texthälftenschwierigkeiten gemessen an der Gesamtlesedauer sollten nun *am Ende* der Sitzung ebenfalls überprüft werden. Es wurden die beiden Vergleichsgruppen (Gruppe 3 * Gruppe 4, vor Therapie) und die beiden Experimentalgruppen (Gruppe 1 * Gruppe 2, nach Therapie) hinsichtlich ihrer Gesamtlesedauer *am Ende* der Sitzung miteinander verglichen.

Ein Test auf Varianzhomogenität zeigt, dass die Datensätze der beiden Gruppenpaare *am Ende* der Sitzung hinsichtlich ihrer Varianzen miteinander vergleichbar waren (Levené-Test: Gruppe 1 * Gruppe 2: p = 0,665 (n.s.), Gruppe 3 * Gruppe 4: p = 0,273 (n.s.)).

Nach Prüfung auf Normalverteilung der Datensätze aller vier Gruppen (Tabelle 4.25) wurde ein Mittelwertvergleich der Gesamtlesedauer *am Ende* der Sitzung mithilfe eines parametrischen Tests durchgeführt (Tabelle 4.26).

	Gesamtlesedauer 2. Teil ZLT nach Therapie	Sig.	Gesamtlesedauer 1. Teil ZLT nach Therapie	Sig.
Gruppe 1 (Experimental-gruppe) n = 22	p = 0,154	n.s.		
Gruppe 2 (Experimental-gruppe) n = 22			p = 0,919	n.s.
	Gesamtlesedauer 2. Teil ZLT vor Therapie		Gesamtlesedauer 1. Teil ZLT vor Therapie	
Gruppe 3 (Vergleichsgruppe) n = 22	p = 0,270	n.s.		
Gruppe 4 (Vergleichsgruppe) n = 22			p = 0,265	n.s.

Tabelle 4.25: Prüfung auf Normalverteilung der Gesamtlesedauer-Datensätze in allen vier Gruppen *am Ende* der Sitzung (Gruppen 1 und 2: nach Therapie, Gruppen 3 und 4: vor Therapie)
Anmerkungen:
Sig. = Signifikanz. Verwendet wurde der Kolmogorov-Smirnov-Test.

Vergleich zwischen den beiden Experimentalgruppen						
Gesamtlesedauer im ZLT 2. Texthälfte nach Therapie (Experimentalgruppe 1, n = 22)		Gesamtlesedauer im ZLT 1. Texthälfte nach Therapie (Experimentalgruppe 2, n = 22)		Signifikanz		
M = 495,05 s	SD = 149,357 s	M = 396,36 s	SD = 144,924 s	$p = 0{,}032$	*	
Vergleich zwischen den beiden Vergleichsgruppen						
Gesamtlesedauer im ZLT 2. Texthälfte vor Therapie (Vergleichsgruppe 3, n = 22)		Gesamtlesedauer im ZLT 1. Texthälfte vor Therapie (Vergleichsgruppe 4, n = 22)		Signifikanz		
M = 260,55 s	SD = 197,199 s	M = 197,00 s	SD = 127,254 s	$p = 0{,}273$	n.s.	

Tabelle 4.26: Vergleich der Gesamtlesedauer zwischen 1. und 2. gelesener Texthälfte des ZLT *am Ende* der Diagnose- und Therapiesitzung zur Überprüfung der Texthälftenschwierigkeiten
Anmerkungen:
Verwendet wurde der T-Test für unabhängige Stichproben. M = Mittelwert, SD = Standardabweichung, s = Sekunden

Es zeigte sich, dass sich *am Ende* der Sitzung die Gesamtlesedauer der beiden Texthälften innerhalb der Vergleichsgruppen nicht signifikant voneinander unterschied (Gruppe 3: rund 261 Sekunden für Teil 2 des ZLT, Gruppe 4: rund 197 Sekunden für Teil 1 des ZLT), obwohl die Tendenz zu beobachten war, dass für die 2. Texthälfte mehr Zeit benötigt wurde. Innerhalb der beiden Experimentalgruppen unterschied sich die Gesamtlesedauer *am Ende* der Sitzung signifikant. Kinder der Gruppe 1, welche die zweite Hälfte des ZLT nach Therapie lasen, benötigten demnach signifikant mehr Zeit dafür (rund 495 Sekunden), als Kinder der Gruppe 2, welche die erste Hälfte des ZLT nach Therapie lasen (rund 396 Sekunden). Die zweite Texthälfte des ZLT musste also zumindest für die Experimentalgruppen als schwieriger betrachtet werden, wenn sie *am Ende* der Sitzung gelesen wurde. Abbildung A 4-12 verdeutlicht die durchschnittliche Gesamtlesedauer in den vier Untersuchungsgruppen *zu Beginn* und *am Ende* der Sitzung grafisch.

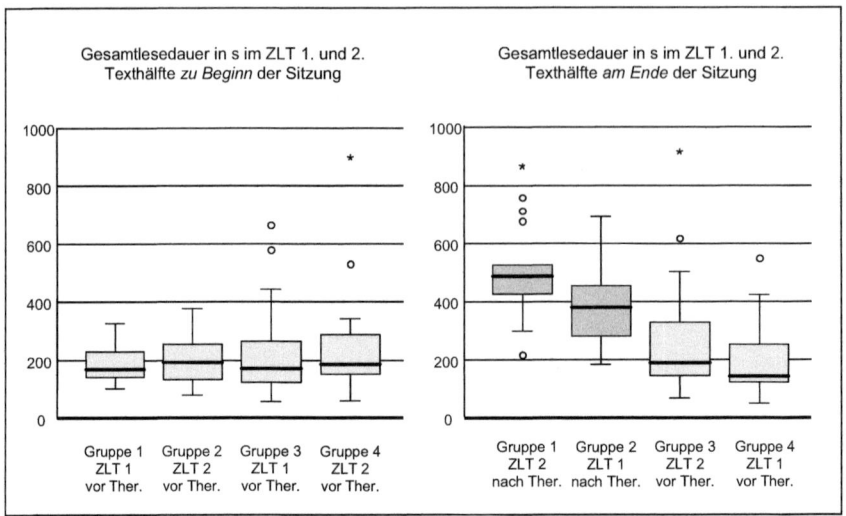

A 4-12: Boxplot-Diagramm zur grafischen Darstellung der durchschnittlichen Gesamtlesedauer in Sekunden *zu Beginn* und *am Ende* der Sitzung in allen vier Untersuchungsgruppen
Anmerkungen:
Dargestellt sind die Mediane und als Streuungsmaße das 1. und 3. Quartil (hellgrau: vor Therapie, dunkelgrau: nach Therapie), Ther. = Therapie, s = Sekunden (genaue Erklärung und Interpretation von Boxplots siehe Kapitel 3.7)

4.4.2 Hypothese bezüglich Gesamtlesedauer innerhalb der Experimentalgruppe

Ho: Die Gesamtlesedauer zu Beginn der Diagnose- und Therapiesitzung weicht in der Experimentalgruppe nicht signifikant von der Gesamtlesedauer am Ende der Diagnose- und Therapiesitzung nach der Vermittlung einer individuellen kompensatorischen Lesestrategie ab.

H1: Die Gesamtlesedauer zu Beginn der Diagnose- und Therapiesitzung weicht in der Experimentalgruppe signifikant von der Gesamtlesedauer am Ende der Diagnose- und Therapiesitzung nach der Vermittlung einer individuellen kompensatorischen Lesestrategie ab.

H1a: Die Gesamtlesedauer ist zu Beginn signifikant kürzer als am Ende.

H1b: Die Gesamtlesedauer ist zu Beginn signifikant länger als am Ende.

Es konnte gezeigt werden, dass sich die Texthälften des ZLT in ihrer Schwierigkeit dahingehend unterschieden, als dass Kinder, welche den 2. Teil nach Therapie *am Ende* der Sitzung lasen (Gruppe 1), signifikant mehr Zeit dafür benötigten, als Kinder, welche den 1. Teil nach Therapie *am Ende* der Sitzung lesen mussten (Gruppe 2).

Aus diesem Grund wird auch an dieser Stelle ein *cross-match* der Gruppen vorgenommen und aus den beiden Experimentalgruppen mit jeweils 22 Kin-

126

dern eine Gesamtgruppe gebildet ('Experimentalgruppe gesamt', n = 44), um den Einfluss der Texthälftenschwierigkeit zu kontrollieren.

Um die Gesamtlesedauer *zu Beginn* der Diagnose- und Therapiesitzung (vor Therapie) mit der Gesamtlesedauer *am Ende* der Sitzung (nach Therapie) innerhalb der 'Experimentalgruppe gesamt' zu vergleichen, wurde ein Mittelwertvergleich durchgeführt.

Tabelle 4.27 zeigt nun die Ergebnisse des Mittelwertvergleichs der Gesamtlesedauer innerhalb der 'Experimentalgruppe gesamt'.

	Gesamtlesedauer vor Therapie (*zu Beginn* der Sitzung)		Gesamtlesedauer nach Therapie (*am Ende* der Sitzung)		Signifikanz	
'Experimentalgruppe gesamt' (n = 44)	M = 195,59 s	SD = 76,333 s	M = 445,70 s	SD = 153,762 s	p = 0,000	***

Tabelle 4.27: Vergleich der Gesamtlesedauer innerhalb der 'Experimentalgruppe gesamt' *zu Beginn* (vor Therapie) und *am Ende* der Diagnose- und Therapiesitzung (nach Therapie)
Anmerkungen:
Verwendet wurde der T-Test für abhängige Stichproben. M = Mittelwert, SD = Standardabweichung, s = Sekunden

Es war zu beobachten, dass in der 'Experimentalgruppe gesamt' nach Therapie *am Ende* der etwa eineinhalbstündigen Sitzung die Gesamtlesedauer im Vergleich zur Lesedauer *zu Beginn* der Sitzung hoch signifikant gestiegen war (von rund 196 s vor Therapie auf rund 446 s nach Therapie). Abbildung A 4-13 zeigt die grafische Darstellung der Gesamtlesedauer vor und nach Therapie in der 'Experimentalgruppe gesamt'.

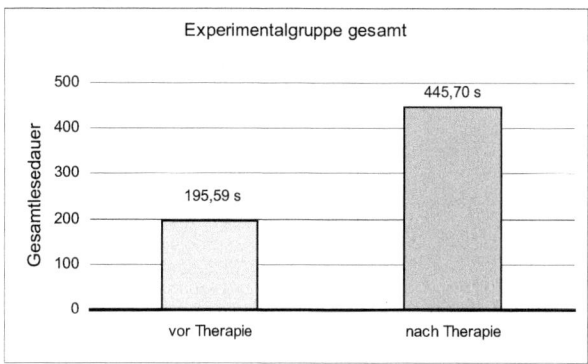

A 4-13: Durchschnittliche Gesamtlesedauer *zu Beginn* der Sitzung (vor Therapie) und *am Ende* der Sitzung (nach Therapie) in der 'Experimentalgruppe gesamt' (n = 44)
Anmerkungen:
s = Sekunden

Die Nullhypothese kann verworfen und anstatt dessen die Alternativhypothese H1a angenommen werden. Die Gesamtlesedauer ist nach Vermittlung einer kompensatorischen Lesestrategie in der 'Experimentalgruppe gesamt' im Vergleich zu der zu Beginn der Sitzung (vor Therapie) hoch signifikant gestiegen.

4.4.3 Hypothese bezüglich Gesamtlesedauer innerhalb der Vergleichsgruppe

Ho: Die Gesamtlesedauer zu Beginn der Diagnose- und Therapiesitzung weicht in der Vergleichsgruppe nicht signifikant von der Gesamtlesedauer am Ende der Diagnosesitzung ohne bis zu diesem Zeitpunkt erfolgte Vermittlung einer individuellen kompensatorischen Lesestrategie ab.

H1: Die Gesamtlesedauer zu Beginn der Diagnose- und Therapiesitzung weicht in der Vergleichsgruppe signifikant von der Gesamtlesedauer am Ende der Diagnosesitzung ohne bis zu diesem Zeitpunkt erfolgte Vermittlung einer individuellen kompensatorischen Lesestrategie ab.

H1a: Die Gesamtlesedauer ist zu Beginn signifikant kürzer als am Ende.

H1b: Die Gesamtlesedauer ist zu Beginn signifikant länger als am Ende.

Innerhalb der beiden Vergleichsgruppen (Gruppe 3 und Gruppe 4) konnte zwar nur ein tendenzieller und kein signifikanter Unterschied der Texthälften des ZLT bezüglich Gesamtlesedauer festgestellt werden. Um eine bessere Vergleichbarkeit von Experimentalgruppe und Vergleichsgruppe zu gewährleisten, werden an dieser Stelle jedoch auch die beiden Vergleichsgruppen mit je 22 Kindern mithilfe eines *cross-matches* zu einer Gesamtgruppe ('Vergleichsgruppe gesamt', n = 44) zusammengefasst. Um die Gesamtlesedauer *zu Beginn* der Diagnose- und Therapiesitzung (vor Therapie) mit der Gesamtlesedauer *am Ende* der Sitzung (vor Therapie) zu vergleichen, wurde ein Mittelwertvergleich durchgeführt. Tabelle 4.28 zeigt die Ergebnisse des Mittelwertvergleichs der Gesamtlesedauer *zu Beginn* mit der *am Ende* der Sitzung innerhalb der 'Vergleichsgruppe gesamt'.

	Gesamtlesedauer vor Therapie (*zu Beginn* der Sitzung)		Gesamtlesedauer vor Therapie (*am Ende* der Sitzung)		Signifikanz	
'Vergleichsgruppe gesamt' (n = 44)	M = 233,98 s	SD = 169,97 s	M = 228,77 s	SD = 167,13 s	p = 0,686	n.s.

Tabelle 4.28: Vergleich der Gesamtlesedauer innerhalb der 'Vergleichsgruppe gesamt' *zu Beginn* (vor Therapie) und *am Ende* der Diagnose- und Therapiesitzung (vor Therapie)
Anmerkungen:
Verwendet wurde der T-Test für abhängige Stichproben. M = Mittelwert, SD = Standardabweichung, s = Sekunden

Es war zu beobachten, dass sich die Gesamtlesedauer der 'Vergleichsgruppe gesamt' zwischen dem ersten Messzeitpunkt (*zu Beginn* der Sitzung) und dem zweiten Messzeitpunkt (*am Ende* der Sitzung) nicht signifikant verändert hat (rund 234 s *zu Beginn*, rund 229 s *am Ende*). Abbildung A 4-14 zeigt die grafische Darstellung der Gesamtlesedauer innerhalb der 'Vergleichsgruppe gesamt'.

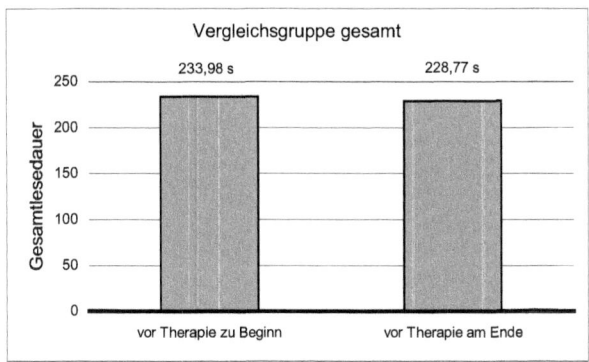

A 4-14: Durchschnittliche Gesamtlesedauer *zu Beginn* der Sitzung (vor Therapie) und *am Ende* der Sitzung (vor Therapie) in der 'Vergleichsgruppe gesamt' (n = 44)
Anmerkungen:
s = Sekunden

Die Nullhypothese kann beibehalten werden. Die Gesamtlesedauer *zu Beginn* der Diagnose- und Therapiesitzung weicht in der Vergleichsgruppe nicht signifikant von der Gesamtlesedauer *am Ende* der Sitzung ohne bis zu diesem Zeitpunkt erfolgte Vermittlung einer individuellen kompensatorischen Lesestrategie ab.

4.4.4 Hypothese bezüglich signifikanter Unterschiede der Gesamtlesedauer bei der Gegenüberstellung von Experimental- und Vergleichsgruppe

Ho: Die Gesamtlesedauer der Kinder der Experimentalgruppe am Ende der Diagnose- und Therapiesitzung nach der Vermittlung einer individuellen kompensatorischen Lesestrategie weicht nicht signifikant von der Gesamtlesedauer der Kinder der Vergleichsgruppe ab, welche zu diesem Zeitpunkt noch keine Intervention im Sinne einer Vermittlung einer kompensatorischen Lesestrategie erhalten haben.

H1: Die Gesamtlesedauer der Kinder der Experimentalgruppe am Ende der Diagnose- und Therapiesitzung nach der Vermittlung einer individuellen kompensatorischen Lesestrategie weicht signifikant von der Gesamtlesedauer der Kinder der Vergleichsgruppe ab, welche zu diesem Zeitpunkt noch keine

Intervention im Sinne einer Vermittlung einer kompensatorischen Lesestrategie erhalten haben.

H1a: Die Gesamtlesedauer der Experimentalgruppe ist am Ende der Sitzung signifikant länger als die der Vergleichsgruppe.

H1b: Die Gesamtlesedauer der Experimentalgruppe ist am Ende der Sitzung signifikant kürzer als die der Vergleichsgruppe.

Es wurden Kinder der 'Vergleichsgruppe gesamt', welche zum zweiten Messzeitpunkt noch keine kompensatorische Lesestrategie vermittelt bekommen hatten, bezüglich der Gesamtlesedauer mit Kindern der 'Experimentalgruppe gesamt', welche bereits eine solche Lesestrategie erlernt hatten, verglichen.

Hierzu wurden Mittelwertvergleiche zwischen 'Experimentalgruppe gesamt' und 'Vergleichsgruppe gesamt' bezüglich Gesamtlesedauer *zu Beginn* der Sitzung und Gesamtlesedauer *am Ende* der Sitzung durchgeführt. Eine Prüfung auf Varianzhomogenität der Datensätze ergab, dass die Varianzen von 'Experimentalgruppe gesamt' und 'Vergleichsgruppe gesamt' zwar *am Ende* der Sitzung (Levené-Test: p = 0,872 (n.s.)), jedoch nicht *zu Beginn* der Sitzung (Levené-Test: p = 0,003 (**)) vergleichbar waren. Aus diesem Grund wurde zum Vergleich ein parameterfreier Mittelwerttest verwendet (Tabelle 4.29).

	Gesamtlesedauer *zu Beginn* der Sitzung		Signifikanz	
'Experimentalgruppe gesamt' vor Therapie	MD = 178,50 s	1. Q. = 134,50 s	p = 0,815	n.s.
		3. Q. = 254,25 s		
'Vergleichsgruppe gesamt' vor Therapie	MD = 182,50 s	1. Q. = 122,50 s		
		3. Q. = 284,25 s		
	Gesamtlesedauer *am Ende* der Sitzung		Signifikanz	
'Experimentalgruppe gesamt' nach Therapie	MD = 447,50 s	1. Q. = 328,50 s	p = 0,000	***
		3. Q. = 514,00 s		
'Vergleichsgruppe gesamt' vor Therapie	MD = 170,50 s	1. Q. = 125,75 s		
		3. Q. = 278,75 s		

Tabelle 4.29: Vergleich der Gesamtlesedauer zwischen 'Experimentalgruppe gesamt' (n = 44) und 'Vergleichsgruppe gesamt' (n = 44) *zu Beginn* und *am Ende* der Sitzung
Anmerkungen:
Verwendet wurde der U-Test nach Mann & Whitney. MD = Median, Q = Quartil, s = Sekunden

Zu Beginn der Sitzung unterschieden sich die beiden Gruppen hinsichtlich ihrer Gesamtlesedauer nicht signifikant voneinander ('Experimentalgruppe gesamt': rund 179 Sekunden, 'Vergleichsgruppe gesamt': rund 183 Sekunden). Anders sieht es aus, wenn man die Gesamtlesedauer *am Ende* der Sitzung betrachtet. 'Experimentalgruppe gesamt', deren Kinder bereits eine kompensatorische Lesestrategie vermittelt bekommen hatten, benötigte im Vergleich zur 'Vergleichsgruppe gesamt', deren Kinder noch keine Intervention erhalten hatten, *am Ende* der Sitzung hochsignifikant mehr Zeit zum Lesen ('Experimentalgruppe gesamt': rund 448 Sekunden, 'Vergleichsgruppe gesamt': rund 171 Sekunden). Abbildung A 4-15 verdeutlicht die durchschnittliche Gesamtlesedauer in den beiden Gesamtgruppen *zu Beginn* und *am Ende* der Sitzung grafisch.

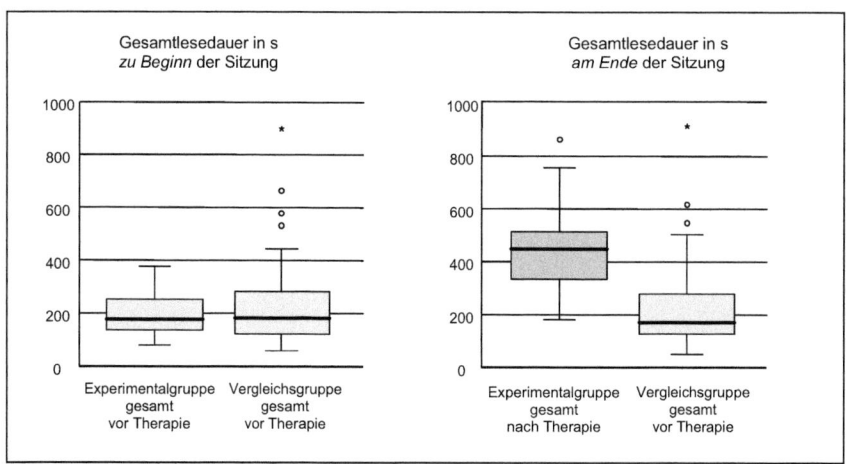

A 4-15: Boxplot-Diagramm zur grafischen Darstellung der durchschnittlichen Gesamtlesedauer in den beiden Gesamtgruppen *zu Beginn* und *am Ende* der Sitzung.
Anmerkungen:
Dargestellt sind die Mediane und als Streuungsmaße das 1. und 3. Quartil. s = Sekunden. (genaue Erklärung und Interpretation von Boxplots siehe Kapitel 3.7)

Abbildung A 4-16 zeigt die grafische Darstellung der Gesamtlesedauer in den beiden Gesamtgruppen *zu Beginn* und *am Ende* der Sitzung ohne Darstellung der Streuungsmaße, dafür mit Angabe der Lesedauer in Sekunden.

131

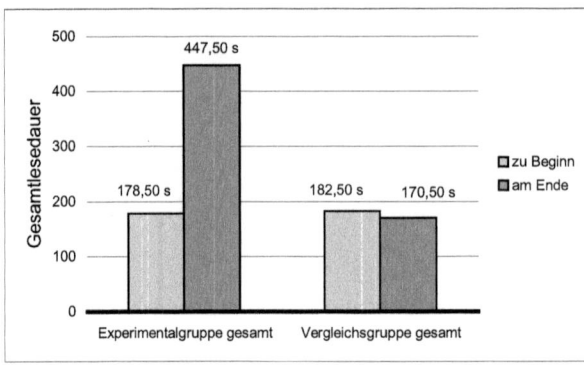

A 4-16: Durchschnittliche Gesamtlesedauer in den beiden Gesamtgruppen *zu Beginn* und *am Ende* der Sitzung
Anmerkungen:
Dargestellt sind die Mediane. s = Sekunden
'Experimentalgruppe gesamt' (n = 44): *zu Beginn*: vor Therapie/*am Ende*: nach Therapie
'Vergleichsgruppe gesamt' (n = 44): *zu Beginn*: vor Therapie/*am Ende*: vor Therapie

Den Ergebnissen zufolge kann die Nullhypothese verworfen werden. Anstatt dessen wird die Alternativhypothese H1b angenommen. Die Gesamtlesedauer ist in der 'Experimentalgruppe gesamt' (in der den Kindern eine kompensatorische Lesestrategie vermittelt wurde) *am Ende* der Sitzung hoch signifikant länger als in der 'Vergleichsgruppe gesamt', welche zu diesem Zeitpunkt der Messung noch keine Intervention erhalten hatte.

5 Diskussion

Die vorliegende Untersuchung ist eine randomisierte Studie an Kindern mit Lesestörungen, welche innerhalb einer einzigen Sitzung mithilfe des PC-Programms celeco – *Richtig lesen lernen* zunächst in einer Diagnosephase die Einzelleistungen ermittelte, welche bei Verminderung oder Fehlabstimmung untereinander hinreichende Bedingungen für das Entstehen der Lesestörungen waren und zwar dann, wenn versucht wurde, eine größere Leistung zu erbringen. Anschließend wurde nach einer Therapiephase, in der die Betroffenen eine kompensatorische Lesestrategie erlernt hatten, der Erfolg dieser neu erlernten Strategie überprüft.

5.1 Diskussion der Methoden

Das der Studie zugrunde liegende PC-gestützte Programm wurde sowohl zur Diagnostik, als auch zur Therapie von Lesestörungen verwendet. Die einzelnen Module des Programms erlauben es, einerseits einzelne Wahrnehmungsleistungen, die für das Lesen grundlegend notwendig sind und andererseits verschiedene verminderte Einzelleistungen, die hinreichende Bedingungen für ein gestörtes Lesen darstellen, zu prüfen. In der vorliegenden Studie wurden drei in ihrer Ausprägung messbare am Leseprozess beteiligte Einzelleistungen, die bei Verminderung oder Fehlabstimmung hinreichende Bedingungen für ein gestörtes Lesen sein können, näher untersucht. Die Anzahl simultan erkennbarer Buchstaben, die Länge der benötigten Fixationszeit und die Länge der benötigten Abrufzeit konnten genau bestimmt werden. Neben diesen Leistungen wurden in der Studie zusätzlich weitere beobachtbare Auffälligkeiten während des Lesens erhoben. Dazu zählten zum einen übermäßige bzw. den übrigen Leistungen nicht angepasste Augenbewegungen nach links (Regressionen) und nach rechts (Blicksprünge). Die Größe und Häufigkeit solcher Augenbewegungen können nur mit einem infrarotreflektierenden Augenbewegungsmesssystem genau bestimmt werden und sind mit dem der Untersuchung zugrunde liegenden Programm in dieser Ausprägung nicht messbar. Als Beleg für vermehrte Augenbewegungen nach links und nach rechts galt in der vorliegenden Studie, wenn ein Kind, nachdem alle übrigen hinreichenden Bedingungen für ein gestörtes Lesen abgeschaltet waren, immer noch Lesefehler produzierte, die Rate dieser jedoch durch Ausblenden des Textes links bzw. rechts des zu lesenden Wortes auf unter 5 % gesenkt werden konnte. Eine genaue Bestimmung der Größe solcher Augenbewegungen scheint für den Forscher von Interesse, ist für die Therapie jedoch nicht relevant, da dem Kind durch Einstellung der übrigen Parameter bereits signalisiert wurde, wie groß seine Blicksprünge höchstens sein dürfen, damit es Wörter oder Wortsegmente sicher erkennen kann. Das Ausblenden des Textes, welches in 20 Kontraststufen erfolgen kann, stellt lediglich eine zusätzliche Hilfe für den Beginn der Therapie dar. Vermehrte Augenbewegungen stellen größtenteils keine hinreichende Bedingung für ein gestörtes Lesen an sich dar, nehmen jedoch einen wichtigen Platz im Bedingungsnetz für die Entstehung von Lesestörungen ein.

Daneben wurden in der vorliegenden Studie Auffälligkeiten wie Erbuchstabieren von Wörtern und leises flüsterndes Zusammenschleifen von Wörtern dokumentiert. Das Kriterium, dass mindestens zwei von 20 Wörtern einer Wortliste bei der tachistoskopischen Darbietung oder mindestens zwei Wörter eines Textes auf diese Weise gelesen wurden, ist ein willkürlich gesetztes Kriterium. Die besondere Erwähnung solcher Leseauffälligkeiten erfolgte deshalb, weil damit Formen von Lesestörungen aufgegriffen werden sollten, bei denen die betroffenen Kinder entweder für das Lesen wichtige Voraussetzungen zum Teil noch nicht ausreichend erworben haben oder bei denen bestimmte für das Lesen notwendige Bedingungen nur gering ausgeprägt sind. Auch diese Art von Lesestörungen sind jedoch mit dem Programm therapierbar.

Eine letzte in der Studie hervorgehobene Auffälligkeit stellt das korrekte Erbuchstabieren bei unkorrekt produzierter Lautfolge dar. Dieses Merkmal zeigt eine weitere Besonderheit im Diagnoseprozess, das bei der Klärung der hinreichenden Bedingungen berücksichtigt werden muss. Es liefert einen wichtigen Hinweis darauf, ob ein Kind innerhalb einer bestimmten Zeit eine Buchstabenfolge tatsächlich nicht erkennen oder lediglich nicht die dazugehörige korrekte Lautfolge bilden kann.

Die Frage nach zusätzlichen Auffälligkeiten beim Lesen trägt der Tatsache Rechnung, dass Lesestörungen ganz unterschiedliche Erscheinungsbilder haben können, welche bereits zu Beginn einer Diagnosephase schon Hinweise auf die der Lesestörung zugrunde liegenden hinreichenden Bedingungen geben können.

Insgesamt muss gesagt werden, dass in der vorliegenden Studie sowohl „harte" Kriterien wie die in ihrer Ausprägung messbaren Leistungseinschränkungen als auch „weiche" Kriterien, wie die erhobenen weiteren Auffälligkeiten beim Lesen erfasst wurden. Ziel weiterer Studien sollte sein, diese weichen Kriterien noch besser zu operationalisieren, damit eine bessere Vergleichbarkeit mit anderen Studien gewährleistet werden kann.

5.2 Diskussion der Ergebnisse

5.2.1 Soziodemografische Daten

Zahlreiche Autoren (Olson, 2002, Katusic et al., 2001) konnten zeigen, dass Jungen häufiger von Lesestörungen betroffen sind, als Mädchen. Dies deckt sich mit Ergebnissen der vorliegenden Studie. Etwa zwei Drittel der insgesamt 88 Kinder und Jugendlichen waren männlich, ein Drittel weiblich. Etwa zwei Drittel aller Kinder, die sich mit Lesestörungen vorstellten, besuchten die dritte oder vierte Klasse der Grundschule. Mehr als ein Fünftel aller Kinder der Stichprobe (22 %) besuchten die fünfte oder eine höhere Schulklasse.

Dies zeigt, dass Lesestörungen häufig nicht wie erhofft bereits im ersten oder zweiten Schuljahr, sondern erst zum Teil viel später erkannt werden und erst dann behandelt werden können. Lediglich knapp 13 % der Kinder waren Zweitklässler.

Eine Studie von Esser & Schmidt (1993) legte eindrucksvoll dar, dass Legastheniker im Allgemeinen relativ niedrige Schulabschlüsse erreichen. Den Ergebnissen der Studie zufolge entsprechen Schulverlauf und Abschluss eines Legasthenikers sogar nur dem eines Minderbegabten. Auch eine große Zahl der Schüler der vorliegenden Untersuchung, nämlich knapp 58 % der Kinder, welche eine erweiterte Schule besuchten, waren Hauptschüler. Diese Ergebnisse machen deutlich, dass eine wirksame Therapie der leseschwachen Schüler dringend notwendig ist, da den Betroffenen andernfalls ihren übrigen Begabungen entsprechende Bildungswege verwehrt bleiben und dies im Ergebnis neben einschneidenden persönlichen auch volkswirtschaftliche Konsequenzen nach sich zieht.

5.2.2 Hinreichende Bedingungen für die Entstehung von Lesestörungen

Als *hinreichende Bedingungen* für die Entstehung von Lesestörungen wurden zum einen verminderte Einzelleistungen gefunden, deren Ausprägung mit dem Programm im Einzelnen messbar ist. Die Ausprägung der Einzelleistungen wurde mithilfe der tachistoskopischen Darbietung von Pseudowörtern erhoben. Des Weiteren wurden mithilfe des Programms zudem während der tachistoskopischen Darbietung und während des Textlesens weitere Auffälligkeiten beim Lesen protokolliert.

Zu Einzelleistungen, deren Ausprägung mit dem Programm gemessen wurde und welche bei Verminderung oder Fehlabstimmung hinreichende Bedingungen für ein gestörtes Lesen der Kinder darstellten, gehören:

1. ein eingeschränktes Aufmerksamkeitsfeld bzw. eine eingeschränkte Fähigkeit des Simultanerkennens (dennoch Versuch, größere Segmente zu erkennen),

2. eine benötigte verlängerte Fixationszeit (die nicht eingehalten wird),

3. eine benötigte verlängerte Abrufzeit von Lautfolgen (die nicht eingehalten wird).

Diese Leistungseinschränkungen sind nicht isoliert voneinander zu betrachten, sondern bedingen sich beim Entstehen von Lesefehlern gegenseitig.

Einige Autoren (Findeisen et al., 2000, Dummer-Smoch & Hackethal, 1999, Hofmann, 1998, Reuter-Liehr, 1993, 2001) empfehlen für die Therapie von Lesestörungen und für den Erstleseunterricht das silbenweise Lesen. Bott (2005) konnte zeigen, dass ein solches Vorgehen bei der Therapie von Dyslektikern nicht zielführend ist. Eine Erklärung dafür bieten die Ergebnisse der vorliegenden Untersuchung. Mehr als 90 % der Kinder wiesen ein eingeschränktes Aufmerksamkeitsfeld/eine eingeschränkte Fähigkeit des Simultanerkennens von maximal fünf Buchstaben auf. 70 % der Kinder waren sogar lediglich in der Lage, drei bis vier Buchstaben simultan zu erkennen. Ein eingeschränktes Aufmerksamkeitsfeld bzw. eine eingeschränkte Fähigkeit des Simultanerkennens ist dann als hinreichende Bedingung für das Entstehen von Lesefehlern zu betrachten, wenn das betroffene Kind versucht, größere Wortsegmente auf einmal zu erkennen bzw. unangemessen große Blicksprünge ausführt und/oder dieses Segment zu kurz fixiert. Der beim Textlesen bisher unternommene Versuch, größere Wortsegmente auf einmal zu ‚lesen', musste zwangsläufig scheitern. Die Ergebnisse zeigen, dass zwei Drittel der Kinder der Stichprobe beim Lesen von Texten verständlicherweise völlig überfordert sind, wenn Wort- oder Silbenlängen die Grenze von drei bis vier Buchstaben überschreiten. Sie versuchen, viel zu große Wortsegmente auf einmal zu erkennen. Dies kann nicht gelingen und die Folge ist ein fehlerhaftes Lesen.

Schiepers (1980) konnte zeigen, dass die durchschnittliche Fixationszeit normallesender Erwachsener etwa 200 Millisekunden beträgt. Baer (1979) erhob bei Drittklässlern Fixationszeiten von durchschnittlich 290 Millisekunden. Etwa die Hälfte der Kinder (52 %) der vorliegenden Studie benötigte zum sicheren Erkennen von Wörtern unterschiedlicher Länge maximal 250 Millisekunden. Die übrige Hälfte (48 %) benötigte eine längere Fixationszeit von bis zu 450 Millisekunden. Die verlängerte Fixationszeit stellt in diesem Zusammenhang eine hinreichende Bedingung für das Entstehen von Lesefehlern dar, wenn sie nicht ausreichend Abstimmung mit der Fähigkeit des Simultanerkennens bzw. der Größe des Aufmerksamkeitsfeldes auf der einen und der Blicksprunggröße auf der anderen Seite findet. Wurden die Kinder mit benötigten Fixationszeiten von über 250 Millisekunden beim Textlesen dazu angehalten, das entsprechende Wortsegment länger zu fixieren, reduzierte sich die Lesefehlerzahl beträchtlich.

Zahlreiche Autoren (Plume et al., 2005, Mayringer & Wimmer, 1999, Eden et al., 1995, Felton et al., 1990, Felton & Wood, 1989) konnten beobachten, dass Dyslektiker deutlich mehr Zeit zum Abruf bzw. Benennen von Buchstaben, Pseudowörtern und Objekten benötigen als normale Leser. Eine genaue Messung von Phonemabrufzeiten für korrekt ausgesprochene Wörter führte Schiepers (1980) an normallesenden Erwachsenen durch. Die Zeit von Beginn der Darbietung bis zum korrekten Aussprechen der Wörter lag hier bei 650 Millisekunden.

In der vorliegenden Untersuchung betrug die durchschnittliche Abrufzeit für korrekte Lautfolgen 1265 Millisekunden (1. Quartil: 973 Millisekunden, 3. Quartil 1879 Millisekunden). Nach Werth (2003) kann eine Abrufzeit von durchgehend über 800 bis 1000 Millisekunden als verlängert angesehen werden. Mehr als 90 % der Kinder der vorliegenden Studie wiesen demnach eine benötigte verlängerte Abrufzeit für Lautfolgen auf. Das bedeutet, dass diese Kinder Wörter nicht unmittelbar nach Beginn ihrer Darbietung korrekt aussprechen konnten, sondern mindestens 800 Millisekunden, meist sogar noch deutlich längere Zeit, zum Abruf der entsprechenden Lautfolgen benötigten.

Eine verlängerte Abrufzeit kann jedoch erst dann als hinreichend für das Entstehen von Lesefehlern betrachtet werden, wenn die betreffende Person diese nicht einhält, also zu früh spricht. Es zeigte sich erwartungsgemäß, dass sich mit der Länge der Darbietungszeit der Pseudowörter auch die Abrufzeit verlängerte.

Schiepers (1980) konnte interessanterweise feststellen, dass bei Wörtern einer Länge zwischen zwei und vier Buchstaben die Abrufzeit mit wachsender Länge sank. Ab einer Länge von fünf Buchstaben stieg die Abrufzeit mit zunehmender Wortlänge sukzessive wieder an. Dieses verblüffende Ergebnis konnte auch in der vorliegenden Stichprobe festgestellt werden. Gerade bei Wortlisten aus Pseudowörtern einer Länge von nur drei Buchstaben wurde eine besonders lange Abrufzeit benötigt. Im Vergleich dazu wurde bei Listen aus Wörtern einer Länge von vier bis sechs Buchstaben deutlich weniger Zeit zum Abruf benötigt. Aus den vorliegenden Ergebnissen kann geschlussfolgert werden, dass Kinder, welche nur drei Buchstaben simultan erkennen und gleichzeitig auch eine deutlich verlängerte Abrufzeit benötigen, die schwächste Gruppe unter den Lesegestörten darstellen. Die Kinder, welche vier bis sechs Buchstaben simultan erkennen können, sind insgesamt bei der Betrachtung der Einzelleistungen stärker. Auch sie benötigen eine verlängerte Abrufzeit, jedoch ist diese schon bedeutend kürzer als die der Kinder mit einer Fähigkeit des Simultanerkennens von nur drei Buchstaben. Diesen schwachen Kindern wurden in der Diagnosephase gar nicht erst Wortlisten aus fünf oder sechs Buchstaben langen Wörtern dargeboten, weil sie bereits bei Wörtern aus vier Buchstaben Probleme hatten. Die vergleichsweise „guten Lesegestörten" der Stichprobe bekamen Wörter einer Länge von vier und nach erfolgreicher Bewältigung solche von fünf bis sechs Buchstaben dargeboten. Eine Darbietung von Wörtern einer Länge von drei Buchstaben war bei ihnen nicht notwendig.

Während der Diagnosephase wurden zudem sonstige Auffälligkeiten während der tachistoskopischen Darbietung von Pseudowörtern und beim Textlesen protokolliert. Es wurde dabei beobachtet, dass knapp ein Fünftel der Kinder (17 %) häufig Pseudowörter korrekt buchstabieren konnte, jedoch ein solches als ganzes Wort nicht korrekt aussprach. Dies kann als Folge einer mangelnden Fähigkeit, gesehene Buchstaben zu einer Lautfolge zusammen zu schleifen oder als Folge einer benötigten verlängerten Abrufzeit interpretiert werden, die der Leser nicht eingehalten hat. Die Fähigkeit, das Wort korrekt zu buchstabieren, zeigt, dass das Kind alle Buchstaben innerhalb der vorgegebenen Fixationszeit erkannt hat. Ein eingeschränktes Aufmerksamkeitsfeld/eine eingeschränkte Fähigkeit des Simultanerkennens und eine benötigte verlängerte Fixationszeit scheiden deshalb als hinreichende Bedingung für die falsche Benennung aus.

Rund ein Drittel (36 %) aller Kinder führte beim Textlesen gemessen an ihren übrigen Fähigkeiten zu große Blicksprünge nach rechts aus. Dies wurde deutlich, wenn man bei einem Kind, das beispielsweise dadurch auffiel, dass es besonders kleine Wörter und Wortendungen von längeren Wörtern ,überlas', den Text rechts vom zu lesenden Wortsegment ausblendete und die übrigen Leseparameter (Segmentgröße, Fixationszeit, Abrufzeit) auf seine individuellen Fähigkeiten abstimmte. Das Kind war nun nicht mehr in der Lage, zu große Blicksprünge nach rechts durchzuführen. Seine Fehlerzahl reduzierte sich nun drastisch. Bei etwa einem Fünftel (17 %) konnten vermehrte Regressionen beobachtet werden. Deutlich wurde dies, wenn ein Kind während des Textlesens mehrfach zu bereits gelesenen Wörtern oder Wortteilen zurückkehrte, indem es diese laut wiederholte. Zahlreiche Autoren (Biscaldi, 1994, Rayner, 1981, Baer, 1979, Morton, 1964) konnten zeigen, dass auch normallesende Personen Augenbewegungen nach links durchführen, sogar während sie laut fehlerfrei lesen. Trauzettel-Klosinski (2004) stellte fest, dass dyslektische Kinder im Vergleich zu normallesenden beim Textlesen deutlich mehr Blicksprünge nach links produzieren. Da sie diese vermehrten Augenbewegungen nicht bei nonverbalem Material feststellen konnte, schlussfolgerte sie, dass Augenbewegungen nach links Folge einer verzögerten oder gestörten Umsetzung von gesehenen Buchstaben in eine Lautfolge sind.

Bei Kindern der vorliegenden Untersuchung wurden Regressionen nur dann besonders vermerkt, wenn trotz Einstellung der übrigen Parameter (Segmentgröße, Fixationszeit, Abrufzeit) wiederholt die gleichen Wörter gelesen wurden und dies hörbar das Lesen zusätzlich erschwerte. Im Wesentlichen konnten Regressionen in der vorliegenden Untersuchung schon allein dadurch drastisch reduziert werden, dass die übrigen Leseparameter individuell eingestellt wurden. Einige Kinder erfuhren jedoch eine zusätzliche Erleichterung dadurch, dass man den Text links vom zu lesenden Wortsegment ausblendete.

Knapp ein Fünftel (18 %) aller Kinder flüsterte sich längere Wörter zunächst stückweise vor, um diese dann als ganzes Wort laut auszusprechen. Bei diesen Kindern wurde festgestellt, dass sie nur jeweils relativ kurze Segmente innerhalb einer Fixationsphase simultan erkennen können. Um dies zu kompensieren, werden Lautfolgen erkannter Segmente flüsternd aneinander gereiht, bis ein sinnvolles Wort entsteht und als Ganzes laut ausgesprochen wird. Da sich ein solches Kind auf diese Weise ein hohes Maß an Merkfähigkeit abverlangt, wird angenommen, dass es dadurch rasch ermüdet, woraus sich weitere Leseschwierigkeiten ergeben.

Schließlich konnte etwa ein Zehntel (11 %) aller Kinder dabei beobachtet werden, wie sie sich einige (v. a. längere) Wörter teilweise erbuchstabierten. Es kann daraus geschlossen werden, dass die Fähigkeit, gesehene Buchstaben zu einer Lautfolge zusammen zu schleifen, bei diesen Kindern noch nicht vollständig ausgebildet ist. Das durchschnittliche Alter dieser Kinder von 9;2 Jahren zeigt, dass es sich hierbei tatsächlich um die jüngeren, noch leseunerfahreneren Kinder handelte (ca. 75 % der Stichprobe waren älter als 9;2 Jahre).

Insgesamt kann gesagt werden, dass bei Kindern der vorliegenden Stichprobe in unterschiedlichen Teilbereichen des Leseprozesses verminderte Einzelleistungen gefunden wurden. Darüber hinaus wiesen viele Kinder zusätzliche Auffälligkeiten auf, die auf der Grundlage anderer Bedingungen entstehen und das Lesen zusätzlich einschränken können. Vor dem Hintergrund der geschilderten Ergebnisse kann besonders der Versuch, lesegestörte Kinder zu zügigerem und silbenweisem Lesen anzuspornen, ohne ihre genauen Schwächen zu kennen, daher als kontraproduktiv angesehen werden. Es müssen vielmehr zunächst die verminderten Einzelleistungen, die hinreichende Bedingungen für die jeweilige Lesestörung sind, ermittelt werden, um anschließend dem Kind eine Lesestrategie zu vermitteln, die speziell auf seine Schwachstellen im Leseprozess abgestimmt ist.

5.2.3 Texthälftenschwierigkeit

Es zeigte sich, dass die zweiten Texthälften der Karten drei, vier und fünf des für die Studie verwendeten Zürcher Lesetests nicht nur länger als die ersten Texthälften waren, sondern auch erheblich schwieriger. Diese unterschiedliche Schwierigkeit erwies sich jedoch nur dann als statistisch bedeutsam, wenn die zweite Texthälfte am Ende der Sitzung gelesen wurde. Zu Beginn der Sitzung unterschieden sich die beiden gelesenen Texthälften weder hinsichtlich Fehlerzahl noch hinsichtlich Lesedauer signifikant voneinander. Dieses zunächst verblüffende Ergebnis kann so erklärt werden, dass sich die unterschiedliche Länge der Texthälften (die zweite Texthälfte war 24 Wörter länger als die erste) erst dann im Sinne höherer Fehlerzahlen und längerer Lesedauer bemerkbar machte, wenn die Kinder ermüdet waren und ihre Konzentration nachließ. Nach einer ein- bis eineinhalbstündigen Sitzung intensiven Lesens ist es verständlich, dass gerade leseschwache Kinder erschöpft sind. Kinder, welche die zweiten (längeren) Texthälften am Ende einer solchen Sitzung lesen mussten, hatten ungleich mehr Anstrengung aufzubringen, als Kinder, welche die kürzere Texthälfte am Ende lasen. Die Variable „Erschöpfung" kann in diesem Zusammenhang folglich als Moderatorvariable für die Texthälftenschwierigkeit betrachtet werden.

5.2.4 Lesefehler

Es konnte gezeigt werden, dass durch Anwendung einer zuvor mithilfe des celeco-Programmpakets vermittelten kompensatorischen Lesestrategie die Zahl der Lesefehler bei Kindern der Experimentalgruppe innerhalb einer einzigen Sitzung um rund 59 % reduziert werden konnte. Dies entspricht einer Fehlerreduktion von ca. 20 Fehlern vor Therapie zu Beginn der Sitzung auf rund 8 Fehler nach Therapie am Ende der Sitzung. In der Vergleichsgruppe, welche bis zum zweiten Messzeitpunkt keine Intervention erhalten hatte, veränderte sich die Zahl der Lesefehler erwartungsgemäß nicht.

Auch beim Vergleich zwischen Experimentalgruppe und Vergleichsgruppe zeigte sich, dass diese sich zu Beginn der Sitzung vor Therapie nicht hinsichtlich ihrer Fehlerzahl voneinander unterschieden. Am Ende der Sitzung zeigte sich, dass die Experimentalgruppe eine hoch signifikant geringere Lesefehlerzahl aufwies, als die Vergleichsgruppe ohne Therapie. Dies ist umso bedeutsamer, als dass man beachten muss, dass Kinder der Experimentalgruppe – betrachtet man den zeitlichen Verlauf der Sitzung – zum zweiten Messzeitpunkt noch viel erschöpfter sein mussten. Im Gegensatz zur Vergleichsgruppe, deren zweiter Lese-Messzeitpunkt unmittelbar auf die Diagnosephase folgte, mussten die Kinder der Experimentalgruppe zur Vermittlung der neuen Lesestrategie einen zusätzlichen Text lesen. Erst danach folgte der zweite Messzeitpunkt, zu dem sie die gelernte Strategie auf den übrigen Teil des standardisierten Textes selbständig übertragen sollten.

5.2.5 Lesedauer

Es konnte gezeigt werden, dass durch Anwendung einer erlernten kompensatorischen Lesestrategie die Gesamtlesedauer in der Experimentalgruppe hochsignifikant anstieg. In der Vergleichsgruppe blieb die Gesamtlesedauer erwartungsgemäß konstant. Bei einem Vergleich zwischen Experimentalgruppe und Vergleichsgruppe zeigte sich, dass die Gesamtlesedauer in beiden Gruppen vor Therapie vergleichbar war. Nach Therapie lag die Lesedauer in der Experimentalgruppe hoch signifikant über der in der Vergleichsgruppe.

Ein so starker Anstieg der Lesedauer scheint auf den ersten Blick zunächst ein unerwünschtes Ergebnis einer therapeutischen Intervention zu sein. Betrachtet man dieses Ergebnis jedoch vor dem Hintergrund der gefundenen hinreichenden Bedingungen für ein gestörtes Lesen (verlängerte benötigte Fixationszeit, verlängerte benötigte Abrufzeit), so ist eine verlängerte Lesedauer bei Anwendung der kompensatorischen Strategie nur eine logische Schlussfolgerung. Einerseits muss bedacht werden, dass es sich hier um eine einmalige Sitzung von nur 60 bis 90 Minuten handelte. Die Kinder der Experimentalgruppe hatten keine Möglichkeit, die Verkürzung der Fixations- und Abrufzeiten zu trainieren. Sie wendeten lediglich die soeben erlernte neue Lesestrategie an. Andererseits muss bei der Erhebung der Lesedauer mit beachtet werden, dass weder die Kürze noch die Länge der Lesedauer etwas über das Verständnis eines Textes aussagen. Die Kinder der vorliegenden Stichprobe mussten den Inhalt des Textes nicht wiedergeben. Geht man davon aus, dass Kinder, die sehr viele Lesefehler machen, Texte teilweise mehrfach lesen müssen, um diese zu verstehen, so wird sich erwartungsgemäß auch die Lesedauer dieser Kinder insgesamt deutlich verlängern. Ein Kind, welches mit der erlernten Strategie deutlich langsamer, jedoch sofort richtig liest, muss einen solchen Text insgesamt nur einmal lesen.

Zusammenfassend kann gesagt werden, dass die gemessene Verringerung der Lesefehlerzahl und der Anstieg der Lesedauer statistisch bedeutsam sind und als interventionsbedingt angesehen werden können.

Die kurze Zeitspanne zwischen den zwei Messzeitpunkten von etwa 60 Minuten ermöglicht zwar zunächst keine Aussage darüber, inwiefern Rückschlüsse auf langfristige Erfolge der Intervention gezogen werden können, zeigt jedoch, dass sich innerhalb kürzester Zeit ein Erfolg einer adäquaten Lesetherapie einstellen kann. Bei kontinuierlicher Anwendung der erlernten Lesestrategie und gleichzeitigem Training verminderter Einzelleistungen ist zudem davon auszugehen, dass sich nach einer längeren Zeitdauer bei einer Retestung die Lesefähigkeit eher noch weiter verbessern, als wieder verschlechtern wird.

Ein außerordentlicher Vorteil eines Kurzzeit-Interventions-Designs ist, dass unspezifische Faktoren einer Therapie wie beispielsweise vermehrte Zuwendung, Verbesserung der Konzentration, der Ausdauer und Motivation sowie Einflüsse durch verschiedene Untersucher und Trainer, die bei einem als Langzeitstudie angelegten Design unweigerlich auftreten, nahezu ausgeschlossen werden können.

Unberücksichtigt blieb in der vorliegenden Studie bei der Überprüfung der Lesefähigkeit das Leseverständnis. Eine Aussage, ob ein Schüler gut oder schlecht liest, ist erst dann wirklich zu treffen, wenn dieser Schüler nicht nur weitgehend fehlerfrei liest, sondern auch den Inhalt des Textes versteht.

Ziel weiterer Untersuchungen sollte sein, zum einen die langfristigen Erfolge einer Therapie mithilfe des PC-gestützen Programms celeco – *Richtig lesen lernen* zu überprüfen. Zum anderen sollte in weiteren Studien das Leseverständnis mit berücksichtigt werden.

6 Zusammenfassung

Lesestörungen stellen einen wesentlichen Anteil von Lernschwierigkeiten in Grund- und weiterführenden Schulen dar. Ein internationaler Vergleich der Lesekompetenz 15-jähriger Schüler konnte zeigen, dass 22 % der deutschen Jugendlichen nur geringste Lesefähigkeiten aufweisen. Lesestörungen per se sind kein Problem der deutschen Sprache, sondern kommen in allen Sprachen der Welt etwa gleich häufig vor. Die Fähigkeit des fehlerfreien Lesens an sich bildet die darauf aufbauende Grundlage für Kompetenzen wie Textverständnis und Interpretation. Mit den üblichen Leselehrmethoden lernen die meisten der Grundschüler das Lesen zügig und unproblematisch. Eine nicht zu vernachlässigende Anzahl an Schülern ist jedoch zum Teil bis ins hohe Schulalter nicht in der Lage, fehlerfrei und flüssig zu lesen und darüber hinaus während des Lesens Informationen über den Textinhalt zu gewinnen. Dies ist jedoch der Schlüssel für eine höhere Schul- und Berufsausbildung und stellt eine zentrale Weichenstellung für die zukünftige gesellschaftliche Positionierung der Heranwachsenden dar.

Obwohl das Problem auf breites pädagogisches und wissenschaftliches Interesse stößt, wird unter dem Begriff „Legasthenie" zumeist eine ganzheitliche Störung mit unterschiedlichen Symptomen verstanden, was zur Folge hat, dass Trainingsprogramme zur Behandlung bereits bestehender Lesestörungen Therapieelemente enthalten, die bei jedem Kind gleichermaßen angewendet werden sollen, jedoch nur für einen Teil auch wirklich nützlich und Erfolg bringend sind. Bei der Legasthenie handelt es sich jedoch um Lesestörungen (und Rechtschreibstörungen), die aufgrund unterschiedlichster Bedingungen entstehen können.

Ziel der vorliegenden Arbeit war es, zunächst zu klären, welche verschiedenen verminderten Einzelleistungen im Leseprozess, die hinreichende Bedingungen für die Entstehung von Lesestörungen sind, gefunden werden können. Anschließend sollte überprüft werden, inwieweit innerhalb einer einmaligen Therapiesitzung, welche spezifisch auf diese individuell gefundenen Bedingungen ausgerichtet ist, die Lesefähigkeit deutlich verbessert werden kann.

In der vorliegenden Studie wurde zur Diagnose der hinreichenden Bedingungen für die Entstehung einer Lesestörung und zur Vermittlung einer kompensatorischen Lesestrategie das PC-gestützte Programm celeco – *Richtig lesen lernen* verwendet. Dieses Programm wurde von Werth et al. (2003) speziell für die Diagnose und Therapie von Lesestörungen entwickelt.

88 Kinder und Jugendliche im Alter von 7 bis 16 Jahren nahmen an der Untersuchung teil.

Aus einem standardisierten Lesetest (Zürcher Lesetest) wurden drei Textkarten zu zwei Messzeitpunkten innerhalb einer insgesamt 60- bis 90-minütigen Sitzung gelesen.

Mithilfe des PC-Programms konnte der Lesevorgang in daran beteiligte Einzelprozesse aufgeteilt werden und es konnte im Einzelnen festgestellt werden, welche Schwachstelle im Leseprozess individuell zu der Lesestörung des jeweiligen Kindes geführt hat. Neben soziodemografischen Daten wurden also zunächst bei jedem Kind die am Lesen beteiligten Einzelleistungen (deren Verminderung eine hinreichende Bedingung für ein gestörtes Lesen darstellt, wenn das Lesen nicht adäquat darauf abgestimmt ist) erhoben.

Nachdem diese Bedingungen innerhalb der Diagnosephase identifiziert wurden, erhielt die Hälfte der Kinder (Experimentalgruppe) innerhalb der gleichen Sitzung eine therapeutische Intervention. Es wurde ihnen dazu eine individuell auf die für ihre Lesestörung verantwortlichen Bedingungen abgestimmte neue Lesestrategie vermittelt. Diese Strategie, mit der sie ihre eigenen Schwächen umgehen und sofort richtig lesen konnten, sollten sie schließlich selbständig beim Lesen eines Textes anwenden. Die übrige Hälfte der Kinder (Vergleichsgruppe) erhielt ebenfalls innerhalb der gleichen Sitzung, jedoch erst nach dem zweiten Messzeitpunkt eine solche therapeutische Intervention. Zur Feststellung des Interventionserfolgs wurden die Lesefehlerzahl und die Gesamtlesedauer erhoben.

Um den Einfluss der Texthälftenschwierigkeit der verwendeten Textkarten auf die Fehlerzahl und Lesedauer auszuschließen, wurden die Texte in zwei Hälften und die Kinder per Zufall auf vier Untersuchungsgruppen aufgeteilt, die in unterschiedlicher Reihenfolge zwei Texthälften des Tests lesen mussten. Jeweils die Hälfte der Kinder der Experimentalgruppe und der Vergleichsgruppe lasen die erste Texthälfte zum ersten Messzeitpunkt und die zweite zum zweiten Messzeitpunkt. Die jeweils übrige Hälfte las die Texthälften in umgekehrter Reihenfolge. Schließlich wurden die beiden Experimentalgruppen und die beiden Vergleichsgruppen in Form eines *crossmatches* wieder zu jeweils einer Gesamtgruppe zusammengefügt.

Es konnten in der vorliegenden Stichprobe im Wesentlichen drei verschiedene in ihrer Ausprägung messbare Einzelfähigkeiten des Leseprozesses extrahiert werden, welche hinreichende Bedingungen für Lesestörungen der Kinder darstellten und zwar insofern, als dass diese Einzelfähigkeiten vermindert waren, die Kinder ihre Lesestrategie aber nicht adäquat darauf einstellten. Dazu zählen 1. ein eingeschränktes Aufmerksamkeitsfeld bzw. eine eingeschränkte Fähigkeit des Simultanerkennens (bei 94 % der Kinder), 2. eine benötigte verlängerte Fixationszeit (bei 48 %) und 3. eine benötigte verlängerte Abrufzeit (bei 92 %). In einem weiteren Schritt konnten innerhalb dieser Bedingungen Untergruppen gebildet werden, die zwischen den einzelnen Kindern noch besser klassifizieren. Auf diese Weise entsteht ein Netz aus verschiedenen Bedingungen, die zu der jeweiligen Lesestörung geführt haben. Innerhalb eines solchen Bedingungsnetzes konnten weiterhin Auffälligkeiten wie zu große Blicksprünge, Regressionen, Erbuchstabieren von Wörtern und ein leises flüsterndes Zusammenschleifen von Wortteilen beobachtet werden, welche zwar keine eigenständigen hinreichenden Bedingungen für ein gestörtes Lesen darstellen, dieses jedoch zusätzlich in unterschiedlicher Ausprägung mitbedingen und das Lesen behindern können.

Zu Beginn der Sitzung unterschieden sich alle vier Untersuchungsgruppen hinsichtlich der Gesamtzahl der Lesefehler und der Gesamtlesedauer nicht signifikant.

Am Ende der Sitzung konnte gezeigt werden, dass Kinder, welche eine kompensatorische Lesestrategie erlernt hatten (Experimentalgruppen), eine hochsignifikant geringere Lesefehlerzahl aufwiesen als Kinder, die bis zu diesem Zeitpunkt noch keine Intervention erhalten hatten (Vergleichsgruppen). Kinder der Experimentalgruppen konnten die Zahl ihrer Lesefehler um 59 % hochsignifikant senken. Bei Kindern der Vergleichsgruppen veränderte sich die Zahl der Lesefehler nicht.

Hinsichtlich der Lesedauer konnte am Ende der Sitzung festgestellt werden, dass Kinder der Experimentalgruppen unter Anwendung der kompensatorischen Lesestrategie hochsignifikant mehr Lesezeit benötigten als Kinder der Vergleichsgruppen ohne Therapie.

Die Ergebnisse der Studie zeigen, dass Lesestörungen nicht homogen sind, sondern dass unterschiedliche verminderte Einzelleistungen innerhalb des Leseprozesses ein Netz aus hinreichenden Bedingungen für das Entstehen des jeweiligen Leseproblems bilden. Nur wenn ein Kind mit einer Lesestörung genau auf diese individuellen Bedingungen hin untersucht wird, ist es möglich, ihm auch eine speziell auf seine Lesestörung abgestimmte Therapie zu vermitteln, welche dann sofort zu einer Verbesserung der Lesefähigkeit führt.

Die vorliegende Arbeit zeigt, dass das celeco-Programmpaket einerseits die der Lesestörung zugrunde liegenden Bedingungen individuell diagnostisch ermitteln kann und andererseits ein Therapieinstrument darstellt, mit dessen Hilfe Kinder innerhalb kürzester Zeit (einmalig ein- bis eineinhalb Stunden) die Zahl ihrer Lesefehler unter Anwendung einer maßgeschneiderten kompensatorischen Lesestrategie erheblich senken können.

Obwohl davon auszugehen ist, dass sich die Lesefähigkeit unter Einhaltung der gelernten Strategie und dem Training der Einzelfähigkeiten noch weiter verbessert, sollte in weiterführenden Untersuchungen angestrebt werden, langfristige Erfolge der Intervention zu erfassen. Des Weiteren sollte der Aspekt des Leseverständnisses mit erfasst werden, um diesen in Relation zur Lesefehlerzahl und Lesedauer zu setzen.

7 Literaturverzeichnis

Ahissar, M., Protopapas, A., Reid, M. & Merzenich, M.M. (2000). Auditory processing parallels reading abilities in adults. *Proceedings of the National Academy of Sciences of the USA*, 97 (12), 6832-6837.

Amitay, S., Ben-Yehuda, G., Banai, K. & Ahissar, M. (2002). Disabled readers suffer from visual and auditory impairments, but not from a specific magnocellular deficit. *Brain*, 125, 2272-2285.

Baddeley, A.D. (1990). *Human Memory: Theory and practice*. Hove: Erlbaum.

Baer, J.R. (1979). *Der Leselernprozeß bei Kindern*. Weinheim und Basel: Beltz.

Bakwin, H. (1973). Reading disability in twins. *Developmental Medicine and Child Neurology*, 15, 184-187.

Betz, D. & Breuninger, H. H. (1996). *Teufelskreis Lernstörungen*. München: Urban und Schwarzenberg.

Biscaldi, M., Fischer, B. & Aiple, F. (1994). Saccadic eye movements of dyslexic and normal reading children. *Perception*, 23, 45-64.

Bitz, U., Gust, K., Vogt, K., Steinbrink, C. & Hille, K. (2005). Auswirkungen des AUDILEX-Trainingsprogramms auf die Lese-/Rechtschreibleistung von Grundschülern der zweiten Klasse. *Nervenheilkunde*, 24, 184-189.

Bos, W., Lankes E.M., Prenzel, M., Schwippert, K., Walther G. & Valtin, R. (Hrsg.). (2003). *Erste Ergebnisse aus IGLU. Schülerleistungen am Ende der vierten Jahrgangsstufe im internationalen Vergleich. Zusammenfassung ausgewählter Ergebnisse*. Münster: Waxmann.

Bott, C. (2005). *Welches Trainingsverfahren ist zur Therapie von Kindern mit LRS am effektivsten? Auswirkungen auf die Lese- und Rechtschreibleistung und die funktionale Organisation von Sprache im Gehirn*. Dissertation, Universität Konstanz.

Breuer, H. & Weuffen, M. (2000). *Lernschwierigkeiten am Schulanfang. Schuleingangsdiagnostik zur Früherkennung und Frühförderung*. Weinheim: Beltz.

Brown, B., Haegerstrom-Portnoy, G., Adams, A.J., Yingling, C.D., Galin, D., Herron, J. & Marcus, M. (1983). Predictive eye movements do not discriminate between dyslexic and control children. *Neuropsychologia*, 21 (2), 121-128.

Castro-Caldas, A., Petersson, K.M., Reis, A., Stone-Elander, S. & Ingvar, M. (1998). The illiterate brain: Learning to read and write during childhood influences the functional organization of the adult brain. *Brain*, 121, 1053-1063.

DeFries, J.C. & Gillis, I.I. (1991). Etiology of reading deficits in learning disabilities: quantitative genetic analyses. In: Obrzut I.E. & Hynd, G.W.

(Hrsg.), *Neuropsychological foundations of learning disabilities: A handbook of issues, methods and practice* (S. 29-45). Orlando, Fl.: Academic Press.

DeFries, J.C., Olson, R.K., Pennington, B.F. & Smith, S.D. (1991a). Colorado Reading Project. An update. In: Gray, D. & Duane, D. (Hrsg.), *The reading brain: The biological basis of dyslexia* (S. 53-87). Parkton, MD: York Press.

Demb, J., Boynton, G., Best, M. & Heeger, D. (1998). Psychophysical evidence for a magnocellular deficit in dyslexia. *Vision Research*, 38, 1555-1559.

Dilling, H., Mombour, W. & Schmidt, M. H. (Hrsg.). (1991). *Internationale Klassifikation psychischer Störungen. ICD-10*. Bern: Huber.

Dummer-Smoch, L. & Hackethal, R. (1999). *Kieler Leseaufbau*. Kiel: Veris.

Eden, G.F., Stein, J.F., Wood, M.H. & Wood, F.B. (1995). Verbal and visual problems in reading disability. *Journal of Learning Disabilities*, 28 (5), 272-290.

Esser, G. (1991). *Was wird aus Kindern mit Teilleistungsstörungen?* Stuttgart: Enke.

Esser, G. & Schmidt, M. (1993). Die langfristige Entwicklung von Kindern mit Lese-Rechtschreibschwäche. *Zeitschrift für Klinische Psychologie*, 22, 100-116.

Felton, R.H. & Wood, F.B. (1989). Cognitive deficits in reading disability and attention deficit disorder. *Journal of Learning Disabilities*, 22 (1), 3-13.

Felton, R.H., Naylor, C.E. & Wood, F.B. (1990). Neuropsychological profile of adult dyslexics. *Brain and Language*, 39, 485-497.

Felton, R.H., Wood, F.B., Brown, I.S. & Campbell, S.K. (1987). Separate verbal memory and naming deficits in attention deficit disorder and reading disability. *Brain and Language*, 31, 171-184.

Findeisen, U., Melenk, G. & Schillo, H. (2000). *Lesen lernen durch lauttreue Leseübungen. Lauttreue Leseübungen und Diktate. Band 1*. Bochum: Winkler.

Fischer, B. (1999). *Blick-Punkte: neurobiologische Prinzipien des Sehens und der Blicksteuerung*. Bern: Huber.

Fisher, S. & DeFries J.C. (2002). *Developmental dyslexia: Genetic dissection of a complex cognitive trait*. Nature Reviews Neuroscience, 3, 767-780.

Forster, M. & Martschinke, S. (2005). *Diagnose und Förderung im Schriftspracherwerb. Leichter lesen und schreiben lernen mit der Hexe Susi. Übungen und Spiele zur Förderung der phonologischen Bewusstheit. Band 2*. Donauwörth: Auer.

Francks, C., Paracchini, S., Smith, S.D., Richardson, A.J., Scerri, T.S., Cardon, L.R., Marlow, A.J., MacPhie, I.L., Walter, J., Pennington, B.F., Fisher, S.E., Olson, R.K., DeFries, J.C., Stein, J.F. & Monaco, A.P. (2004). A 77-

kilobase region of chromosome 6p22.2 is associated with dyslexia in families from the United Kingdom and from the United States. *American Journal of Human Genetics, 75,* 1046-1058.

Frisen, L. & Glansholm, A. (1975). Optical and neural resolution in peripheral vision. *Investigate Ophtalmology, 14,* 528-536.

Galaburda, A.M., Sherman, G.F., Rosen, G.D., Aboitiz, F. & Geschwind, N. (1985). Developmental dyslexia: four consecutive patients with cortical abnomalies. *Annals of Neurology, 18,* 222-233.

Geschwind, N. & Galaburda, A.M. (1985). Cerebral lateralization. Biological mechanisms, associations, and pathology: I. A hypothesis and a program for research. *Archives of Neurology, 42,* 428-459.

Gilger, J.W., Pennington, B. F. & DeFries, J. C. (1991). Risk for reading disability as function of parental history in three family studies. *Reading and writing, 3,* 205-217.

Grigorenko E.L., Wood F.B., Meyer M.S., Hart L.A., Speed W.C., Shuster A. & Pauls D.L. (1997). Susceptibility loci for distinct components of developmental dyslexia on chromosomes 6 and 15. *American Journal of Human Genetics, 60,* 27–39.

Grimm, T. (September, 2005). *Legasthenie und Genetik – Erklärungen für Nicht-Humangenetiker.* Vortrag gehalten auf dem 15. Kongress des Bundesverbandes Legasthenie und Dyskalkulie e.V., Berlin.

Grissemann, H. (1986). *Pädagogische Psychologie des Lesens und Schreibens. Lernprozesse und Lernstörungen: ein Arbeitsbuch.* Bern: Huber.

Grissemann, H. (1996). *Von der Legasthenie zum gestörten Schriftspracherwerb.* Bern: Huber.

Heath, S.M., Hogben, J.H. & Clark, C.D. (1999). Auditory temporal processing in disabled readers with and without oral language delay. *Journal of Child Psychology and Psychiatry, 40* (4), 637-647.

Ho C.S.H., Chan D.W.O., Tsang S.M. & Lee S.H. (2002). The cognitive profile and multiple-deficit hypothesis in Chinese developmental dyslexia. *Developmental Psychology, 38,* 543-553.

Hofmann, B. (1998). *Lese-Rechtschreibschwäche – Legasthenie: Erscheinungen, Theorieansätze, Prävention; eine systematische Einführung in die Gesamtproblematik.* München: Oldenbourg.

Inhoff, A.W., Pollatsek, A., Posner, M.I. & Rayner, K. (1989). Covert attention and eye movements during reading. *Quarterly Journal of Experimental Psychology,* (A) 41, 63-89.

Jansen, H., Mannhaupt, G., Marx, H. & Skowronek, H. (2002). *BISC Bielefelder Screening zur Früherkennung von Lese-Rechtschreibschwierigkeiten, 2. überarb. Auflage.* Göttingen: Hogrefe.

Johannes, S., Kussmaul, C.L., Münte, T.F. & Mangun, G.R. (1996). Developmental dyslexia: Passive visual stimulation provides no evidence for a magnocellular processing deficit. *Neuropsychologia,* 34 (11), 1123-1127.

Jungermann, M. (2002). *Was wird aus Legasthenikern?* Dissertation, Universität Marburg.

Karma, K. (2003). *AUDILEX 2.0* (Deutsche Bearbeitung Bernd Richter). Helsinki: Comp-Aid Ltd.

Klicpera, C. & Gasteiger-Klicpera, B. (1993). *Lesen und Schreiben – Entwicklung und Schwierigkeiten.* Bern: Huber.

Klicpera, C., Schabmann, A. & Gasteiger-Klicpera, B. (2003). *Legasthenie. Modelle, Diagnose, Therapie und Förderung.* München: Reinhardt.

Küspert, P. (September, 2005). *Möglichkeiten der frühen Prävention von Lese-Rechtschreibschwierigkeiten durch die Förderung der phonologischen Bewusstheit im Vorschulalter.* Vortrag gehalten auf dem 15. Kongress des Bundesverbandes Legasthenie und Dyskalkulie e.V., Berlin.

Küspert, P. (2004). Möglichkeiten der frühen Prävention von Lese-Rechtschreibproblemen. In Thomé, G. (Hrsg.), *Lese-Rechtschreib-Schwierigkeiten (LRS) und Legasthenie* (S. 144-149). Weinheim und Basel: Beltz.

Küspert, P. & Schneider, W. (1999). *Hören, lauschen, lernen – Sprachspiele für Vorschulkinder.* Göttingen: Vandenhoek & Ruprecht.

Kujala, T., Myllyviita, K., Tervaniemi, M., Alho, K., Kallio, J. & Näätänen, R. (2000). Basic auditory dysfunction in dyslexia as demonstrated by brain activity measurements. *Psychophysiology,* 37, 262-266.

Kujala, T., Karma, K., Ceponiene, R., Belitz, S., Turkkila, P., Tervaniemi, M. & Näätänen, R. (2001). Plastic neural changes and reading improvement caused by audiovisual training in reading-impaired children. *Proceedings of the National Academy of Sciences of the United States of America,* 98 (18), 10509-10514.

Landerl, K. (1996). *Legasthenie in Deutsch und Englisch.* Frankfurt am Main: Lang.

Landerl, K. (2003). Kognitive Defizite bei Leseschwäche. *Psychologie in Erziehung und Unterricht,* 50, 369-380.

Landerl, K. & Wimmer, H. (1994). Phonologische Bewußtheit als Prädiktor für Lese- und Schreibfertigkeiten in der Grundschule. *Zeitschrift für Pädagogische Psychologie,* 8, 153-164.

Landerl, K., Wimmer, H. & Moser, E. (1997). *Salzburger Lese- und Rechtschreibtest (SLRT).* Bern: Huber.

Linder, M. & Grissemann, H. (2000). *Zürcher Lesetest. 6. Auflage.* Bern: Huber.

Livingstone, M.S., Rosen, G.D., Drislane, F.W. & Galaburda, A.M. (1991). Physiological and anatomical evidence for a magnocellular defect in developmental dyslexia. *Proceedings of the National Academy of Sciences of the USA*, 88, 7943-7947.

Lovegrove, W.J., Bowling, A., Badcock, D. & Blackwood, M. (1980). Specific reading disability. Differences in contrast sensitivity as a function of spatial frequency. *Science*, 210 (24), 439-440.

Lundberg, I, Frost, J. & Petersen, O.P. (1988). Effects of extensive program for stimulation phonological awareness in preschool children. *Reading Research Quarterly*, 23, 253-284.

Mannhaupt, G. (1992). *Strategisches Lernen. Eine empirische Studie zur Ausbildung von Monitoring im frühen Schriftspracherwerb*. Heidelberg: Asanger.

Mayringer, H. & Wimmer, H. (1999). Kognitive Defizite leserechtschreibschwacher Kinder. *Kindheit und Entwicklung*, 8 (3), 141-146.

Mayringer, H. & Wimmer, H. (2003). *Salzburger Lese-Screening für die Klassenstufen 1-4*. Göttigen: Hogrefe.

McArthur, G.M. & Hogben, J.H. (2001). Auditory backward recognition masking in children with a specific reading disability. *The Journal of the Acoustical Society of America*, 109 (3), 1092-1100.

McConkie, G.W. & Rayner, K. (1975). The span of effective stimulus during a fixation in reading. *Perception and Psychophysics*, 17, 578-586.

McConkie, G.W. & Rayner, K (1976). Asymmetry of the perceptual span in reading. *Bulletin of the Psychonomic Society*, 8, 365-368.

Morgan, W.P. (1896). A case of congenital word blindness. *British Medical Journal*, 2, 1378.

Morton, J. (1964). The effect of context upon speed of reading, eye movements and eye voice span. *Quarterly Journal of Experimental Psychology*, 16, 340-354.

Nagarajan, S., Mahnke, H., Salz, T., Tallal, P., Roberts, T. & Merzenich, M.M. (1999). Cortical auditory signal processing in poor readers. *Proceedings of the National Academy of Sciences of the United States of America*, 96 (11), 6483-6488.

Nöthen, M.M., Schulte-Körne, G., Grimm, T., Cichon, S., Vogt, I.R., Müller-Myhsok, B., Propping, P. & Remschmidt, H. (1999). Genetic linkage analysis with dyslexia: evidence for linkage of spelling disability to chromosome 15. *European Child and Adolescence Psychiatry*, 8 (Suppl. 3), 56-59.

Olson, R.K. (2002). Dyslexia: nature and nurture. *Dyslexia*, 8 (3), 143-59

Olson, R.K., Kleige, R. & Davidson, B.J. (1983). Dyslexic and normal reader's eye movements. *Journal of Experimental Psychology: Human Perception and Performance*, 9, 816-825.

Pavlidis, G.T. (1981). Do eye movements hold the key to dyslexia? *Neuropsychologia*, 19, 57-64.

Pavlidis, G.T. (1985). Eye movements in dyslexia : Their diagnostic significance. *Journal of Learning disabilities*, 18, 42-50.

Pennington, B.F. & Gilger, J.W. (1996). How is dyslexia transmitted? In: Chase, C.H., Rosen, G.D. & Sherman, G.F. (Hrsg.), *Developmental dyslexia. Neural, cognitive and genetic mechanisms* (S. 41-61). Baltimore, MD: York Press.

Plume, E., Schulte-Körne, G., Remschmidt, H. & Warnke, A. (September, 2005). *Die Bedeutung der kognitiven Informationsverarbeitung bei Kindern mit umschriebener Rechtschreibstörung.* Vortrag gehalten auf dem 15. Kongress des Bundesverbandes Legasthenie und Dyskalkulie e.V., Berlin.

Popp, U. (2005). *AUDILEX – aus schulpädagogischer Sicht. Über den Einsatz des finnischen Trainingsprogramms an Volksschulen in Kärnten.* Verfügbar unter: www.audilex.de/literatur1.htm [15.02.2006].

Prenzel, M., Baumert, J., Blum, W., Lehmann, R., Leutner, D., Neubrand, M., Pekrun, R., Rolff, H.-G., Rost, J. & Schiefele, U. (Hrsg.). (2003). *PISA 2003. Ergebnisse des zweiten internationalen Vergleichs. Zusammenfassung.* Verfügbar unter: http://pisa.ipn.uni-kiel.de/Ergebnisse_PISA_2003.pdf [01.11.2005].

Ramus, F., Rosen, S., Dakin, S.C., Day, B.L., Castellote, J.M., White, S. & Frith, U. (2003). Theories of developmental dyslexia: insights from a multiple case study of dyslexic adults. *Brain*, 126, 841-865.

Ranschburg, P. (1916). Die Leseschwäche (Legasthenie) und Rechenschwäche (Arithmasthenie) der Schulkinder im Lichte des Experiments. Abgedruckt in: Thomé, G. (Hrsg.). (2004), *Lese-Rechtschreib-Schwierigkeiten (LRS) und Legasthenie* (S. 166-186). Weinheim und Basel: Beltz.

Raskind, W.H., Igo Jr, R.P., Chapman, N.H., Berninger, V.W., Thomson, J.B., Matsushita, M., Brkanac, Z., Holzman, T., Brown, M. & Wijsman, E.M. (2005). A genome scan in multigenerational families with dyslexia: Identification of a novel locus on chromosome 2q that contributes to phonological decoding efficiency. *Molecular Psychiatry*, 10, 699-711.

Rayner, K., Well, A.D., Pollatsek, A. & Bertera, J.H. (1982). The availability of useful information to the right of fixation in reading. *Perception and Psychophysics*, 31, 537-550.

Rayner, K. (1981). Eye movements and the perceptual span in reading. In: Pirozzolo, F.Y. & Wittrock, M.C. (Hrsg.), *Neuropsychological and Cognitive Processes in Reading* (S. 145-165). New York: Academic Press.

Rayner, K. (1998). Eye movements in reading and information processing: 20 years of research. *Psychological Bulletin,* 124, 372-422.

Reichert, J. & Migulla, G. (2005). AUDILEX im Test – Ergebnisse einer Praxiserprobung. *Sonderpädagogik,* 35 (2), 80-95.

Reuther-Liehr, C. (1993). Behandlung der Lese-Rechtschreibschwäche nach der Grundschulzeit: Anwendung und Überprüfung eines Konzeptes. *Zeitschrift für Kinder- und Jugendpsychiatrie,* 21, 135-147.

Reuther-Liehr, C. (2001). *Lautgetreue Lese-Rechtschreibförderung. Eine Einführung in das strategiegeleitete Lernen zum Training von Phonemstufen auf der Basis des rhythmischen Syllabierens.* Band 1. Bochum: Winkler.

Rohkamm, R. (2000). *Taschenatlas Neurologie.* Stuttgart: Thieme.

Roth, E. & Schneider, W. (2002). Langzeiteffekte einer Förderung der phonologischen Bewusstheit und der Buchstabenkenntnis auf den Schriftspracherwerb. *Zeitschrift für Pädagogische Psychologie,* 16, 99-108.

Scarborough, H.S. (1990). Very early language deficits in dyslexic children. *Child Development,* 61, 1728-1743.

Schiepers, C. (1980). Response latency and accuracy in visual word recognition. *Perception & Psychophysics,* 27, 71-81.

Schulte-Körne, G. (Hrsg.). (2002). *Legasthenie: Zum aktuellen Stand der Ursachenforschung, der diagnostischen Methoden und der Förderkonzepte.* Bochum: Winkler

Schulte-Körne, G. & Remschmidt, H. (2003). Legasthenie – Symptomatik, Diagnostik, Ursachen, Verlauf und Behandlung. *Deutsches Ärzteblatt,* 100 (7), 396-406.

Schneider, W., Reimers, P., Roth, E., Visé, M. & Marx, H. (1997). Short- and long-term effects of training phonological awareness in kindergarten. Evidence from two German studies. *Journal of Experimental Child Psychology,* 66, 311-340.

Schneider, W., Roth, E. & Küspert, P. (1999). Möglichkeiten der frühen Prävention von Lese-Rechtschreibproblemen: Das Würzburger Trainingsprogramm zur Förderung sprachlicher Bewußtheit bei Kindergartenkindern. *Kindheit und Entwicklung,* 8 (3), 147-152.

Schumacher, J., König, I.R., Plume, E., Propping, P., Warnke, A., Manthey, M., Duell, M., Kleensang, A., Repsilber, D., Preis, M., Remschmidt, H., Ziegler, A., Nöthen, M.M. & Schulte-Körne, G. (in Druck) Linkage analyses of chromosomal region 18p11-q12 in dyslexia. *Journal of Neural Transmission.* Online veröffentlicht am 3. August 2005.

Shaywitz, B.A., Shaywitz, S.E., Pugh, K.R., Mencl, W.E., Fullbright, R.K. Skudlarski, P., Constable R.T., Marchione, K.E., Fletcher, J.M., Lyon, G.R. & Gore, J.C. (2002). Disruption of posterior brain systems for reading in children with developmental dyslexia. *Biological Psychiatry*, 52, 101-110.

Shaywitz, S.E. (1998). Current Concepts: Dyslexia. *The New England Journal of Medicine*, 338, 307-312.

Shaywitz, S.E., Fletcher, J.M., Holahan, J.M., Shneider, A.E., Marchione, K.E. & Stuebing, K.K. (1990). Persistence of dyslexia: The Connecticut Longitudinal Study at adolescence. *Pediatrics*, 104, 1351-1359.

Shaywitz, S.E. & Shaywitz, B.A. (2005). Dyslexia. Specific Reading Disability. *Biological Psychiatry*, 57, 1301-1309.

Shaywitz, S. E., Shaywitz, B.A., Fletcher, J.M. & Escobar, M.D. (1990). Prevalence of reading disability in boys and girls. *The Journal of the American Medical Association*, 264, 998-1002.

Skottun, B.C. (2000). The magnocellular deficit theory of dyslexia. The evidence from contrast sensitivity. [Review]. *Vision Research*, 40, 111-127.

Skowronek, H. & Marx, H. (1989). Die Bielefelder Längsschnittstudie zur Früherkennung von Risiken der Lese-Rechtschreibschwäche. Theoretischer Hintergrund und erste Befunde. *Heilpädagogische Forschung*, 15, 38-49.

Snow, C.E., Burns, M.S. & Griffin, P. (Hrsg.). (1998). *Preventing reading difficulties in young children*. Washington/DC: National Academy Press.

Stanley, G. Smith, G.A. & Howell, E.A. (1983). Eye movements and sequential tracking in dyslexic and control children. *British Journal of Psychology*, 74, 181-187.

Stanovich, K.E. (1991). Discrepancy definitions of reading disability: Has intelligence let us astray? *Reading Research Quarterly*, 26, 7-29.

Stein, J.F. & Fowler, M.S. (1993). Unstable binocular control in children with specific reading retardation. *Journal of Research in Reading*, 16 (1), 30-45.

Stein, J.F. & Walsh, V. (1997). To see but not to read, the magnocellular theory of dyslexia. *Trends in Neurosciences*, 20, 147-152.

Stevenson, J., Graham, P., Fredman, G. & McLoughlin, V. (1987). A twin study of genetic influences on reading and spelling ability and disability. *Journal of Child Psychology and Psychiatry*, 28, 229-247.

Tacke, G., Wörner, R., Schultheiss, G. & Brezing, H. (1993). Die Auswirkung des rhythmisch-syllabierenden Mitsprechens auf die Rechtschreibleistung. *Zeitschrift für Pädagogische Psychologie*, 7, 2/3, 139-147.

Tallal, P. (1980). Auditory temporal perception, phonics, and reading disabilities in children. *Brain and Language*, 9, 182-198.

Tallal, P., Miller, S. & Fitch, R.H. (1993). Neurobiological basis of speech: A case for the preeminence of temporal processing. [Review]. *Annals of the New York Academy of Sciences, 682,* 27-47.

Tallal, P. (2000). The science of literacy: From the laboratory to the classroom. *Proceedings of the National Academy of Sciences of the United States of America, 97* (6), 2402-2404.

Tewes, U., Rossmann, P. & Schallberger, U. (2000). *Hamburg-Wechsler-Intelligenztest für Kinder III.* Göttingen: Hogrefe.

Trauzettel-Klosinski, S. (2004). Der Lesevorgang bei Legasthenie. Aus Forschung und Wissenschaft. *Zeitschrift des Bundesverbandes für Legasthenie und Dyskalkulie e.V., 1,* 10-13.

Treiman, R. & Hirsh-Pasek, K. (1985). Are there qualitative differences in reading behavior between dyslexic and normal readers? *Memory and Cognition, 13,* 357-364.

Turkeltaub, P.E., Gareau, L., Flowers, D.L., Zeffiro, T.A. & Eden, G.F. (2003). Development of neural mechanisms for reading. *Nature Neuroscience, 6,* 767-773.

Underwood, G., Clews, S. & Everatt, J. (1990). How do readers know where to look next? Local information distributions influence eye fixations. *The Quarterly Journal of Experimental Psychology, 42* A (1), 39- 65.

Valtin, R. (1981). Zur »Machbarkeit« der Ergebnisse der Legasthenieforschung. In: Valtin, R., Jung, U. & Scheerer-Neumann, G. (Hrsg.), *Legasthenie in Wissenschaft und Unterricht* (S. 88-182). Darmstadt: Wissenschaftliche Buchgesellschaft.

Victor, J.D., Conte, M.M., Burton, L. & Nass, R.D. (1993). Visual evoked potentials in dyslexics and normals: Failure to find a difference in transient or steady-state responses. *Visual Neuroscience, 10,* 939-946.

Wagner, R. K. & Torgesen, J. K. (1987). The nature of phonological processing and its causal role in the acquisition of reading skills. *Psychological Review, 101* (2), 192-212.

Weber, J.M., Marx, P. & Schneider, W. (2001). Legastheniker und allgemein lese-rechtschreibschwache Kinder. Ein Vergleich bezüglich Verursachungsfaktoren und Therapierbarkeit. In: Fölling-Albers, M., Richter, S., Brügelmann, H. & Speck-Hamdan, A. (Hrsg.), *Jahrbuch Grundschule III* (S. 188-191). Frankfurt am Main: Kallmeyersche Verlagsbuchhandlung.

Werth, R. (1988). *Neglect nach Hirnschädigung: unilaterale Verminderung der Aufmerksamkeit und Raumrepräsentation.* Berlin: Springer.

Werth, R. (2003). *Legasthenie und andere Lesestörungen.* München: Beck.

Werth, R., Barner, T. & Weser, T. (2003). *Celeco-Richtig lesen lernen. Diagnose und Therapie von Legasthenie und anderen Lesestörungen.* München: celeco.

Wimmer, H. & Hartl, M. (1991). Erprobung einer phonologisch-multisensorischen Förderung bei jungen Schülern mit Lese-Rechtschreibschwierigkeiten. *Heilpädagogische Forschung*, 17, 74-79.

Yopp, H.K. (1988). The validity and reliability of phonemic awareness tests. *Reading Research Quarterly*, 23, 159-177.

Acknowledgement:

Die Arbeit entstand im Rahmen eines Promotionsvorhabens von Frau Anja Klische an der Medizinischen Fakultät der Ludwig-Maximilians-Universität München.

8   Anhang

celeco – *Richtig lesen lernen* (Profi-Version)

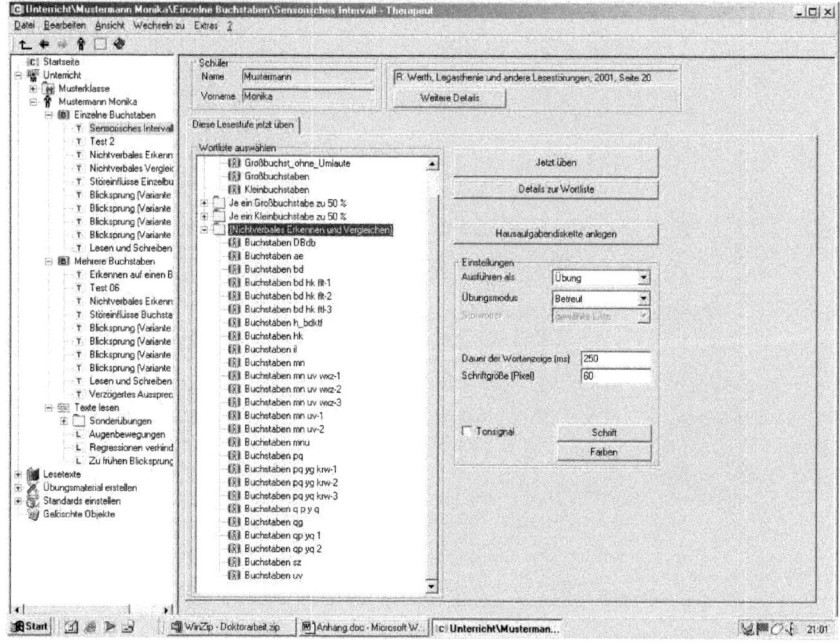

Messung grundlegender Wahrnehmungsleistungen

	Wahrnehmungsleistungen	Vorgehensweise im Programm
1.	Fähigkeit zum Buchsta-benunterscheiden	◦ Einzelne Buchstaben ◦ Nichtverbales Vergleichen ◦ Buchstabenliste wählen ◦ Dauer der Wortanzeige mindestens 100 ms, in der Regel mit 250 ms beginnen ◦ Jetzt üben → Anweisungen auf dem Bildschirm folgen → Nach Beendigung der Aufgabe erscheint eine Übersicht über die Prozentzahl richtiger und falscher Antworten des Kindes.
2.	Länge der notwendigen Darbietungszeit, um einen Einzelbuchstaben zu erkennen (Sensorisches Intervall) bei falscher Lautfolge: oder:	◦ Einzelne Buchstaben ◦ Sensorisches Intervall ◦ Buchstabenliste wählen ◦ Dauer der Wortanzeige mindestens 100 ms, in der Regel mit 250 ms beginnen ◦ Jetzt üben → Anweisungen auf dem Bildschirm folgen → Nach Beendigung der Aufgabe erscheint eine Übersicht über die Prozentzahl richtiger und falscher Antworten des Kindes. → Das Kind soll den dargebotenen Buchstaben auf Blatt Papier schreiben. ◦ Einzelne Buchstaben ◦ Lesen und Schreiben ◦ Buchstabenliste wählen ◦ Dauer der Wortanzeige mindestens 100 ms, in der Regel mit 250 ms beginnen ◦ Jetzt üben → Anweisungen auf dem Bildschirm folgen → Nach Beendigung der Aufgabe erscheint eine Übersicht über die Prozentzahl richtiger und falscher Antworten des Kindes.
3.	Länge der notwendigen Phonemabrufzeit	◦ Einzelne Buchstaben ◦ Phonemabrufzeit (Test 02) ◦ Buchstabenliste wählen ◦ Dauer der Wortanzeige mindestens 100 ms, in der Regel mit 250 ms beginnen

		✐ Rekorder-Funktion einschalten und Headset aufsetzen
		✐ Jetzt üben
		→ Anweisungen auf dem Bildschirm folgen
		→ Bei korrekter Lautfolge drückt der Therapeut Taste „W" auf Tastatur, bei falscher Lautfolge „Leertaste".
		→ Nach Beendigung der Aufgabe kann das Feld „bisherige Daten" (✐) angeklickt werden. Dort kann die Anzahl der richtigen und falschen Antworten des Kindes abgelesen werden. Gleichzeitig kann die gemessene Zeit zwischen Darbietung des Buchstabens und Aussprache des Lautes eingesehen werden.
4.	Länge der Zeit bis zur Identifikation von Buchstaben (Erkennenszeit)	✐ Einzelne Buchstaben ✐ Nichtverbales Erkennen ✐ Buchstabenliste wählen ✐ Dauer der Wortanzeige mindestens 100 ms, in der Regel mit 250 ms beginnen ✐ Jetzt üben → Anweisungen auf dem Bildschirm folgen → Nach Beendigung der Aufgabe erscheint eine Übersicht über die Prozentzahl richtiger und falscher Antworten des Kindes. → Nach Beendigung der Aufgabe kann das Feld „bisherige Daten" (✐) angeklickt werden. Dort kann die gemessene Zeit zwischen Darbietung des Buchstabens und Tastendruck eingesehen werden.
5.	Kontrolle der Fixation	Bei Messung aller Wahrnehmungsleistungen wird die Fixation automatisch durch Erscheinen eines Fixationspunktes auf dem Bildschirm gewährleistet.

Messung von Leistungseinschränkungen, die zur hinreichenden Bedingung für eine Lesestörung werden können

Leistungseinschränkungen, die zur hinreichenden Bedingung für eine Lesestörung werden können	Vorgehensweise im Programm
1. Eingeschränkte Fähigkeit des Simultanerkennens mehrerer Buchstaben bzw. eingeschränktes Aufmerksamkeitsfeld	⁀Ⓗ Mehrere Buchstaben ⁀Ⓗ Erkennen auf einen Blick ⁀Ⓗ Wortliste wählen (Pseudowörter), standardmäßig mit 4 Buchstaben starten ⁀Ⓗ Dauer der Wortanzeige zwischen 100 ms und 450 ms, in der Regel mit 250 ms beginnen ⁀Ⓗ Jetzt üben → Anweisungen auf dem Bildschirm folgen → Bei richtiger Lautfolge drückt der Therapeut „W" auf Tastatur, bei falscher Lautfolge „Leertaste" → Nach Beendigung der Aufgabe kann das Feld „bisherige Daten" (⁀Ⓗ) angeklickt werden. Dort kann abgelesen werden, welche Wörter das Kind korrekt erkannt hat und welche nicht.
bei falscher Lautfolge:	→ Das Kind soll Wort buchstabieren oder auf Blatt Papier aufschreiben. Der Therapeut vermerkt separat für sich, ob Buchstabenfolge trotz falscher
oder:	Lautfolge richtig erkannt wurde. ⁀Ⓗ Mehrere Buchstaben ⁀Ⓗ Lesen und Schreiben ⁀Ⓗ Wortliste wählen (Pseudowörter), standardmäßig mit 4 Buchstaben starten ⁀Ⓗ „Dauer der Wortanzeige" zwischen 100 ms und 450 ms, in der Regel mit 250 ms beginnen ⁀Ⓗ Jetzt üben → Anweisungen auf dem Bildschirm folgen → Nach Beendigung der Aufgabe kann das Feld „bisherige Daten" (⁀Ⓗ) angeklickt werden. Dort kann abgelesen werden, welche Wörter das Kind korrekt erkannt hat und welche nicht. → In Abhängigkeit vom Ergebnis kann die Wortlänge nun vergrößert (wenn alle Wörter richtig erkannt) oder verkleinert (wenn mehr als 5 % Fehler) und die Fähigkeit zum Simultanerkennen von Wörtern dieser Länge erneut gemessen werden.

2.	Verlängerte benötigte Fixationszeit	⏱ Mehrere Buchstaben
		⏱ Erkennen auf einen Blick
		⏱ Wortliste wählen (Pseudowörter)
		⏱ Dauer der Wortanzeige zwischen 100 ms und 450 ms, in der Regel mit 250 ms beginnen
		⏱ Jetzt üben
		→ Anweisungen auf dem Bildschirm folgen
		→ Bei richtiger Lautfolge drückt der Therapeut „W" auf Tastatur, bei falscher Lautfolge „Leertaste"
		→ Nach Beendigung der Aufgabe kann das Feld „bisherige Daten" (⏱) angeklickt werden. Dort kann abgelesen werden, welche Wörter das Kind korrekt erkannt hat und welche nicht.
	bei falscher Lautfolge:	→ Das Kind soll das Wort buchstabieren oder auf Blatt Papier aufschreiben. Der Therapeut vermerkt separat für sich, ob Buchstabenfolge trotz falscher Lautfolge richtig erkannt wurde.
	oder:	⏱ Mehrere Buchstaben
		⏱ Lesen und Schreiben
		⏱ Wortliste wählen
		⏱ Dauer der Wortanzeige zwischen 100 ms und 450 ms, in der Regel mit 250 ms beginnen
		⏱ Jetzt üben
		→ Anweisungen auf dem Bildschirm folgen
		→ Nach Beendigung der Aufgabe kann das Feld „bisherige Daten" (⏱) angeklickt werden. Dort kann abgelesen werden, welche Wörter das Kind korrekt erkannt hat und welche nicht.
3.	Verlängerte benötigte Abrufzeit	⏱ Mehrere Buchstaben
		⏱ Phonemabrufzeit (Test 06)
		⏱ Wortliste wählen (Pseudowörter), standardmäßig mit 4 Buchstaben starten
		⏱ Dauer der Wortanzeige zwischen 100 ms und 450 ms, in der Regel mit 250 ms beginnen
		⏱ Rekorder-Funktion einschalten und Headset aufsetzen
		⏱ Jetzt üben
		→ Anweisungen auf dem Bildschirm folgen
		→ Bei richtiger Lautfolge drückt der Therapeut „W" auf Tastatur, bei falscher Lautfolge „Leertaste"
		→ Nach Beendigung der Aufgabe kann das Feld „bisherige Daten" (⏱) angeklickt werden. Dort kann abgelesen werden, welche Wörter das Kind

		korrekt erkannt hat und welche nicht.
		→ Gleichzeitig kann die gemessene Zeit zwischen Darbietung und Beginn der Aussprache des Wortes eingesehen werden.
4.	Zu große Blicksprünge nach rechts	✏ Texte lesen ✏ Zu frühen Blicksprung verhindern ✏ Kapitel wählen ✏ Einstellungen: Kontrast Text 0 % → Anweisungen auf dem Bildschirm folgen → Das Kind liest richtig. → Nach Zuschalten des Textkontrastes auf 100 % liest das Kind eventuell wieder falsch.
5.	Übermäßige Regressionen	✏ Texte lesen ✏ Regressionen verhindern ✏ Kapitel wählen ✏ Einstellungen: Kontrast Text 0 % → Anweisungen auf dem Bildschirm folgen → Das Kind liest richtig, wenn andere gemessene Parameter (Segmentgröße, Fixationszeit, Abrufzeit) eingehalten werden, es führt keine Regressionen mehr aus. → Hält das Kind diese vorher gemessenen Parameter nicht ein, produziert es Lesefehler und führt als Folge davon wieder Regressionen aus.

Training eingeschränkter Einzelfähigkeiten (Weg 1)

Leistungseinschränkungen, die zur hinreichenden Bedingung für eine Lesestörung werden können	Beispiel	Training mit dem Programm
1. Eingeschränkte Fähigkeit des Simultanerkennens mehrerer Buchstaben bzw. eingeschränktes Aufmerksamkeitsfeld	Kind kann nur Wörter einer Länge von 3 Buchstaben simultan erkennen	◌ Mehrere Buchstaben ◌ Erkennen auf einen Blick ◌ Wortliste auswählen, 4 Buchstaben ◌ Dauer der Wortanzeige je nach gemessener notwendiger Fixationszeit ◌ Jetzt üben → Anweisungen auf dem Bildschirm folgen → Bei korrekter Lautfolge drückt der Therapeut (bzw. Mutter/Vater) Taste „W", bei falscher Lautfolge „Leertaste". → Nach Beendigung der Aufgabe kann das Feld „bisherige Daten" angeklickt werden. Dort kann abgelesen werden, welche Wörter korrekt und welche nicht erkannt wurden. → Solange mit wechselnden Wortlisten üben, bis Fehlerrate unter 5 % liegt. → Gleiches Procedere mit Wörtern einer Länge von 5 Buchstaben und später mehr
2. Verlängerte benötigte Fixationszeit	Kind kann Wörter einer bestimmten Länge nur bei einer Fixationszeit von 450 ms erkennen	◌ Mehrere Buchstaben ◌ Erkennen auf einen Blick ◌ Wortliste auswählen, je nachdem, wie viele Buchstaben simultan erkannt werden können ◌ Dauer der Wortanzeige: 400 ms ◌ Jetzt üben → Anweisungen auf dem Bildschirm folgen → Bei korrekter Lautfolge drückt der Therapeut (bzw. Mutter/Vater) Taste „W", bei falscher Lautfolge „Leertaste". → Nach Beendigung der Aufgabe kann das Feld „bisherige Daten" angeklickt werden. Dort kann abgelesen werden, welche Wörter korrekt und wel-

			che nicht erkannt wurden. → Solange mit wechselnden Wortlisten üben, bis Fehlerrate unter 5 % liegt. → Gleiches Procedere mit Darbietungszeiten von 350 ms und weniger
3.	Verlängerte benötigte Abrufzeit	Kind benötigt zum korrekten Aussprechen von Wörtern einer bestimmten Länge 1,5 s Abrufzeit	✒ Texte lesen Augenbewegungen (alternativ: Zu frühen Blicksprung verhindern oder Regressionen verhindern) ✒ Kapitel auswählen ✒ Einstellungen: nur Tastatursteuerung ✒ Einstellungen: Verzögertes Aussprechen: 1,2 Sekunden ✒ Funktion „Aufzeichnen" einschalten und Headset aufsetzen ✒ Jetzt üben → Anweisungen auf dem Bildschirm folgen → Das Kind soll üben, direkt nach Ertönen des Signals farbig markiertes Wortsegment auszusprechen. → Nach Beendigung der Aufgabe kann das Feld „bisherige Daten" angeklickt werden. Dort kann das Audioprotokoll angehört werden. → Solange üben, bis Fehlerrate unter 5 % liegt. → Gleiches Procedere mit „Verzögertes Aussprechen": 1 Sekunde und weniger
4.	Zu große Blicksprünge nach rechts	Kind fixiert 4 Buchstaben eines Wortes einer Länge von 7 Buchstaben, spricht Lautfolge zu diesen 4 Buchstaben und führt danach Blicksprung zum nächsten Wort durch	✒ Texte lesen ✒ Zu frühen Blicksprung verhindern ✒ Einstellungen: nur Tastatursteuerung ✒ Kapitel auswählen ✒ Einstellungen: Kontrast Text: 0 % ✒ Funktion „Aufzeichnen" einschalten und Headset aufsetzen ✒ Jetzt üben → Anweisungen auf dem Bildschirm folgen → Nach Beendigung der Aufgabe kann das Feld „bisherige Daten" angeklickt werden. Dort kann das Audioprotokoll angehört werden. → Solange üben, bis Fehlerrate unter 5 % liegt.

		→ Kontrast Text Stück für Stück um 5 % erhöhen ...
5.	Übermäßige Regressionen	Kind kehrt mit seinen Augen zu bereits vorher fixierten Buchstabenfolgen zurück	⤺ Texte lesen ⤺ Regressionen verhindern ⤺ Kapitel auswählen ⤺ Einstellungen: nur Tastatursteuerung ⤺ Einstellungen: Kontrast Text: 0 % ⤺ Funktion „Aufzeichnen" einschalten und Headset aufsetzen ⤺ Jetzt üben → Anweisungen auf dem Bildschirm folgen → Nach Beendigung der Aufgabe kann das Feld „bisherige Daten" angeklickt werden. Dort kann das Audioprotokoll angehört werden. → Solange üben, bis Fehlerrate unter 5 % liegt. → Kontrast Text Stück für Stück um 5 % erhöhen
6.	Sonstige Auffälligkeiten beim Lesen:		
	Erbuchstabieren eines Wortes	Kind ist nicht in der Lage, mehrere Buchstaben als eine zusammenhängende Lautfolge laut auszusprechen. Es spricht nacheinander die einzelnen Buchstaben des Wortes.	⤺ Mehrere Buchstaben ⤺ Erkennen auf einen Blick ⤺ Wortliste auswählen ⤺ Jetzt üben → Anweisungen auf dem Bildschirm folgen Das Kind soll die dargebotene Buchstabenfolge als ganze Lautfolge aussprechen. Notfalls wird ihm die Lautfolge vorgesprochen. Das Kind soll diese nachsprechen. → Solange üben, bis Fehlerrate unter 5 % liegt → weiter üben mit Wörtern einer Länge von 3 Buchstaben und mehr
	Leises Vorsprechen	Kind kann Wörter einer Länge von 3 Buchstaben simultan erkennen. Bei einem Wort einer Länge von 9 Buchstaben setzt es sich dies flüsternd aus	⤺ Texte lesen ⤺ Regressionen verhindern ⤺ Kapitel auswählen ⤺ Einstellungen: nur Tastatursteuerung ⤺ Einstellungen: Segmentierung: 3 Buchstaben ⤺ Einstellungen: Kontrast Text: 0 % ⤺ Funktion „Aufzeichnen" einschalten und Headset aufsetzen

	einzelnen Wortseg-menten zusammen, versucht sich die Segmente flüsternd zu merken und spricht diese am Ende laut als Ge-samtwort aus	☝ Jetzt üben → Anweisungen auf dem Bildschirm folgen → Nach Beendigung der Aufgabe kann das Feld „bisherige Daten" angeklickt werden. Dort kann das Audioprotokoll angehört werden. → Solange üben, bis Fehlerrate unter 5 % liegt → Kontrast Text in 5 %-Schritten Stück für Stück erhöhen

Kompensatorische Therapie eingeschränkter Fähigkeiten (Weg 2)

Leistungseinschränkungen, die zur hinreichenden Bedingung für eine Lesestörung werden können	Beispiel	Training mit dem Programm
1. Eingeschränkte Fähigkeit des Simultanerkennens mehrerer Buchstaben bzw. eingeschränktes Aufmerksamkeitsfeld	Kind kann nur Wörter einer Länge von 3 Buchstaben simultan erkennen	⌁ Texte lesen ⌁ Augenbewegungen (alternativ: Zu frühen Blicksprung verhindern oder Regressionen verhindern) ⌁ Kapitel auswählen ⌁ Einstellungen: nur Tastatursteuerung ⌁ Einstellungen: Segmentierung: 3 Buchstaben ⌁ Funktion „Aufzeichnen" einschalten und Headset aufsetzen ⌁ Jetzt üben → Anweisungen auf dem Bildschirm folgen → Das Kind soll nur farbig markierte Segmente laut vorlesen. → Nach Beendigung der Aufgabe kann das Feld „bisherige Daten" angeklickt werden. Dort kann das Audioprotokoll angehört werden.
2. Verlängerte benötigte Fixationszeit	Kind kann Wörter einer bestimmten Länge nur bei einer Fixationszeit von 450 ms erkennen	1. Demonstration verschiedener Darbietungszeit-Längen: ⌁ Mehrere Buchstaben ⌁ Erkennen auf einen Blick ⌁ Wortliste auswählen, je nachdem, wie viele Buchstaben simultan erkannt werden können ⌁ Dauer der Wortanzeige: zunächst 250, dann 450 ms ⌁ Jetzt üben → Anweisungen auf dem Bildschirm folgen 2. Fixationszeit beim Textlesen einhalten: ⌁ Texte lesen ⌁ Augenbewegungen (alternativ: Zu frühen Blicksprung verhindern oder Regressionen verhindern) ⌁ Kapitel auswählen ⌁ Einstellungen: nur Tastatursteuerung ⌁ Funktion „Aufzeichnen" einschalten und Headset auf-

			setzen
			ᐟ🖱 Jetzt üben
			→ Anweisungen auf dem Bildschirm folgen
			→ Das Kind wird aufgefordert, sich farbig markierte Wörter oder Segmente länger anzuschauen (ca. 450 ms), bevor es sie laut ausspricht. Tut es dies nicht, kann man den Text rechts vom zu lesenden Wort ausblenden.
			ᐟ🖱 Texte lesen
			ᐟ🖱 Zu frühen Blicksprung verhindern
			ᐟ🖱 Einstellungen: Kontrast Text: 0 %
			Hat das Kind auf diese Weise den Text fehlerfrei gelesen, kann mit ᐟ🖱 Kontrast Text: 100 % der Text wieder zugeschaltet werden. Das Kind soll nun selbständig den Text rechts vom zu lesenden Wort (-segment) ignorieren.
			→ Nach Beendigung der Aufgabe kann das Feld „bisherige Daten" angeklickt werden. Dort kann das Audioprotokoll angehört werden.
3.	Verlängerte benötigte Abrufzeit	Kind benötigt zum korrekten Aussprechen von Wörtern einer bestimmten Länge 1,5 s Abrufzeit	ᐟ🖱 Texte lesen
			ᐟ🖱 Augenbewegungen (alternativ: Zu frühen Blicksprung verhindern oder Regressionen verhindern)
			ᐟ🖱 Kapitel auswählen
			ᐟ🖱 Einstellungen: nur Tastatursteuerung
			ᐟ🖱 Einstellungen: Verzögertes Aussprechen: 1,5 Sekunden
			ᐟ🖱 Funktion „Aufzeichnen" einschalten und Headset aufsetzen
			ᐟ🖱 Jetzt üben
			→ Anweisungen auf dem Bildschirm folgen
			→ Das Kind soll üben, sich bis zum Aussprechen des farbig markierten Wortes oder Wortsegments mindestens so viel Zeit zu lassen, bis das Signal ertönt. Nachdem eine halbe Textseite auf diese Weise fehlerlos gelesen wurde, soll das Kind nun üben, ohne dass ein Signal ertönt, länger zu warten, bis es mit der Aussprache des gesehenen Wortes oder Wortsegments beginnt. Tut es dies nicht, wird das Signal wieder zugeschaltet.
			→ Nach Beendigung der Aufgabe kann das Feld „bisherige Daten" angeklickt werden. Dort kann das Audioprotokoll angehört werden.

4.	Zu große Blicksprünge nach rechts	Kind fixiert 4 Buchstaben eines Wortes einer Länge von 7 Buchstaben, spricht Lautfolge zu diesen 4 Buchstaben und führt danach Blicksprung zum nächsten Wort durch	⊘ Texte lesen ⊘ Zu frühen Blicksprung verhindern ⊘ Kapitel auswählen ⊘ Einstellungen: nur Tastatursteuerung ⊘ Einstellungen: Kontrast Text: 0 % ⊘ Funktion „Aufzeichnen" einschalten und Headset aufsetzen ⊘ Jetzt üben → Anweisungen auf dem Bildschirm folgen Wurde auf diese Weise etwa eine halbe Seite des Textes fehlerfrei gelesen, kann der Kontrast des Textes in 5 %-Schritten hochgestellt werden. Das Kind soll versuchen, den Text rechts vom markierten Wort zu ignorieren. → Nach Beendigung der Aufgabe kann das Feld „bisherige Daten" angeklickt werden. Dort kann das Audioprotokoll angehört werden.
5.	Übermäßige Regressionen	Kind kehrt mit seinen Augen zu bereits vorher fixierten Buchstabenfolgen zurück	⊘ Texte lesen ⊘ Regressionen verhindern ⊘ Kapitel auswählen ⊘ Einstellungen: nur Tastatursteuerung ⊘ Einstellungen: Kontrast Text: 0 % ⊘ Funktion „Aufzeichnen" einschalten und Headset aufsetzen ⊘ Jetzt üben → Anweisungen auf dem Bildschirm folgen → Nach Beendigung der Aufgabe kann das Feld „bisherige Daten" angeklickt werden. Dort kann das Audioprotokoll angehört werden. Wurde auf diese Weise etwa eine halbe Seite des Textes fehlerfrei gelesen, kann der Kontrast des Textes in 5 %-Schritten hochgestellt werden. Das Kind soll versuchen, den Text links vom markierten Wort zu ignorieren.